新知 文库

43

XINZHI

The Muslim Discovery
of Europe

Copyright © 2001, 1982 by Bernard Lewis

Reissued in Norton paperback 2001

穆斯林发现欧洲

天下大国的视野转换

[英]伯纳德·刘易斯 著　李中文 译

生活·讀書·新知 三联书店

Simplified Chinese Copyright © 2013 by SDX Joint Publishing Company
All Rights Reserved.
本作品中文简体版权由生活·读书·新知三联书店所有。
未经许可，不得翻印。

图书在版编目（CIP）数据

穆斯林发现欧洲：天下大国的视野转换／（英）刘易斯著；李中文译．—北京：生活·读书·新知三联书店，2013.9
（2018.12重印）
（新知文库）
ISBN 978-7-108-04604-8

Ⅰ．①穆… Ⅱ．①刘…②李… Ⅲ．①穆斯林－影响－欧洲－研究 Ⅳ．① B96 ② D75

中国版本图书馆CIP数据核字（2013）第 171267 号

责任编辑	徐国强
封扉设计	陆智昌　康健
责任印制	徐　方
出版发行	生活·讀書·新知三联书店
	（北京市东城区美术馆东街22号 100010）
网　　址	www.sdxjpc.com
图　　字	01-2010-7713
经　　销	新华书店
印　　刷	北京隆昌伟业印刷有限公司
版　　次	2013年9月北京第1版
	2018年12月北京第7次印刷
开　　本	635毫米×965毫米　1/16　印张22.5
字　　数	303千字
印　　数	21,001-26,000册
定　　价	42.00元

（印装查询：01064002715；邮购查询：01084010542）

出版说明

在今天三联书店的前身——生活书店、读书出版社和新知书店的出版史上,介绍新知识和新观念的图书曾占有很大比重。熟悉三联的读者也都会记得,20世纪80年代后期,我们曾以"新知文库"的名义,出版过一批译介西方现代人文社会科学知识的图书。今年是生活·读书·新知三联书店恢复独立建制20周年,我们再次推出"新知文库",正是为了接续这一传统。

近半个世纪以来,无论在自然科学方面,还是在人文社会科学方面,知识都在以前所未有的速度更新。涉及自然环境、社会文化等领域的新发现、新探索和新成果层出不穷,并以同样前所未有的深度和广度影响人类的社会和生活。了解这种知识成果的内容,思考其与我们生活的关系,固然是明了社会变迁趋势的必需,但更为重要的,乃是通过知识演进的背景和过程,领悟和体会隐藏其中的理性精神和科学规律。

"新知文库"拟选编一些介绍人文社会科学和自然科学新知识及其如何被发现和传播的图书,陆续出版。希望读者能在愉悦的阅读中获取新知,开阔视野,启迪思维,激发好奇心和想象力。

生活·讀書·新知三联书店
2006年3月

谨以此书纪念
与如下启发者、良师、益友之间的珍贵回忆：
阿卜杜勒哈克·阿德南·阿迪法尔（Abdülhak Adnan Adivar）
阿齐兹·艾哈迈德（Aziz Ahmad）
穆吉塔巴·米诺维（Mujtaba Minovi）
穆罕默德·努外希（Muhammad al-Nuwaihi）

目　录

中译本导言 ………………………………………… 王宇洁 1
中译本编按 …………………………………………………… 6
2001 年平装版序 ……………………………………………… 7
初版序 ………………………………………………………… 12

第一章　接触与冲击 ……………………………………… 15
伊斯兰教史家看历史性战役／伊斯兰教政权重心的转移与分散／穆斯林看待基督教的反攻／十字军的一些影响／土耳其人与蒙古人的相继崛起／奥斯曼勃兴时的穆斯林史观／葡萄牙之反攻／俄罗斯人的复兴与扩张／伊斯兰势力的消长／伊斯兰权势的历史转捩／此消彼长下的新奥斯曼政策／强权林立时的伊斯兰吉哈德遗风／西方特权泛滥和新技术之引进／18 世纪穆斯林对历史变局的看法／世变之初的后知后觉

第二章　穆斯林的世界观 ………………………………… 54
伊斯兰国家的命名／伊斯兰之地与战争之地／休战和通行证／与外教并存的办法和典故／失地之后的去留问题／初期穆斯林看欧洲民族

第三章　语言和翻译 ……………………………………… 65
穆斯林几种主要的语文／穆斯林的翻译事业／翻译希腊文时的重点领域／不知有拉丁文的存在／沟通渠道和通译员／穆斯林通译的由来和地位／学者对欧洲语言的认识／欧洲语言的普及层面／法语的盛行／西化时欧洲语言的重要性

第四章　媒介及中间人 …………………………………… 83
穆斯林去欧洲的种种限制／盟友和特使团的故事／使节的报道和有关的史料／有关出差或游历欧洲／对法兰克事物的观感／外交关系

和致辞格式／两方外交关系的演进／与欧洲人接触的行业／穆斯林官吏的组成之演变／犹太人和希腊人在奥斯曼的消长／轻忽使节的派遣／穆斯林的游记及其观点／另一位大使的不同观感／学者政要的记载和观感／奥斯曼和摩洛哥报告的不同观点／使节眼光投向西洋／威尼斯土耳其客栈的故事／两个方向的流动人口／两位流亡的亲王／双方的特务／介于两个世界之间的检疫站／穆斯林的几本欧洲游记／后来的留学运动

第五章　穆斯林学者看西洋 …………………………………… 130

学者开始注意西洋／有关欧洲的介绍／有关欧洲的地理知识／欧洲的民族和肤色／有关法兰克国王世系的资讯／有关英国和罗马／关于爱尔兰和波希米亚／法兰克国和热那亚人／关于英伦三岛／看待世界地理和世界史的视野／大时代中穆斯林的世界史观／最早的地图和航海图／地理著作和某些高官的相关知识／有关欧洲民族和历史的记载／少见的大格局史观／官方史家的有限观点／官方史家对欧洲史的认识／突破框架的另类史家／史家看对欧关系与和平／18 世纪官方史家的眼界／18 世纪以来的研究状况

第六章　宗教 ……………………………………………………… 171

以宗教做首要的认同和分别／谈到基督教时的习惯用法／基督教的分裂和对方政界利用新教／对天主教的了解／对遗民、遗物的感触／面临历史变局时的观感

第七章　经济事务：认识与接触 ………………………………… 214

初期人士看西方事物／穆斯林国内奴隶的来源／奴隶的社会机会及其后来买卖的变迁／奴仆的地位和功用／进入后宫的女俘房／作战物资的供应／有关英国布料的说法／贸易性质的改变与嗜好品的流行／所观察到的欧洲经济／有关西方经济的见识

第八章　政府及正义 ……………………………………………… 230

初期穆斯林眼中的伊斯兰／伊斯兰的领土和领袖／对境外统治者的称呼和致辞格式／奥斯曼官方对欧洲君主的称谓／宗主国的措辞和居高临下的态度／仿效普鲁士的改革建议／对欧洲女王的观感和政制之认知／关于共和制的认识／对三种政治制度的认识／普遍敌视共和思想／有关西方的立法与司法／关于欧洲人执法的其他记载／

对英、法法律制度的观感

第九章　科学与技术 …………………………………………… 251
　　中世纪时看欧洲医学／不敢小看西方的军事技术／从教法来看军事／军事上采行西法的情况／西欧海盗的助力／医学——由先进到落后／医学革新的步调／看待西洋新科技的态度／钟表的使用和研发／开始采用的西法／办校的经过／译介西学的两位学者

第十章　文化生活 ………………………………………………… 270
　　奥斯曼艺术之受影响／对几种欧洲艺术的观感／采纳肖像画的经过／西画的流行和影响／伊朗和印度的采用情形／穆斯林绘画中的人像／西洋艺术的影响层面／对西方音乐的几种感受／西式乐队之成立／有关斗牛和戏剧／关于手抄本和译书

第十一章　社交生活 ……………………………………………… 288
　　几个条件限制／排斥欧洲人的刮胡子习惯／欧洲人无谓的穿着打扮／相对的观感／蒙古装束和欧洲服饰／维京王后的自主性／女人城和第三者的故事／西洋女性的地位和作为／看待英、法妇女的观感／欧洲人的性／另一个观感／欧洲女性的自主

第十二章　结论 …………………………………………………… 307
　　欧洲人的东方学／两方不同的关切程度／导致两方不同态度的因素／双方的不同：极度好奇和漠不关心／世界地位的消长与观点、态度的改变／由漠不关心到密切注意／伊斯兰的初期报刊／报社和期刊的创办／翻译西书的活动／各方面的转变

注释 ………………………………………………………………… 321

中译本导言

王宇洁

对中国的读者来说，伯纳德·刘易斯并不是一个陌生的名字。作为当代西方最为著名的中东和伊斯兰研究者，伯纳德·刘易斯著作等身，早在1979年，中国伊斯兰教协会就组织多位学者，将他的《历史上的阿拉伯人》翻译为中文，并由中国社会科学出版社出版。这本书的分量不重，但影响却不小。且不说它的出版在当时阿拉伯研究和中东研究中的重要影响，即使在相关资料和著作远多于上世纪70年代末的今天，它仍然是一本不可忽视的参考书。前些年，中国友谊出版公司又从台湾引进了刘易斯的《中东：自基督教兴起至20世纪末》一书，以《中东：激荡在辉煌的历史中》为名出版。在"9·11"事件促使有心人对中东和伊斯兰教问题进行思考的背景下，此书也有一定的影响。

伯纳德·刘易斯1916年出生于英国伦敦，1939年毕业于伦敦大学亚非学院，获伊斯兰教史专业的博士学位。其间他曾在巴黎大学学习，师从著名东方学家马西农（Louis Massignon）。毕业后他任教于伦敦大学亚非学院，1974年受美国普林斯顿大学和高等研究院的联合邀请，任教于普林斯顿大学近东研究系，后加入了美国国籍。

刘易斯确实秉承了欧美东方学研究的深厚传统，他精通阿拉伯语、波斯语、土耳其语、法语、德语、希伯来语、拉丁语等多种语言。从上世纪60年代至今，他先后出版了《阿萨辛派》、《伊斯玛仪派的起源》、《历史上的阿拉伯人》、《现代土耳其的出现》、《伊斯兰教：从先知穆罕默德到君士坦丁堡陷落》、《伊斯坦布尔与奥斯曼帝国文明》、《伊斯兰的政治语言》、《伊斯兰与西方》、《中东：自基督教兴起至20世纪末》、《现代中东的形成》、《冲突中的文化：大发现时代的基督教徒、穆斯林和犹太教徒》、《伊斯兰教中的犹太人》、《闪族与反闪族：对冲突与歧视的探究》、《中东的种族与奴隶制》、《中东的未来》和《什么出了错：西方的冲击和中东的反应》等几十本著作。其中《中东》和《什么出了错》多次登上了畅销书排行榜。

正由于刘易斯的学术贡献，他被誉为美国中东研究最伟大的"圣人"，《历史学家与历史著作百科全书》称他为"战后关于伊斯兰和中东最有影响力的历史学家"。他对美国外交政策的影响亦不可小觑。美国的前国防部副部长沃尔福威茨曾称："伯纳德教我们如何理解中东复杂而又重要的历史，并为建设一个更美好世界的下一步行动指明了方向。"2006年刘易斯90岁生日前夕，美国费城国际事务委员会专门为他举行了荣誉午餐会。当时的美国副总统切尼在现场发表讲话盛赞刘易斯，说"在新世纪中，政策制定者、外交官、学界和新闻媒体每天都在追寻刘易斯的智慧"。

不可否认的是，刘易斯身处的"东方学"研究阵营得到的并非全是正面的评价。自上世纪70年代以来，东方学传统频遭质疑。爱德华·萨义德在《东方学》一书中，批评东方学家们"尽管试图使其著作成为宽容客观的学术研究"，但实际上却"几乎成了对其研究对象的一种恶意诽谤"。在他看来，伯纳德·刘易斯正是这类学者的典型。此后在萨义德和刘易斯之间发生了一场历时多年的论战。在1986年的北美中东研究学会上，两位学者进行了一场直接的辩论*。刘易斯在后来出版的《伊斯兰与西方》中对萨义德进行了回应，认为作为

---

* 辩论内容可参看薇思瓦纳珊编，《权力、政治与文化——萨义德访谈录》，单德兴译，生活·读书·新知三联书店，2006年，第387—411页。

纯粹学术研究的东方学研究复杂多样而且专业，门外汉的批评是无意义的。萨义德则在1994年为《东方学》撰写的后记中再次对刘易斯进行了批评，认为他"无所不知的冷静的权威面具"无法掩盖其观点中强烈的意识形态内涵*。在"9·11"事件之后，刘易斯的《什么出了错》一书登上畅销书榜，他在书中提出美国不过是"伊斯兰未能成功现代化这一生存困境的受害者"。这一观点在当时的西方有着一定的影响。但也正因为这些观点，他被认为是营造"伊斯兰恐惧症"的首要人物，受到来自不同方面的批评。

实际上，刘易斯早年并不妄论时政。他的研究兴趣主要在中世纪的中东史和伊斯兰教史，其早期著作《阿萨辛派》、《伊斯玛仪派的起源》等作品，以珍贵的原始文献和细腻的历史追索见长，迄今仍是该领域的权威作品。但是在阿以关系紧张之后，许多阿拉伯国家不再向与以色列关系密切的西方国家开放档案资料。身为犹太人的刘易斯逐渐把自己的研究领域转移到了土耳其史，出版了《现代土耳其的出现》、《伊斯兰教：从先知穆罕默德到君士坦丁堡陷落》、《伊斯坦布尔与奥斯曼帝国文明》等作品。

在这些研究领域之外，刘易斯颇为关注诞生在中东地区的三种文化——即犹太文化、基督教文化和伊斯兰文化之间的关系和互动。在《伊斯兰教中的犹太人》一书中，他把穆斯林同犹太人之间互相容忍和宽容的关系追溯到伊斯兰教的早期时代，并暗示实际上存在一种犹太—伊斯兰文化传统，它可能比人们更为熟悉的犹太—基督教文化传统要深刻和强大得多。由于阿以冲突至今没有解决，在世人的眼中，犹太文化和伊斯兰文化的冲突与对立乃是其本质所然，其内在的历史联系早已淡出人们的视野。刘易斯能够提出这一观点，虽然与他身为犹太人的背景不无关系，但是他在今天提出这一历史事实所具有的积极意义同样无法否认。

《穆斯林发现欧洲》一书初版于1982年，2001年平装版问世。它

---

* 爱德华·萨义德，《东方学》，王宇根译，生活·读书·新知三联书店，2007年，第440页。

关注的也是两种不同文化之间互动和交流的历史，实际上是一本关于东西方（即中东与西方）相互接触、交流的交往史。本书由12个章目组成，在大量参考伊斯兰世界文献资料的基础上，对从8世纪开始，伊斯兰东方和基督教西方相遇，直到近现代的历史进行了梳理，涵盖了伊斯兰帝国对外扩张、十字军东征、蒙古人西征、土耳其人围攻维也纳、法国占领埃及等东西交往史上的重要历史阶段。同时，作者从语言文字、学术研究、宗教、经济事务、政府管理、科学技术、文化生活、社交生活等不同方面入手，使这一交往史呈现出立体的面貌。

通览全书，我们会发现所谓"穆斯林发现欧洲"，并不是一个如同欧洲发现新大陆那样主动的过程。实际上，书中描述的是伊斯兰世界逐渐且被动地去认知西方世界的过程。即，处于先进地位的伊斯兰世界在各方面优越于西方的情况下，从开始的漠视外界，到近代衰弱之后，不得不更多关注西方世界，并在经济、军事、科学技术等方面重新认识西方、向西方学习的过程。从某种程度上说，这也是一部文明从强盛到衰落的历史，是一部衰落后不得不向外界开放，并向外界学习的历史。也正如中译本的副标题所言，是一部"天下大国视野转换"的历史。如果把这段历史和中国与西方世界的交往史进行比照，或许会带来更多的启发和思考。

如同刘易斯的其他前期作品一样，本书参考了包括阿拉伯语、波斯语、土耳其语、英语、法语在内的大量文献，特别是来自伊斯兰世界的文献资料，其中包括一些珍贵的手稿。虽然有些观点可能不为现代人所认同，但是反映了人类历史中某个时期的互相认知。正如有些评论者所说，《穆斯林发现欧洲》一书因为有大量来自伊斯兰世界的资料为基础，因此作者没有单纯根据西方文献来还原历史，而做到了从东西方两个角度来打量这段千余年的东西方交往史。此书面世后受到学界的广泛关注，不仅被翻译法文、德文、意大利文等多种语言，还被译为土耳其文、波斯文、印尼文，在一些伊斯兰国家中印行。

今天，《穆斯林发现欧洲》能够以中文出版，对于我们以一个以往不曾留意的视角来认识穆斯林世界与西方的关系是有帮助的。对于身处远东的中东研究者和观察者来说,阅读此书可以深入了解西方相关领域顶尖学者的观点,对理解历史上曾经的"天下大国视野转换"和今天正在进行的种种转换,亦有重要参考价值。当然,这并不表明我们完全赞同作者的立场与观点。相反,书中的某些观点反映的是作者对穆斯林世界与西方交往的一些感受,或有偏颇之处。请读者慧眼明辨。

中译本编按

原作者按

有关阿拉伯文和波斯文的标音方式，笔者按照伊斯兰教法学者最常用的系统。至于奥斯曼文，采用现代土耳其文的标准拼字法。据此方法，c 代表 jest 中的 j，ç 代表 church 中的 ch，ş 代表 sheet 中的 sh，而 ı 代表介在 will 中的 i 以及 radium 中的 u 之间的音。笔者在正文中用 j 取代土耳其名称中陌生的 c，但注释和参考书目则不在此限。

中译者按

本书中的小标题为译者所加，以便提示读者章节内容。另外，在读者可能较为陌生的地名之前，译者也以加括号的方式加注了国名或区域名，免得另加译注。

本书原注多为作者参考书目和所引资料出处，作者和书籍多无中文译名，考虑读者查询之便，书末直接附上原文注释。而原注中有助了解内容之讯息，已以译注的形式加入正文之中。

在本书中，"突厥"与"土耳其"同义，其英文均为 Turkey，指的是同一个经过历史变迁的实体。若说细微区别，"土耳其"注重现代的政权和地理层面，"突厥"注重古代的种族和政治势力层面。

2001年平装版序

1733年，英国学者约翰逊（Samuel Johnson）当时年方二十四，他在自己的处女作中写道："最能凸显心灵的广大精微的，莫过于好奇心（curiosity）；最适用于这种好奇精神的领域，则莫过于考察异邦的法律及风俗。"近半个世纪后，约翰逊和他的好友博斯威尔（James Boswell）*谈话时，回到了这个话题。博斯威尔表示："我想去游历一些大不同于我们所知的国家，如土耳其，那里的宗教及各种文物，都和我们的不同。"约翰逊答复道："不错，有两个值得钻研的对象——基督教世界及伊斯兰教世界。其他地方不妨视为化外之地。"[1]

约翰逊误将亚洲及其他文明国视为"化外之地"，自是大谬不然，但却颇能代表当时人们的无知与成见。更值得注意的是，他将伊斯兰教视为具有宗教意义的文明，与基督教等量齐观，因而值得加以研究。

由于这两者的斗争由来已久，历经数个世纪乃至上千年，两者间重要的亲缘关系反而常遭忽略。当中有许多共通点，这些共通点，自然比约翰逊视为"化外之地"的遥远国度要来得多。两者在犹太和希腊传统，以及更古老的中东文明中，具有共同的根源。就希腊的哲学和科学，以及犹太教的预言和启示而言，两大文明都曾为它们增添了

---

* 1704—1795，也是约翰逊的传记作者。——译者注

其他的异质要素：两者的信徒怀抱着坚定信仰，自视为神的终极真理的唯一拥有者，因而赋有以各种方式向全人类传播这一真理的使命。

这两者在历史上彼此关联，神学方面也有类似之处，地理上相互比邻，冲突也是在所难免。

在伊斯兰教出现不久后，基督教就察觉到这个来势汹汹的新信仰，该信仰以胜利的姿态，从其阿拉伯老家向东扩张到印度和中国边境，向西延伸至北非、地中海的岛屿，乃至欧洲。绝大多数改宗这新宗教的人（含伊朗西部），都是基督教教徒。地中海东、南岸的国家原来属于基督教罗马帝国，后来也变成伊斯兰教领域的一部分，并从此持继下来。这一挺进步伐更远，囊括了西西里岛（直到17世纪末才回归基督教统治），和伊比利亚半岛（1492年，基督徒收复格拉纳达，才结束两教八个世纪之久的战争），这是伊斯兰教势力在西班牙的最后据点。当穆斯林军一路由西班牙跨越比利牛斯山脉而进军法国，另一路由西西里进入意大利半岛时，一时之间整个欧洲仿佛风云变色。846年，阿拉伯舰队甚至从西西里进入意大利中部的台伯河，掠夺者席卷奥斯蒂亚（Ostia，意大利古城）和罗马。穆斯林进军西欧，后来是被逐退了，但来自东方其他的威胁势力——伊斯兰化了的俄罗斯鞑靼人以及（更重要的）突厥人（于1529年和1683年两度征服全希腊和巴尔干半岛），包围了维也纳，这里可是基督教欧洲的心脏地带。

难怪，中世纪时欧洲基督徒总在密切注意穆斯林的威胁——具有征服和改宗的双重威胁。若干明智之士表示，大家应向来犯者学习若干事务，对其宗教亦然。欧洲各国的学者（主要是基督教教士）向伊斯兰学习，充实知识，以求驳倒其教义。其中的一块里程碑，就是1143年7月《古兰经》拉丁文译本的问世，由英国学者基顿的罗伯特（Robert of Ketton，1110—1160），在法国克吕尼（Cluny）修道院院长可敬者彼得（Peter the Venerable，1092—1156）的赞助下完成的。

但欧洲基督徒学习阿拉伯语并不仅限于争辩教义，这不过是出于一时需要。就长远来看，还有另一更重要的动机。中世纪时阿拉伯伊斯兰教世界的文明,在任何方面都超乎基督教欧洲。在数学、医学乃至整个科学方面,学会阿拉伯语就可接触到当时最先进的知识,尤其是欧洲失落已久的典籍译本,以及伊斯兰教科学家在研究与实验方面的新资料。

中世纪结束时,上述两个动机都不再有力量。欧洲科学家这时已迎头赶上伊斯兰世界的同僚,另外,对于伊斯兰教武力及其教义的试探,基督教(至少在西欧)已经不觉得大受威胁。但对阿拉伯文及其文化的研究却是有增无减,不过这次有新的动力——文艺复兴时期的好奇精神,以及(加以增色的)传统典籍缜密的考据成果。西方各国有不少阿拉伯文及相关学科的机构发展起来,这些在16世纪和17世纪初纳入了大学课程。

现今的观察家或许要问,何以阿拉伯文如此受人瞩目,而土耳其文却不然,当时土耳其文在中东乃至北非不也是官方与商业用语?在西方的史料中,像是阿尔及尔和突尼斯统治者的信函多为土耳其文,而阿拉伯文不过是当地人民的语言。

理由很简单。就像在欧洲各大学中没有英文、法文或德文的教席一样,在此也没有土耳其文的教席。就学者的教学与研究而言,当代的语文并非恰当的对象。而阿拉伯文却是古典的书写语文,其地位不亚于拉丁文、希腊文及《圣经》的希伯来文。

基督教欧洲对中东语言及文化兴致盎然,是有个中理由的。除了丰富的古文明的魅力,以及(更重要的)强大敌手进犯的威胁外,还有宗教的召唤。基督徒(就连北欧的也)相信,他们宗教的真正重镇是在圣地,但圣地在7世纪之后就是穆斯林的领土。基督徒所崇奉的《圣经》和信仰来自中东,并多以中东语文书写,记载中东各国的事件。其朝圣的地点——耶路撒冷、伯利恒(Bethlehem)、拿撒勒(Nazareth)——皆为穆斯林领土,除十字军东征的短暂时段外,基督徒朝圣者要有穆斯林的许可才能入境。

穆斯林对基督教欧洲却无同样的关切。他们的宗教始于阿拉伯半岛;先知为阿拉伯人;天经(穆斯林称《古兰经》为天经)是阿拉伯文；而朝圣地点麦加和麦地那，也安全无虞地坐落在穆斯林地区。此外，使穆斯林来到欧洲的诱因也甚少，欧洲最早出口到伊斯兰世界的是奴隶，本身为欧洲人；直至现代初期，欧洲文物能引起其兴趣或好奇的，实在很少。他们对若干古希腊遗产，虽是兴致勃勃，但仅止于实用：医学、化学、数学、地理、天文学以及哲学，这些在当时都被视为实用的学问。中世纪穆斯林翻译了许多古希腊的哲学与科学典籍（后多散失）；但他们对古希腊诗人、剧作家或史家，却不曾表示感兴趣。

对当时的欧洲，他们也看不出有何学术价值。就阿拉伯人在西班牙和西西里、鞑靼人在俄罗斯，及之后土耳其人在巴尔干的数个世纪中，却无任何迹象显示他们对欧洲的古典语言或地方语言感兴趣。至于实际用途所需的译者，穆斯林统治者皆能在其基督教或犹太臣民，或是改宗的人之中找到。所以可以说：穆斯林认为自己属于世上最先进、开化的文明，是最丰富且发达的语言的拥有者。所有值得阅读或知悉的典章制度，尽在其语言中，或是可借助移民或外国人取得。这种态度，在许多现代人来说并不难理解。

到了19世纪初，穆斯林（先在土耳其，后在其他地方）开始意识到某种势力的消长，不仅是在霸权，也在知识方面，并首度认为有必要花工夫学欧洲语言。1808年，奥斯曼史家阿西姆（Asim）记载道："若干滥情主义者忘却宗教忠诚，不时向他们（法国人）学习政事。若干热衷语言者，跟着法国教师学习其惯用语，并在其鄙俗的言谈中……自我炫耀。"[2]在进入19世纪之前，看不到任何以中东语言撰写的文法书或辞典，使当地人得以学习西方语言。即使有，主要还是由于两种不速之客——帝国主义者和传教士的提倡。这种显著的差别，使人不禁要问：为什么穆斯林对西方没有兴趣？

笔者以为，这是提错了问题。心态正常的是穆斯林，而非欧洲人。对他国文化没有兴趣，实属人之常情。对于没有确切关系的异国文化显示兴趣，这是欧洲人的特性，确切而言，是西欧史上某时期的西欧人的特性。此等好奇精神让人迷惑有时还让人怀疑，特别是对不具这种精神的人们而言。

中世纪大部分时间,伊斯兰世界各大城市中的政要和学者,视欧洲为野蛮且缺乏正信的化外之地,兴趣缺缺而不予重视。有时,穆斯林使节、商贾或俘虏会将见闻带给大多漠不关心的同胞,讲述那里奇特而粗俗的风土民情。只有在这两种社会的相对地位产生剧变,穆斯林才开始感受到这一变化,这才产生新的兴趣或(确切地说是)关切。

初 版 序

在西方的传统历史中,"发现"一词通常是用在描述这样的过程,即欧洲(尤其西欧)人由15世纪开始,热衷于发现世界各个角落。本书的主题则有别于此,亦即"发现"的意义有所不同。这个"发现"开始得较早,但延续到较晚,在该过程中,欧洲人并非发现陌生、遥远地方蛮族的人,而是本身是受到来自伊斯兰教国家的勘察者所发现与观察的化外之民。以下的篇章,是想检视伊斯兰教对西方认知的来源和性质,及其各个发展的阶段。这段历史始于穆斯林首度入侵欧洲,并随即引起西方基督教对伊斯兰教的大反攻,及其导致伊斯兰教收复失地的征战;接着,穆斯林和基督教地中海沿岸的贸易及外交关系恢复并扩大;再(在中世纪结束后)继之以在土耳其、伊朗和摩洛哥新的伊斯兰教君主,及其对欧洲的试探性勘察。这段历史,以欧洲第一阶段的大规模冲击作为尾声,时间自18世纪后半期起于中东伊斯兰教的心脏地带,并开启新的时代,穆斯林在该时代发现欧洲,是被迫的、大规模的,且一般而言是饱受折磨的。

本书分为三个部分。第一部分探讨伊斯兰和西欧之间的关系,以不同的观点(穆斯林的观点)来处理广为人知的事件。在看待图尔和普瓦捷的战役*时,笔者不再从铁锤查理(Charles Martel)**的观点,而是由其阿拉伯对手的观点来评价;从土耳其人的观点看勒班陀战役(Lepanto)***;而维也纳之围****,则是包围者的观感。这段叙述着重的,是设法理解穆斯林的世界观,和伊斯兰在该观点中的地位。

第二部分着眼于媒介与中间人;和在穆斯林与欧洲人之间沟通时使用的语言,其中包括了笔译与口译等问题,还有旅行者的问题,亦即包含商人、使节、特务,和其他由伊斯兰教国家来到欧洲的人。其间还注意到一些人的角色,像是战俘、伊斯兰教国家中的非穆斯林教臣民,和由欧洲征调到伊斯兰教国家的新兵等的中间人。这个部分的尾声,是稍加浏览西欧在伊斯兰学者心目中的形象,特别是以其历史与地理著作来考察。

本书的第三部分,则探讨特殊的主题——经济事务、政府与正义、科学与技术、文学与艺术和人民与社会等等。

近年来,关于欧洲人如何发现伊斯兰已经有不少著述。但在这些文章中,穆斯林似乎都是安静而被动的受害者。然而就伊斯兰和欧洲之间的关系而言,不管是平时或战时,却从来都是对话,而非独白:亦即这个发现的过程是双向的。穆斯林对西方世界的观感之值得研究,其实并不亚于西方对伊斯兰的观感,只不过长期以来较少受到注意。

本书经过长时间的酝酿。25年前,笔者对该课题产生兴趣,并于1955年在罗马举办的史学国际研讨会中,提交第一篇报告。后来则有一些处理这类观点的文章,以及在北非、中东及其他地方的大学(包括数所美国大学)和学会发表的演讲。1957年在BBC的教育电台的

---

* 西元732年,一路所向披靡的阿拉伯军入侵高卢南部,但法兰克王铁锤查理分别在今日法国的图尔和普瓦捷大破阿拉伯军,成功阻止伊斯兰教势力向欧洲扩张,为欧洲史上最重要的两场战役。——译者注

** 法兰克王查理,绰号"铁锤",喻其作战风格冰冷强硬。——译者注

*** 1570年,奥斯曼帝国出兵夺取威尼斯领土塞浦路斯,欧洲联军在希腊的勒班陀与之发生海战。——译者注

**** 1683年,奥斯曼帝国部队以伊斯兰教为号召,由小亚细亚西部迅速进逼至维也纳城下。——译者注

系列广播节目中,发表了较大篇幅的文章,晚近则于1980年5月,在法兰西学院做了五次公开的讲座。笔者要感谢上述所有的邀请者和听众,他们提供笔者发表演讲乃至改进文章的机会。

  最后,面对各以不同方式促成本书的完成和问世的人,笔者在此表示由衷的谢意。要特别感谢普林斯顿大学罗特巴特(Dorothy Rothbard)小姐和高级研究所克拉克(Peggy Clarke)小姐,将手稿转成打字稿与清校稿的用心和技巧,她们有时还得克服极为不利的条件;W. W. Norton 出版社科尔诺薇芝(Cathy Kornovich)小姐对最后打字稿一丝不苟、价值非凡的编辑作业;四位普林斯顿的研究生,即马蒙(Shaun Marmon)小姐和马可夫斯基(Alan Makovsky)先生的大力协助(尤其在最后的完成阶段),爱森伯格(David Eisenberg)先生的校阅及多方查证,以及雅里森(James L. Yarrison)先生的若干建言;伦敦不列颠图书馆蒂特丽(Norah Titley)小姐和多伦多大学欧文斯(Glyn Meredith Owens)教授,在找寻为本书增色的适当图片资料时的协助和建议;也感谢我的朋友兼同事伊萨维(Charles Issawi)教授最后的校稿,提供了许多高见。

1981年4月20日于普林斯顿

第一章
接触与冲击

伊斯兰教史家看历史性战役

西元7世纪前半叶,先知穆罕默德于阿拉伯开始宣教时,整个地中海地区都还是基督教的领域。就连欧洲、非洲乃至亚洲沿岸,居民几乎都分属基督教的各宗派。在希腊罗马世界的其他宗教中,只有两种宗教还延续着,即犹太教和摩尼教,它们被这块土地上的少数人信奉着。位于地中海东部的东罗马帝国,即所谓拜占庭帝国,仍极强盛,以君士坦丁堡为国都,统治着叙利亚、巴勒斯坦,和部分北非、小亚细亚和东南欧。地中海西部的罗马政权已衰落,各蛮族及其王国从罗马的废墟崛起,皈依了基督教,并以若干成果,维持罗马国家和基督教会的门面。但基督教版图并不仅限于地中海地区,在拜占庭帝国东境的美索不达米亚,包含波斯帝国的大城及西部主要省份,在7世纪初叶仍奉基督教,这是罗马世界以外的基督教领域。除罗马和波斯边境外,就连阿拉伯信奉不同教的居民中,也有少数基督徒和犹太人*。

在穆罕默德632年去世后的短短几十年间,继位者就跨出阿拉伯半岛,侵入拜占庭和波斯,使这两大帝国让出之间的中东地带,从而

---

* 一般而言,犹太人就等同于犹太教徒。——译者注

夺得广大的疆土。波斯帝国受到全面的征伐与渗透。这些阿拉伯人从罗马世界拿下叙利亚、巴勒斯坦、埃及和部分北非，从而成为进入西班牙和地中海岛屿（尤其是西西里）的跳板。只要再打败拜占庭及蛮族部队，即可将各国合并成伊斯兰帝国，使基督教国家腹背受敌。就东部而言，来自叙利亚和伊拉克的阿拉伯军进逼安那托利亚，接着到了希腊、基督教国家（Christendom）和拜占庭帝国心脏地带，而西部的阿拉伯军和北非的柏柏尔（Berber）军，则从已占领的西班牙越过比利牛斯山脉，觊觎西欧。没多久，穆斯林军就占领西西里岛和意大利南部，而对着整个罗马帝国虎视眈眈。

就西方传统的史观来看，遏阻穆斯林的进逼并保全西欧基督教的关键战役，是图尔战役与普瓦捷战役。732 年，铁锤查理所率领的法兰克军重挫了伊斯兰军，这可说是欧洲史上救亡图存的第一个转折点。英国史家吉本（E. Gibbon）的《罗马帝国衰亡史》，有段脍炙人口的话，显示西洋人对该战役的观感，及其扭转命运的意义：

> 常胜军的路线由直布罗陀海峡到（法国中部）卢瓦尔河，绵延 1000 英里；阿拉伯人扩张到波兰和苏格兰高地；莱茵河和尼罗河或幼发拉底河同样遭受到威胁，阿拉伯舰队或许不需要经过战斗，就可长驱直入泰晤士河。如今牛津的小学可能要教起《古兰经》，布道坛则用于对行过割礼的人宣讲穆罕默德受真主降示的神迹与真理。[1]

吉本接着表示："幸亏此人（即铁锤查理）的才能和运势，基督教才得以脱离此般不幸。"

对于铁锤查理的成就和图尔及普瓦捷两战役的结果，穆斯林传统则反映出不同的观点。阿拉伯人拥有丰富的历史文献，对吉哈德（jihād，即为了信仰同不同信仰者开展的斗争）若干成果大书特书，并忠实记载征服者的挫败以及他们的胜利。

不消说，阿拉伯人也很清楚，他们的西向扩张到了法国就遭遇瓶颈，一些作者提到了纳博讷（Narbonne），即阿拉伯人坚守到西元759年的城池，"穆斯林攻克法兰克*版图的最后据点"。日后某作者以慨叹的口吻，引述纳博讷纪念碑上的碑文："掉过头去吧，易司玛仪（Ishmael）之子孙，这是你的极限。若你们质疑，我将答复，但倘若你们不肯回头，就将会相互厮杀，直到末日审判。"[2] 但中世纪阿拉伯史家不曾提及图尔或普瓦捷二词，对铁锤查理也一无所知。战役叫做 Balāṭ al-Shuhadā'，即"殉道者的光辉大道"，呈献的是小规模的遭遇战。该词汇无人加以求证，直至17世纪，才出现在西班牙阿拉伯史家的著作中。在阿拉伯人的东方史学中，对此事件顶多是一笔带过。撰写阿拉伯人征服北非和西班牙史事的权威史家伊本·阿布达·哈卡姆（Ibn 'Abd al-Hakam, 803—871），只有以下寥寥几句：

> 乌贝达（'Ubayda, 北非统治者）将西班牙统治权交给阿卜杜勒·拉赫曼（Abd al-Rahmān ibn 'Abdallah al-'Akkī）。此人因出征法兰克人而名重一时，他们是离西班牙最远的敌手。他打败法兰克人，掳获许多战利品……随后，他继续远征，并和所有战友为伊斯兰而慷慨牺牲。他……去世于伊斯兰教历一一五年（西元733—734年）。[3]

其他史家的态度也相仿。值得注意的是，最重要的东方阿拉伯史家塔百里（Tabarī, 923年去世），及伊斯兰教西班牙史最杰出的史家伊本·奎提亚（Ibn al-Qūṭiyya, 977年去世），对这两场战役均只字未提。

相对于穆斯林史学传统的略之不论或不予重视，其对于当时阿拉伯人一心想攻占君士坦丁堡，倒是大书特书。这些未有斩获的包围和攻击，在正史和野史中受到肯定，其中有些事件的细节还透露出末世论的氛围，预言救世主时代的来临。

---

* 当时穆斯林通称西欧人，甚至称欧洲人为法兰克人。——译者注

然而，就这种厚此薄彼的历史评价而言，若说穆斯林史家的观点比后世西方史家翔实，其实并不必太怀疑。法兰克人在普瓦捷战役中所遭遇到的，不过是一股离家乡数千里的劫掠者。他们所击倒的，乃是濒临瓶颈、精疲力竭的部队。相反地，君士坦丁堡希腊的守城将士，所面临的是哈里发部队的精锐，是直接由本国营地出发、对敌国首都发动的主要攻势。换言之，希腊人在此抗击的伊斯兰军，是未经损耗且强而有力的。就如吉本所说，其路线从直布罗陀海峡到卢瓦尔河河岸，长达 1000 英里；而直布罗陀海峡离阿拉伯有数千英里之遥。阿拉伯人认为，经中欧到莱茵河的路线较短——比取道乌浒水（Oxus）*和中国边境省力许多。因此，使东西方基督教得以延续的，是阿拉伯军攻占君士坦丁堡的挫败，而不是一股阿拉伯劫掠者在图尔和普瓦捷战役中的失利。

伊斯兰教政权重心的转移与分散

阿拉伯人十分清楚东西方基督徒的差别。他们通常用 Rūm（鲁姆）这个阿拉伯语词称呼拜占庭人，之后，波斯人和土耳其人也沿用这个语词来代表罗马。拜占庭人称罗马帝国，自称为罗马人。当时的阿拉伯语，以 Rūm 来涵盖希腊人，而拜占庭帝国之前的疆域，则以 Rūm 国而为人所知，希腊语则称之为 Rūmī。事有凑巧，连希腊人自己也常以 Romaike（本指基督教）一词指称拜占庭的事物。对于在意大利也有个叫罗马的城市这件事，阿拉伯地理学者也略有所闻。不过，相较于博斯普鲁斯海峡附近的罗马城，意大利的罗马城似乎就较不重要而少有人知了。

尽管穆斯林军在君士坦丁堡遭挫，却仍继续从东西边境包夹该帝国，但此时的扩张行动已是后劲不足。在西部，征服西西里岛是唯一的辉煌战果（827—902）。在东部，穆斯林停顿于印度和中国边境陷入

---

* 现今的阿姆河，流经北阿富汗汇入咸海。——译者注

胶着。在正中央，拜占庭边疆相安无事，攻克君士坦丁堡的计划就此顺延下去。

穆斯林这第一阶段的征战，已确实告一段落。早期的征伐狂热已大受损耗。新的哈里发时代——阿拔斯王朝（the Abbasids），在8世纪中期接替倭马亚王朝（the Umayyads），首都由叙利亚东迁至伊拉克。如此一来，这片广大领土就转型为重亚洲、轻地中海的帝国。此时对于征战的兴致就变得可有可无，对西部边疆的关切也降至最低。

以地中海各国为基础形成的新穆斯林国家，曾与欧洲基督徒进行过长时期的斗争。但不久后，对于征伐异教徒*热衷，就转移到处理内部问题上。在伊斯兰世界中，很早就出现教义分歧，逊尼派奉巴格达的阿拔斯哈里发为正统，后来成为主流，其他不同教派大多松散地统辖在什叶派名下，既挑战逊尼派的公议，也挑战过逊尼派哈里发的合法性。10世纪时，一不同教派的哈里发（法蒂玛地方王朝，the Fatimids）先是在突尼斯（Tunisia），后来在埃及崛起，向阿拔斯王朝争夺全伊斯兰教世界的领导权。在法蒂玛王朝之前，伊斯兰教各国中也出现过其他自主、独立的统治者，不过，他们大都乐于在口头上承认逊尼派的阿拔斯哈里发的宗主权。法蒂玛王朝则加以否认，主张自身就是伊斯兰唯一正统的哈里发，有权罢黜阿拔斯的僭位。于是乎，伊斯兰世界的哈里发由一位变成两位，之后又成了三位，因为西班牙科尔多瓦（Cordova）的倭马亚王公，感到法蒂玛扩张与颠覆的威胁，就在领土上自封哈里发。所以，宗派分歧与政权倾轧，就成为伊斯兰世界的主要关切对象，原先的边境冲突就被抛诸脑后。逊尼派与什叶派都感受到，英雄时代已然过去，伊斯兰和基督教世界的界限仿佛就此确定，也认识到，相互识别的一些形式，甚至与非穆斯林国共处，都是不可避免的。

若说伊斯兰教征战已暂告一段落，那么基督徒的征战才正要开

---

* 异教徒在此指不同宗教的信徒，即基督徒，不是指没有宗教的异议分子，下同；另外，《古兰经》中称不同宗教的信徒为"不信道的人"，或"以物配主者"，即指偶像崇拜者。——译者注

始。基督徒始终记得，穆斯林帝国中的大部分地区，曾属于基督教世界，其中还包括基督教起源的圣地本身。基督徒反攻伊斯兰，是受到穆斯林世界中明显的积弱与内讧的刺激。不消说，有人趁动乱从中渔利。但发动攻击、进犯穆斯林版图的人，既不是基督徒，也非穆斯林，而是异教者——东方的土耳其人及西方的维京人，只不过这些活动为期甚短。远比这些重要的，是基督教权力的恢复和收复基督教失地的决心。

穆斯林看待基督教的反攻

基督徒的收复失地运动肇始于东西边陲。西班牙的各小公国原本就想将版图推进到伊比利亚半岛以北，当时便开始集中力量，从事扩张，期间得到法兰克人的支援，后来诺曼人袭击穆斯林领土，也成为一股助力。在东部，来自高加索的格鲁吉亚人和亚美尼亚人的基督教部族，也开始反叛其穆斯林君主。到了10世纪后半期，拜占庭人也开始对美索不达米亚、叙利亚、希腊诸岛等的穆斯林发动反攻，收复许多失地。

11世纪期间，基督教部队常打败伊斯兰军队。在东方，基督教的格鲁吉亚王国，成功抗阻穆斯林的入侵，并开始对外扩张，掌控黑海与里海之间的高加索隘路。在地中海方面，基督教部队收复萨丁尼亚和西西里，使其脱离穆斯林统治者的掌控。在伊比利亚半岛方面，卷土重来的部队持续南进，将西班牙的托莱多（Toledo）和葡萄牙的科英布拉（Coimbra）收回基督教之手。

其后，来自西欧的基督教部队于1098年发兵，在一连串征讨下，很快攻克了叙利亚和巴勒斯坦海岸平原，此即所谓基督教的十字军东征。

这场东征对穆斯林而言，并非那么家喻户晓。在当时穆斯林的著作中，"十字军"和"十字军东征"二词并不为人所知，该语词相当晚近才收入阿拉伯人有关基督教的著作中，之前在阿拉伯文或其他伊斯兰世界的语言中,其实是找不到对应词的。就当时的穆斯林观察家而言,这批十字军不过是法兰克人或乌合之众——擅自入侵伊斯兰世界的众多异教徒和蛮族之一,其特征就在骁勇善战,才侥幸成功的。就这点而言,欧洲基督徒许久都不愿承认伊斯兰教是足以平起平坐的宗教,视穆斯林为异教徒、不信教者,或最多是以阿拉伯人或摩尔人、土耳其人或鞑靼人的种族名来称呼。

十字军的成就,大半要归诸穆斯林的积弱。早在11世纪中期,伊斯兰世界就显露出衰落的迹象。在内政问题和政权分立下,各部领土主要是巧取豪夺的结果,这种里里外外(在穆斯林眼中)都是蛮族的情况,持续将近三个世纪。在非洲方面,新的宗教运动使摩洛哥南部和塞内加尔—尼日尔等地的各柏柏尔部族团结起来。该运动持续扩大,形成包括西北非大部及穆斯林西班牙的新柏柏尔王朝。在东方、中亚以及更远的地方,伊斯兰的领土遭到草原部族(先是突厥人,后是蒙古人)的侵略,他们的迁徙和征服,改变了整个中东社会的种族、社会和文化形态。甚至在帝国的内部,行政组织的腐败也利于贝都因人(Bedouin)和其他游牧部族,出没于曾受到灌溉的耕种的土地上。

不过,当中却没有任何一股势力,能给伊斯兰世界造成巨大的、难以弥补的损害。因为柏柏尔人和贝都因人毕竟都是穆斯林,而突厥人则很快就成为伊斯兰历史上最强壮的战士。第一个对伊斯兰形成致命威胁的,是来自北方(即欧洲)的蛮族。

当时大马士革的编年史家伊本·开拉尼希(Ibn al-Qalānisī),记录了伊斯兰教历四九〇年时(西元1096—1097年间)十字军的到来如下:

> 今年,报告不断传来,在君士坦丁堡方位出现了法兰克部队,兵员多到不计其数。消息接连不断,在四处传播后,民心开始不安……[4]

在百余年后，遥远的伊拉克摩苏尔（Mosul）大史家伊本·阿西尔（Ibn al-Athīr），以更开阔的眼光看待这事件：

> 法兰克人的帝国之首度出现，其权力的扩大，侵犯伊斯兰版图和占领若干领土，是发生在（伊斯兰教历）四七八年（西元1085—1086年间），他们拿下托莱多及安达卢西亚的一些城池，这是之前就开始的。之后在四八四年（西元1091—1092年间），他们袭击并占领西西里岛，这也是笔者之前提过的。后来他们甚至登上非洲海岸，夺取若干领土，但也可说是收复。而后他们就征服了其他现今众所周知的地方。到了四九〇年（西元1096—1097年间），他们进攻叙利亚……[5]

十字军以无坚不摧的凌厉攻势，将叙利亚到巴勒斯坦海岸、托罗斯山脉（Taurus）丘陵地带往西奈（Sinai）山隘路等等的法兰克人、基督徒、封建诸侯连成一气。穆斯林土地上的这些基督教城市的痕迹，还要两个多世纪后才被穆斯林所清除。

起初，伊斯兰教的王公们态度冷淡地接见这些远道而来的洋人，不久之后，拉丁国家才在叙利亚—巴勒斯坦诡谲多变的政局中找到自己的位置。原先的征战早已落幕，其精神似乎也早已被忘却。当时正值暴力与动乱的时期，伊斯兰领土遭受各方的夹击，既来自中亚、柏柏尔人的非洲，也来自基督教世界。巴勒斯坦和叙利亚的陷落，一开始即使在大马士革、开罗和叙利亚的阿勒颇（Aleppo）也只稍稍引人注意罢了，在其他地方简直可说是不为人知。13世纪初，伊本·阿西尔记录了十字军占领期间，第一批巴勒斯坦难民逃到巴格达的经过，谈到他们流离失所并请求支援，却不见任何后续措施。当时甚至缺乏正确的信息，这可以从一位伊拉克诗人的作品中看到，他哀悼耶路撒冷的陷落，哀叹穆斯林无法集结起来共同抵抗，还把征服者称为罗马人，即拜占庭人[6]。不管是东方或西方的穆斯林统治者，都乐于和新友邦往来，甚至在必要时和他们联合，对付穆斯林同胞。在两百多年间,处在叙利亚和巴勒斯坦的穆斯林与法兰克人你来我往,有时交战,有时也进行通商、外交,甚而结盟。十字军东征结束后,西方的贸易商和朝圣者,在地中海东部地区畅行无阻,穆斯林统治者也接连与往来的西方各国签署贸易合约。

在远东方面,基督教收复失地运动最后获得了全盘胜利。西班牙和葡萄牙的穆斯林君主,甚至穆斯林臣民遭到驱逐,而西班牙人和葡萄牙人更乘胜追击,进入非洲追逐他们先前的统治者。在东部,由于不断有欧洲调兵增援,十字军一时得以立于不败之地,不过在穆斯林的连续反攻下,逐渐耗弱,后来到1291年,拉丁势力的最后堡垒——巴勒斯坦的阿卡港(Acre),最终落入马穆鲁克(the Mamluk)苏丹之手。

十字军的一些影响

十字军精神的某些微弱影响,一时之间仍遗留欧洲,并促成若干无谓的远征,讨伐埃及马穆鲁克王朝,以及奥斯曼土耳其(the Ottoman Turks,一译奥斯曼突厥)的新兴势力。不过到了中世纪晚期,基督教欧洲就失去兴致而忙于其他事务,在基督徒忘却十字军东征时,穆斯林则再次发动征战,开始收复并保卫之前落入基督教侵略者手中的失土,并在节节胜利中,将伊斯兰教的信息和力量,带给不曾听闻过这些的陌生国家和民族。

说到十字军对于其统治了近两个世纪的国家之影响,一般来讲是相当小的。他们在这些国家中形成的,不过是占据优势的西欧天主教少数群体——贵族、教士、商贾及各部幕僚和属下。绝大多数居民都是本地人,其中包括穆斯林、各东方教会的基督徒和一些犹太人。十字军既然离开了,这些国家轻易就恢复到先前伊斯兰的社会及政治结构。

不过,十字军仍在两方面留下长久的印记。一是伊斯兰教各国中非穆斯林臣民的处境之恶化。此种困境源于伊斯兰和基督教世界之间的长期斗争,也源于穆斯林和基督徒杂居地带的安全需求(当时正值宗教忠诚动辄得咎之时),也许还应该提到基督教的国王和主教所树立的宗教迫害的榜样等等,这些都促成对穆斯林的严峻态度。自此之后,穆斯林及其基督教和犹太人民之间的关系,就变得更疏远,甚至更棘手。[7]

另一影响长远的改变,是中东与欧洲间的关系。在西元11世纪之前,这种关系还非常有限。十字军各国给这种关系创建了新的结构,在穆斯林后继者看来,继续维持也颇为便利。在十字军统治期间,欧洲商人(尤其意大利人)于近东地区设立几个港口,在此形成有组织的社会,拥有自己的地方首长和法律规章。相对地,穆斯林主政者也尽量不打扰他们,任其自由通商,这不仅对从事商业者有利,也对统治者本身有所帮助。欧洲商人继续在之前十字军的各个据点做生意,甚至还往来于埃及和其他十字军未曾征服的地方。

这些和欧洲新的联系,也影响到生活在中东穆斯林统治下的基督教少数族群。从此之后,他们与西方的接触渐增,这一方面是通过与欧洲贸易商的往来,另方面也通过讲阿拉伯语的基督徒不同教派之间的联系,这些基督徒就是脱离东方教会(Eastern church,一译东正教教会),而与罗马教会往来密切的东仪天主教(Uniate)教团。贸易和宗教的往来,促生出一小批略通欧洲语言、且与欧洲人有所接触的当地阿拉伯人。日后,这些具有西方视野的中东基督徒,扮演了重要的历史角色。不过话说回来,当时他们和侨居的西方商人,在中东城市的地位却是多受局限。从十字军时期开始,将当地非穆斯林与占人口大多数的穆斯林分离的社会隔离,也影响着居住在当地的西方商人的在地族群,使其与穆斯林社群的接触,限制在最低限度的商业与(偶尔的)政治往来。

1174年,埃及兼叙利亚苏丹萨拉丁(Saladin)修书给巴格达的哈里发,为在他(从十字军手中)所收复的土地上的基督教商人商议条件。他表示,他和他们已经有所协商,可以改善原本受制于穆斯林优势的通商条件:

……（意大利）威尼斯人、比萨人和热那亚人常会过来，有时是打劫，此种伤害是难以包容，但此等火势却也扑灭不了；有时则作为旅行商，想以货品与伊斯兰交易，但以吾国严峻的教规而言，是难以打交道的……现今他们带给吾国的，尽是大、小战争使用的武器，还将其所制造与继承的精品送给了吾国……[8]

萨拉丁指出，解决的办法是建立往来和商谈条件："诸如吾人所喜而其所恶者，或是吾人所需而其所弃者。"

基督教会的教义也相类似，不过开除教籍的谴责和教规，却阻断不了基督教与伊斯兰教世界之间通商的恢复和扩大。讽刺的是，撇开一些堡垒不谈，伊斯兰教世界与西洋之间贸易的恢复，或许是由来到东方的十字军所留下的、唯一具有深远影响的事物。

土耳其人与蒙古人的相继崛起

在西方贸易发达兴旺时，其军事行动却遭到一连串挫败。各征服地的十字军遭到逐退，迄今基督教的大片江山，再度落入穆斯林军队之手。穆斯林就像早期伊斯兰时期一样，再度发动针对基督教世界的征战。他们此次的军事行动，挺进到欧洲的心脏地带。

这场打败并最终逐退十字军的征战，既非来自其所占领的国家，也非由其所征服或威胁的民族所发动的。这股新动力来自更东方的伊斯兰教新势力——土耳其人，该部族具有东亚血统（即突厥），在9—11世纪之间，徙入哈里发的领土，并成为伊斯兰教军事与政治方面的领导者。其迁徙早于十字军东征。可以说，十字军征服叙利亚，也使得他们跃跃欲试。

土耳其霸权时期，伊斯兰世界恢复了新的尚武精神，他们对外征战，结果在扩张版图方面大有斩获，有些版图还延续至今。首先被土耳其取代的基督教领土，主要是安纳托利亚东部及中部，这本是拜占庭帝国长久以来抵挡穆斯林进犯的大本营。塞尔柱土耳其人在11世纪末叶与12世纪的征服和定居过程中，将安纳托利亚变成了土耳其与伊斯兰领土，后来还成为伊斯兰教侵犯欧洲的第二个、且更具威胁的据点。

不过，与此同时，穆斯林本身也遭到来自东方、新的致命敌手之征伐。13世纪初叶，后来声名大噪的蒙古部族领袖成吉思汗，经过惨烈的斗争，成功统一蒙古各游牧族，并发动大规模征讨。到了1220年，他就掌控整个中亚，次年，蒙古军就横渡乌浒水，进犯伊朗。1227年，成吉思汗过世，战事暂时搁置，但继任的新大汗随即又准备发动攻势。到了1240年，蒙古军拿下伊朗西部，并进犯格鲁吉亚、亚美尼亚和美索不达米亚北部；1243年，蒙古军在安纳托利亚对上塞尔柱土耳其苏丹的部队，并予以击败。

13世纪中期，蒙古人又精心策划新的西进运动。成吉思汗之孙旭烈兀，奉大汗之命，跨过乌浒水，觊觎远至埃及的所有伊斯兰教版图。短短几个月，披着长头的蒙古骑兵，就如秋风扫落叶般横扫波斯，并于1258年1月攻下巴格达城。他们在该座古都烧杀掳掠，1258年2月20日，末代哈里发惨遭诛灭九族。这是自先知时代以来，伊斯兰教心脏地带首度遭非穆斯林民族的侵犯，他们摧毁哈里发的典章制度，并在信徒们头上建立起异教统治。此时只有马穆鲁克苏丹的埃及还屹立不摇，摒挡蒙古人进入非洲大陆。

蒙古军继续朝北方挺进。由中亚西进时，骑兵朝里海和黑海北端及南端前进，所囊括的版图，包括现今俄罗斯的大部，远达波兰、匈牙利，以及中欧西里西亚（Silesia）边境。在黑海以北的土地上，蒙古征服者首度为在此出没的草原民族（主要是突厥人）打造了政治体制。但属于极少数的蒙古统治阶层，相当倚仗这些为数甚多的突厥子民，因他们在西向的迁徙中到得较早。他们废除自己的蒙古语，操起突厥语，并与突厥人融合。这在东欧草原上是件大事，突厥各部族在此成为居民的重要分子。这种突厥—蒙古居民一般称为鞑靼人，该词汇就狭义而言仅指各部族中的一族，但广义而言则是泛称所有这些部族。在俄罗斯史上，该部族的统治时期称为"鞑靼之轭"。在大汗的帝国瓦解后，领土分裂成各小国，所有大汗都自称成吉思汗的正统后裔。东欧的蒙古国在俄罗斯名气大噪，且自此以后，该词汇也在欧洲语言中被视为金帐汗国（即钦察汗国）。随着 13 世纪末 14 世纪初蒙古族土耳其化，和金帐汗国人皈依伊斯兰教，该穆斯林土耳其国握有从波罗的海到黑海的整个东欧，并向古俄罗斯帝国王公，及其他斯拉夫统治者要求朝贡。到了 15 世纪，金帐汗国逐渐衰落；该汗国后来在 1502 年被推翻，并分裂为位于喀山（Kazan）、阿斯特拉汗（Astrakhan）和克里米亚的小汗国。这标志着穆斯林东欧霸权的结束，为后来古俄罗斯公国的崛起和霸权开辟了道路。

再往南，蒙古人于伊朗和伊拉克落地生根，并掌控安纳托利亚的塞尔柱国。不过他们仍打不倒马穆鲁克苏丹，埃及的伊斯兰教帝国仍得以延续。为了与埃及殊死决战，伊朗的蒙古统治者于是向西方寻求盟友，以打击共同敌人。在欧洲方面，基督教各君王善意回应，热衷于新十字军的构想，这次是与伊斯兰帝国外的非穆斯林强权结盟，使其腹背受敌。蒙古大汗与基督教欧洲间的外交活动开始活跃。蒙古使节（以东方基督徒居多）出使到罗马、法国甚至英国，英王爱德华一世对于结盟提案也略表兴趣。同一时间，欧洲基督徒（商贾、使节与教士）也访问大汗的波斯领土。其中有若干人，像闻名遐迩的马可·波罗，就得益于此蒙古和平时期（pax Mongolica），由陆路经亚洲而游历蒙古和中国。

奥斯曼勃兴时的穆斯林史观

塞尔柱帝国的向西征战，因安纳托利亚的塞尔柱苏丹国之瓦解而中断。继之而起的是奥斯曼帝国。奥斯曼帝国本是由驻军所组成的公国，为安纳托利亚的塞尔柱苏丹国各后进国之一。"Ottoman"一词根源于"Osman"的讹传，这是 1299—1329 年的首位统治者之名。

第一个奥斯曼帝国，处在安纳托利亚的伊斯兰教和基督教世界的交界处。其统治者的称呼，为酋长或（有时为）将军，即边塞驻军（即"加齐"，gazis）的领导者。14世纪土耳其诗人所写的奥斯曼传奇，是最早的奥斯曼史料，他将"加齐"形容为"真主宗教的配备……真主派来的清扫者，扫去大地上多神崇拜的污秽……真主坚定的弯刀"。[9] 随着奥斯曼部队的推进及其势力的迅速扩张，原本的公国成为王国，之后跃升为帝国。不过由于征战的使命感，该帝国始终是散发着这种气息的政治实体。

奥斯曼人及许多穆斯林都认为，欧洲是对外征战的边疆，这种观感就像16—18世纪欧洲人看美洲一样。在西部与北部边疆，有着肥沃而未开拓的土地，战士们的神圣使命，就是散播宗教与文明、秩序与和平——而拓荒者和边疆民照例要收取报酬。奥斯曼停止扩张，也即边疆的封闭对帝国本身、也对帝国对边疆之外地域的认知产生了深远的影响。

奥斯曼帝国时代，苏丹自称拜占庭帝王的合法继承人，从其通用的称号可见一斑：Sulṭan-iRūm，即罗马的苏丹。后世所谓的征服者苏丹穆罕默德二世（Mehmed II），于1453年攻克君士坦丁堡时，为其纪念拱门放上压顶石。古帝国的两大江山——亚洲和欧洲皆为他所有，如今他的宝座就在该古帝国的首都。

难怪，土耳其官方史家会对攻占君士坦丁堡（即今之伊斯坦布尔）多所着墨。最早的史料（关于"加齐"及其代表之故事）是平铺直述的。"加齐"的随军御史欧鲁奇（Oruç）有如下的描述：

> 在埃迪尔内（Edirne，即伊斯坦布尔以西的亚得里亚堡），火龙般的巨炮已经铸好，火枪也准备就绪。穆罕默德苏丹带着这些火炮，动身前往伊斯坦布尔。火炮就定位，从四面八方开始射击，破坏各个要塞的塔楼和城墙，使异教徒求胜不得。伊斯坦布尔将领英勇作战，誓死不屈。该城神父表示，据福音书记载，此座城堡不可能被攻克。有鉴于此，该城将领在各方位设置火炮和火枪，进行防御。其部众进塔楼后，开始说三道四。他们忽视真主，破坏先知威望，胡言乱语。全能的真主于是降下灾变，以惩

其傲慢。穆拉德（Murad）苏丹之子穆罕默德受热诚的感召，表示"为了真主的事业"，下令洗劫。"加齐"从四面八方包围，后在要塞某处发现炮轰的缺口，将其内的不信道者就地正法。其他部将也循此进入，他们穿越护城河并架设攻城梯，将这些梯子推进到塔楼墙边并攀爬而上。登楼后，便灭了其内的不信道者，并进入内城，大事洗劫。"加齐"夺其财物并掳其子女为奴。穆罕默德苏丹还下令入室搜括，如此才能尽得其所有。该城自建城以来两千四百年的财富，皆为穆斯林所夺，并为"加齐"所有。搜括三日后奉令停止。伊斯坦布尔是在伊斯兰教历八五七年三月二十一日礼拜二（即西元1453年5月29日）攻下的。[10]

这种记叙文字，是以普通土耳其文提供给一般大众，反映了边塞驻军的观点。16世纪的奥斯曼史料则较为雕琢，呈现某种不同的画面。

> 这方土地，强固而高耸的城池……已由暗无天日的迷雾渊薮，转为光辉荣耀的首都。穆罕默德苏丹的德政，使不知悔改者的靡靡钟音，代之以穆斯林的唤拜声，一日五番亲切的教仪与赞颂，征战子民的耳中，萦绕唤拜的旋律。城中教堂的卑鄙偶像清除了，肮脏污秽的偶像崇拜也已洗净；拆除偶像、建立伊斯兰教的壁龛与宣教坛后，原来的修院与教堂成为令人欣羡的乐园。伪信的神殿化为正信的清真寺，伊斯兰的光辉，驱除卑鄙不信道者处所的愚昧，正信的灿烂，取代压抑的晦暗，注定不可阻挡的苏丹，成为新版图的最高长官……[11]

定都君士坦丁堡后，伊斯兰教继位者自然就将西方的异教徒和基督教罗马视为下一目标。奥斯曼势力前进到亚得里亚海两端。在北端，奥斯曼骑兵队攻到威尼斯附近，在南端，肃清了阿尔巴尼亚海岸，并夺取邻近岛屿。1480年8月，奥斯曼海军元帅盖迪克·艾哈迈德（Gedik Ahmed），率领舰队由阿尔巴尼亚的瓦洛纳（Valona）起航，拿下奥特朗托（Otranto）海峡的意大利海港。次年春，元帅集结新的远征军，以巩固据点，并扩张在意大利的版图。

> （伊斯兰教历）八八四年，盖迪克·艾哈迈德元帅率领大批舰队到阿普利亚（Apulia）半岛。在真主和真主庇荫之苏丹的助力下，元帅抵达时随即展开攻击，突破俨然类似于君士坦丁堡的防御工事，拿下许多领土。偶像的殿堂变成伊斯兰清真寺，每日五番唤拜的声音也随之响起。[12]

不过，征服者穆罕默德苏丹不久即去世，中断了元帅的大业。稍后的土耳其史家表示：

> 苏丹去世后，盖迪克才从阿普利亚开始大规模征讨，穆罕默德去世后，盖迪克前去拜访巴耶塞特（Bayezid）苏丹，阿普利亚的不信道者给穆斯林带来不少麻烦。结果是，不信道者夺回阿普利亚，当地穆斯林有的死亡，有的千辛万苦才得以逃脱……[13]

在新苏丹巴耶塞特二世及亲兄弟叶姆（Jem）争夺继承权之时，奥斯曼部队撤出奥特朗托海峡，征服意大利的计划顺延，后来取消。其中的难易程度，可以从稍后1494—1495年间的法军行动得知，他们不费太大工夫，就接连征服意大利各国，这就表示，若坚持下去，要拿下大半（或整个）意大利并非难事。15世纪80年代，土耳其人若是征服了意大利（当时正值文艺复兴之初），世界史将大为改观。尽管如此，奥斯曼开疆拓土的使命感仍然很强，部队还挺进到欧洲深处。

他们的目的地还更遥远。自16世纪起，盛传远方有座传奇城市，称为Kızılelma，也就是红苹果。据说该城中矗立一座黄金圆顶的大教堂。红苹果之城就是土耳其穆斯林远征的最终目标，一旦取得此城，就表示伊斯兰教的最终胜利。土耳其部队的标的，都是这类基督教大都城，先是君士坦丁堡，接着是布达佩斯，后来则为维也纳和罗马。毋庸讳言，土耳其人曾攻下君士坦丁堡，占领布达佩斯一个半世纪，两度围攻维也纳，并对罗马造成过威胁。

苏莱曼大帝（苏丹）统治期间（Süleyman the Magnificent，1520—1566），帝国势力达到巅峰。奥斯曼军在欧洲已掌控希腊和巴尔干，并横越匈牙利，于1529年包围维也纳。在东部，奥斯曼将士在印度洋挑战葡萄牙人，而在西部，北非的穆斯林统治者（摩洛哥除外），也向奥斯曼伏首称臣，于是穆斯林海军进入西方海域甚至大西洋，来自北非的海盗四处劫掠，远至英伦三岛。

一如往昔，伊斯兰教的扩张，对基督教再度形成致命的威胁。伊丽莎白时期，土耳其史史家诺尔斯（Richard Knolles）在谈到土耳其帝国时，以"当时世界的恐怖事物"来表示欧洲人的一般观感[14]。就连遥远的冰岛，人们也在路德派的祈祷书中求告上帝，使他们不致落入"教皇的阴谋与土耳其人的恐怖"。这不是空穴来风，1627年北非柏柏尔穆斯林海盗（Barbary Corsairs）曾出现在冰岛，掳得数百人卖到阿尔及尔的奴隶市场。

苏莱曼大帝的胜仗，是土耳其大潮的顶峰，但也是退潮的开始。奥斯曼部队撤出维也纳，海军也撤离印度洋。然而部队的气势，一时还能掩盖其国家与社会的衰落。在匈牙利，土耳其人和基督徒继续对阵，到了1683年，土耳其人还能再度围攻维也纳。然而大势已去，这次是一败涂地。在其他地区（主要是热带非洲和东南亚），伊斯兰教继续有所进展。不过在欧洲，伊斯兰教逐渐败退，奥斯曼胜利的光芒日益暗淡。

葡萄牙之反攻

欧洲基督教在面对首度大规模的吉哈德时，以收复失地和十字军东征作为回应。面对第二波攻势的回应，即是所谓欧洲帝国主义。这自然是从欧洲的隶属于穆斯林的两个边疆开始——伊比利亚半岛和俄罗斯。之后逐步扩张,乃至几乎扩及整个伊斯兰世界。

1492 年,穆斯林在西班牙的最后根据地,遭到阿拉贡国王斐迪南(Ferdinand)和卡斯提尔女王伊莎贝拉(Isabella)部队的攻陷,同时,欧洲部队的反攻也进展顺利。葡萄牙之收复早在 1267 年完成,早于西班牙将近两个半世纪。1415 年,葡萄牙人占领了摩洛哥北部海港休达(Ceuta),将战事推进到敌方。16 世纪期间,葡萄牙人在摩洛哥站稳了脚跟。他们一时占领了丹吉尔(Tangier),在南部若干据点还维持更久。不过,葡萄牙在北非的苦心经营,到 1578 年告终,他们在 al-Qaṣr al-Kabīr(伽比尔宫)战役中,败在摩洛哥人手下。

西班牙人也为了收复失地,从欧洲循着前人脚步来到非洲,于 1497—1510 年间,在北非海岸占领由摩洛哥梅利利亚(Melilia)、东到的黎波里的许多地方。这场经营就像葡萄牙人一样,终究是白忙一场。无论如何,他们的目的极为有限,仅止于从根本防范穆斯林的再度进犯,并保护海岸和船只不受穆斯林海盗袭扰。当奥斯曼海军开始掌控地中海,西班牙不再汲汲于攻略北非时,他们便像葡萄牙人一样,仅止于以少数驻军保卫若干据点。

西欧之所以反攻东方,乃另有来历。葡萄牙人达伽马抵达印度的卡利卡特(Calicut)时表示,他是为了"寻找基督徒和香料"。葡萄牙人来到亚洲也是基于此因,或许也有对抗吉哈德的因素,可以说,葡萄牙人的远航是极为延迟的回应。在这些人心目中,基督徒的使命感是很强烈的。地理大发现仍可视为宗教战争,为十字军与收复失地的后续,对抗的是同样的敌手。在东方海域,穆斯林统治者(埃及、土耳其、伊朗及印度)为葡萄牙人的主要对手,其统治权被他们所终结。西洋其他的海员紧随其后,在非洲与南亚共同建立西欧优势,并维持到 20 世纪。

欧洲人统治之稳固,甚至使他们可以为地方势力的一时利益,在东方战场上互相拼搏。其中有个事件颇为轰动。1622 年,葡萄牙人在夺取波斯湾霍尔木兹(Hormūz)港后,波斯军在英国支援下又将之驱

逐。这场胜利记载在波斯史诗中,当时的波斯史家证实了此次结盟:

> 现在情势逆转,因为最近有群英国人在拜见萨法维(Safavid)王朝时表示,只要沙王(Shah)有心取回霍尔木兹,他们随时可以出兵相助。英国人对沙王说明,他们是葡萄牙人的死敌,此种彼此仇恨,部分是源于教派分歧。夺回霍尔木兹后,英人表示,由英国管辖的其他港口的船只,将确保葡萄牙人无从夺回根据地。阿拔斯('Abbās)沙王遂接受英人的助攻提案。有云:"尽管来自基督徒井里的海水皆为不洁,但若它清洗的是犹太人的尸体,又何足惧哉?"[15]

1580年,奥斯曼地理学者在著作中警告苏丹,欧洲人在美洲、印度及波斯湾的经营,将危害伊斯兰国家,且扰乱其通商。他提议:

> 在地中海和苏伊士港之间开凿运河,并在该港安置大批舰队;占领印度和(巴基斯坦)信德省(Sind)的海港后,欲驱逐这些不信道者,并将当地财宝运回首都,就轻而易举矣。[16]

可惜,这个早于威尼斯人的先见之明,并没有得到采纳。相反地,奥斯曼苏丹和其基督教死敌,即西班牙国王协议休兵,好让彼此安心整肃异己——苏丹讨伐伊朗什叶派;国王则惩治北欧清教徒。几个世纪后,苏伊士运河才得以开通,而为另一帝国所用*。16世纪,派到印度洋的奥斯曼海军,败给葡萄牙优良的船舰和部队。

俄罗斯人的复兴与扩张

此种重新整编且回头反攻的模式,可追溯到中世纪时受穆斯林征

---

* 运河于1869年开通,所谓的另一个帝国指英国。——译者注

服与统治的另一欧洲国家——俄罗斯。相较于西班牙的摩尔人（Moor）*统治，金帐汗国在俄罗斯的统治为期甚短，影响有限。不过此段"鞑靼之轭"时期，给俄罗斯人留下不可磨灭的记忆。

俄罗斯人的收复失地稍晚于伊比利亚半岛人，1380 年，莫斯科公爵德米特里（Dmitri Donskoy）在库利科沃（Kulikovo）平原的对阵中打败鞑靼人。尽管俄罗斯正史和野史大书特书，但这场胜仗却不具决定性，两年后，鞑靼骑兵再度北侵，蹂躏俄罗斯领土，攻占莫斯科，强行纳贡。到了 1480 年，穆斯林地方首长才批准莫斯科伊凡大帝，免除所有贡赋和从属地位。

俄罗斯人也像西班牙、葡萄牙人一样，摆脱了奴役后，在踵继前贤中，其战果则更为辉煌。在与伏尔加鞑靼人漫长而惨烈的斗争后，俄罗斯人于 1552 年攻克喀山。这场胜仗后，俄罗斯人就顺伏尔加河而下，于 1556 年拿下港都阿斯特拉罕。于是乎，俄罗斯人掌控伏尔加河而到达里海。他们抵挡了穆斯林南下的大部攻势，从而直接侵袭奥斯曼和克里米亚鞑靼的领土。

奥斯曼人知此威胁，并予以抗击。主力部队出动，攻打阿斯特拉罕以作为伊斯兰防卫基地。此外，计划开挖一条连通顿河和伏尔加河的运河，使奥斯曼舰队得以往来于黑海和里海之间。借此，奥斯曼人也得以与中亚的穆斯林统治者互通声息，从而有效抵挡俄罗斯向南或向东的进路云云[17]。

该构想并无任何成果。克里米亚的鞑靼大汗尚能击退俄罗斯人的攻击，并与奥斯曼诸苏丹保持联系，奉奥斯曼为宗主国。黑海暂时仍是突厥（土耳其）穆斯林的辖区，在克里米亚和伊斯坦布尔之间，也有重要贸易往来，尤其是食品和东欧血统的奴仆。不过此条开放路线，如今为俄罗斯人大举入侵亚洲所用。

当西欧航海商人绕过非洲，居留于南亚和东南亚沿海城市时，俄

---

* 摩尔人原先是阿拉伯人和北非柏柏尔人的混血，信奉伊斯兰，后来进入西班牙，成为统治阶层。——译者注

罗斯军人与行政官员也跟着其商人和农人沿陆路到达黑海、里海、帕米尔山，乃至太平洋。东西欧人也借先进的军事和技术之助，在亚、非洲进行扩张。俄罗斯人在东进路线上阻力不大；西欧强权为冲破大西洋风浪所造的船，在航海技术与武力装备上，使亚洲国家瞠乎其后。

伊斯兰势力的消长

在欧洲大陆上只有一方土地——穆斯林国（奥斯曼帝国），即伊斯兰衰微时期中最强者，持续掷挡基督教欧洲往巴尔干、爱琴海及君士坦丁堡的推进。然而即使不断抗拒，奥斯曼人仍发现，本身仍渐受欧洲影响，甚至为了防范，而不得不采取许多欧洲的风俗习惯。

该变局迫使穆斯林为适应而疲于奔命。原本习于以正信与强权地位居高临下的他们，如今却发现，一向受到鄙视的异教徒已然坐大。就穆斯林的历史观来看，他们赋有真主的真理与使命，将正信带给全人类，他们的伊斯兰王朝，乃是真主的意志在尘世中的体现。其国君为先知的传承者及真主降示的信息之守护者。伊斯兰国家为世上唯一的合法权力，伊斯兰社群为真理和启示的唯一宝库，余者皆不过是蒙昧与邪教。真主降赐给社群的，是他们在世上的权力与胜利。自先知时代以来，莫不如此。

这些信念，自初期穆斯林以来一脉相承，十五六世纪奥斯曼国力鼎盛时，更加强化，直到18世纪还因穆斯林军短暂但重大的胜利而复苏。然而，一旦事件进程是由基督教敌手而非伊斯兰权势所决定，一旦伊斯兰教国家的存续还不时仰赖若干基督教统治者的协助乃至善意时，穆斯林对这种世界是难于适应的。

当俄罗斯哥萨克骑兵和葡萄牙轻桅帆船，分别从北、南两路觊觎伊斯兰版图时，由中亚经中东到北非等的心脏地带，仍保持独立状态。16—19世纪，欧洲由两端扩张之期间，伊斯兰世界出现五个政权中心：印度、中亚、伊朗、奥斯曼帝国和北非。在印度方面，尽管穆斯林居少数，却维持过政治优势。16世纪，来自中亚的入侵者伟大的巴布尔（Babar）建立新王朝。在巴布尔及其继位者，和所谓的莫卧儿（Mogul）帝国统治下，印度的伊斯兰势力进入最终且最伟大的阶段，而以与西欧致命的接触告终。

在中亚以北，伊斯兰化的蒙古汗国崩溃，在里海和中国之间的大地留下许多穆斯林小国。这些小国也常遭遇来犯的欧洲人，这次则是俄罗斯人，久而久之终被并入俄罗斯帝国。

在伊斯兰世界的另一端，即北非方面，摩洛哥维持了数世纪的独立君主国，而阿尔及利亚、突尼斯和利比亚，则一边奉奥斯曼为宗主国，一边却由地方首长主政。这些国家都在19世纪末20世纪初被法国、西班牙及意大利兼并。

其中只有两个国家得以幸免——土耳其与伊朗。尽管这两国屡遭侵犯，但却不曾丧失独立。

在受葡萄牙鼓舞后，西欧人在亚洲的活动仅止于商业和航海，后来才逐步导向建立政权统治。尽管在当时，这也仅限于南亚、东南亚及东非，其对中东的影响也只是间接的。在此一中东地区，论到政治与战略的利益，长期以来，西欧强权的威胁毕竟小于中欧与东欧的强权。

伊斯兰权势的历史转捩

话说葡萄牙和（后来）英国及荷兰强权在亚洲、非洲的扩张，就意味着中东（包括伊朗和奥斯曼帝国）遭到严密包围，俄罗斯在北疆，西欧各国在两边。可以说这种包围对香料贸易的影响，比先前的葡萄牙人绕行非洲还来得大。数世纪以来的通商路线，是穿越红海和波斯湾，抵达地中海和欧洲，也繁荣了附近中东地区；如今则转为远洋路线，两端受到西洋人的钳制。

这种变化极缓慢，其影响也非一朝一夕能理解。驻伊斯坦布尔大使奥吉尔·奇塞林（Ogier Ghiselin de Busbecq）在1555年的信札中表示,当突厥人危害欧洲基督教时,欧洲人也在"大洋中的东印度群岛及(新西兰东南)对蹠群岛(Antipodes)"大肆劫掠[18]。

直到 17 世纪末,这种威胁尚未过去。1683 年,土耳其人终于再次包围维也纳。数周之后,奥斯曼部队被迫撤军,随后遭到重挫。当时奥斯曼官方史家,以简单明了的笔法记录了这段经过:

> 俘虏受到讯问。他说奥地利皇帝已修书给各方,请求基督教各国国王的援军,当中只有波兰王(这位可耻的叛教者叫 Sobieski)前来援助,计有正规部队立陶宛的士兵和指挥官,三万五千员骑兵,及波兰异教步兵。奥地利皇帝也派出他所能征调到的其他基督教部队,有八万五千位德国精兵(含骑兵和步兵),另有骑兵四万员,步兵八万员,总计十二万位不信道的兵员。各部会师于此,据说是要打击维也纳周边壕沟的伊斯兰战士……[19]

该史家也没有隐瞒整个挫败过程:

> ……我军的所有物件,即军饷、装备及宝物,间接落入邪人之手。邪军的攻势(愿其瓦解)分成两路。一路沿多瑙河岸进入要塞,攻击我军壕沟。另一路攻打我军营寨。敌军杀害壕沟中若干残兵,俘虏其余兵士。壕沟残军约一万人,已无能作战,并受步枪、大小炮、布雷、石块及其他武器的伤害,士兵们有的断手,有的断腿,也有若干敌军执起刀剑,砍断数千员战俘的桎梏,予以释放。其掳获的军饷和军需不计其数,而无暇追击伊斯兰战士,否则就无法得手。愿真主保佑。此乃奥斯曼有史以来最严重的挫败。[20]

1529 年,土耳其人首度围攻维也纳,尽管未能成事,至少在媾和后,奥斯曼军还能直击欧洲心脏。但 1683 年的围攻和撤退就大异其趣。这次不仅兵败如山倒,还丧失领土和城市。当时流行的一首哀歌,透露1686年匈牙利布达（Buda）遭基督徒收复时奥斯曼人的伤感。

> 寺院的礼拜不再，
> 喷泉也无人净身，
> 热闹地方而今如许荒凉，
> 奥地利人占去美丽的布达。[21]

在奥地利人占领期间，一位奥斯曼军官来到塞尔维亚的贝尔格勒，发现当政者已对城市有所更动：若干清真寺成为营房，有些则成了弹药库。唤拜塔还在，但其中有一座被改装为钟塔，洗净礼的浴室也还在，但却被变成住所。只有一座浴室还在使用。多瑙河畔的住宅和商店，都被变成酒馆。他指出，臣民中的穷人变得弱不禁风，受德国人的欺压[22]。

1699年1月26日签订的卡尔洛维茨（Carlowitz）和约，不仅是奥斯曼和哈布斯堡王朝关系的转捩，也为基督教和伊斯兰教带来深远影响。几个世纪以来，奥斯曼帝国向来是伊斯兰的龙头，与西方基督教邻邦持续着千年的抗衡。伊斯兰势力在各方面已然落后欧洲，但双方一时都还察觉不出这种消长。不过，自维也纳撤退及军事与政治的挫败以来，新关系呼之欲出。欧洲依然存在所谓的土耳其问题，但重点却已是土耳其的虚弱可能带来的不确定性，而非其力量的威胁。就土耳其一方而言亦然，他们警觉到边疆之外的地方，不但没有有待征服、改宗的化外之民，而俨然是威胁到该王朝未来的劲敌。

此消彼长下的新奥斯曼政策

16世纪初叶，西洋海军的意图已昭然若揭。苏莱曼的路特菲帕夏（Lûtfi Pasha，帕夏为大臣或高官之谓）指出，谢利姆一世（Selim I，1512—1520年在位）（征服叙利亚与埃及者）苏丹告诉其国师："朕想拿下法兰克（即欧洲）人版图。"国师答复道："陛下国都的优势是靠海。若海上不安宁，就无船过来；若无船来，伊斯坦布尔就不再繁华矣。"谢利姆苏丹当时已来日无多，也就无所作为。帕夏向苏莱曼提起这桩往事，并告知："昔者有多位苏丹制陆，而鲜有人制海。就海战而言，不信道者略胜一筹。吾人务须胜之。"[23]土耳其人并未办到。1571年，奥斯曼海军在勒班陀海战中遭到重创。

而奥斯曼人也并没有粉饰太平。当时土耳其的文献，以精简的史笔，记载了阿尔及尔的贝勒贝（Beylerbey）王朝舰队"遭遇到可耻的不信道者舰队，真主的意志转到了另外的方向"[24]。

值得注意的是，在欧洲史料中，这场战役以战场附近的希腊海港为名，但在土耳其官方史中，却叫做 sıngın，即"惨败"之意。不过这场战役纯属个别事件，奥斯曼海军尚能整军经武，保全地中海区。土耳其官方史家记载，谢利姆二世苏丹（1566—1574年在位），问索科卢·穆罕默德（Sokollu Mehmed）帕夏打造新舰队要多少花费时，帕夏答复道："若有心，王朝财力之雄厚，能以银船锚、丝缆绳、缎船帆，配备整批舰队。"[25]

奥斯曼军在欧洲的失败，更为惨重而显而易见。其结果是主要行省之丧失，新势力的出现，更为重要的乃是帝国与其王朝及邻邦及敌手间关系的彻底转变。

土耳其人为扭转颓势，首度采纳新的外交策略——求助西欧国家（英国和荷兰），借此制衡邻邦的敌对势力。

之前，土耳其人和西欧强国也有过这种协商。苏莱曼曾与法国法兰西斯一世（Francis I）达成某种共识，对抗哈布斯堡王朝，法国人（连同其欧洲敌手）也向王朝谋求结盟。

土耳其人看法稍有不同。16世纪，一位土耳其文人写道：

  法国总督（Bey of France）*，向来表达着自己对幸福之地入

---

* 使君主降格为王朝行省长官级别的称号。——译者注

口的忠实(intisab)*，及对高门 (Sublime Porte)**政令的拥戴——发现自己受到包围，并问过群臣后，发现最佳良策是寻求庇护，便与权倾天下的苏丹建交。

于是法国总督便派遣特使至伊斯坦布尔，其求援的内容如下：

> 狠毒之敌，受恶贯满盈的匈牙利王之助，压制吾民，万望陛下不吝出兵，驱逐吾人对手之可恶援军，使吾民能与敌搏斗，挫其恶念。吾人将不胜感激，鞠躬敬表顺服之意，以报皇恩之浩荡。[26]

史家指出，雍容大度的苏丹为之动容，决意援助时运不济的法国人，于是发兵惩治可耻的匈牙利人。

1552年，甚至有法、土联军合攻西班牙海港，这只在若干奥斯曼史料中有概略提及。

直至16世纪末，奥斯曼帝国在多项事宜上与英王伊丽莎白一世互有通信，甚至提到可能联合建立对抗共同敌人西班牙的阵线。不过交涉过程甚为曲折，提案主要来自西方。土耳其人既不感迫切，也无任何结果。但在维也纳二度挫败后，新外交政策隐然成形。18世纪期间，奥斯曼人始发觉伊斯兰帝国不再与基督教国度分庭抗礼，而只是众国之一，可为敌亦可为友。但该观念并不易受采纳，直到18世纪末，国内还是多有阻力。土耳其同时也与俄罗斯和奥地利作战。有个有力提案表示，最好和瑞典结盟，该国已向奥地利宣战，也可与普鲁士结盟，该国可从后方扰乱奥地利。于是土耳其分别在1789年和1790年，和两国签约，承诺军事同盟。要习于与欧洲强国共存，甚至保持其所谓"友好"和"友谊"，对土耳其人乃大不易。欧洲人偶

---

* 土耳其语，通常表示主从关系。——译者注
** 意即政府，相当于我们所谓的天朝。——译者注

或将此关系视为结盟；土耳其人则不然，与基督教国家结盟的想法，就算是为对抗其他基督教强国，也是陌生乃至可耻的。军法官沙尼查德(Şanizade)主张，此乃大逆不道，并引《古兰经》经文为证："信道的人们啊！你们不要因我的敌人而和你们的敌人为朋友……"[27]*此为教法说明官（Mufti）汉米迪查德·穆斯塔法埃芬迪(Hamidizade Mustafa Efendi，Efendi 为大官之意）所驳回，埃芬迪引述先知的话："真主将以伊斯兰之道，帮助未皈依伊斯兰者"**和其他经文与论据[28]。该见解（结盟）获胜，尽管仍有许多人感到难以接受。

强权林立时的伊斯兰吉哈德遗风

旧式吉哈德只在某一处延续——地中海西部。摩洛哥独立王国和阿尔及利亚、突尼斯、的黎波里坦尼亚（Tripolitania）三公国等的柏柏尔人国家，仍奉奥斯曼为宗主国。反攻基督教的征战，在此至少还有理论上的优势。征战主要是通过海军，而非陆军进行，海军向来为基督教国的心腹之患。欧洲人认为，北非国家的水手无异于海盗。这些人自许为圣战战士，其实不过是私掠者。欧洲人视为公海上之打劫，北非人则认为是对抗信仰的死敌之海上吉哈德。所得酬劳包括一艘俘虏船与换算载货所发给的奖金，以及欧洲私掠者的俘虏等额外好处。

北非国家的私掠行动持续了整个 18 世纪，该行动受到容忍，有时还因为与欧洲强国对抗而受到鼓励。美国独立与拿破仑战争再度助长北非国家的重要性，欧洲交战国的激烈竞争，为了博取北非国家的善意、利用其设施，也使私掠者坐大。不过 1815 年后需求消失，西方强国（当时包括美国）便采取断然措施，中断彼此的交通运输。

---

* 作者原文和现行马坚译《古兰经》译文有出入，现依原文译出。——译者注
** 作者原文和现行马坚译《古兰经》译文大有出入，现依原文译出。——译者注

当时，西方政府与柏柏尔穆斯林海盗间的关系，可参考 1787 年至 1788 年间派驻马德里的奥斯曼特使之汇报。身为苏丹代表（阿尔及尔总督的宗主国代表），他急于关切该总督与西班牙国王在近日签署的协定，并趁机与该特使交换意见，总督特使对他做出若干保证：

> 阿尔及尔人与西班牙签署的停战协定，对阿人大有好处。据该协定，西班牙人须以每位一千雷阿尔（real，货币单位）赎回其在阿尔及尔的一千两百五十位战俘。有趣的是，签约后赎金送达，阿尔及尔人照单全收，人质却皆已遇害，但西班牙人却也莫可奈何。不仅此也，除赎金外，西班牙国王还要给阿尔及尔总督五百袋礼金、珠宝及其他物品作为赠礼，并支付媾和的高额款项，输送其海军及弹药库所需物资……此外，在西班牙亦有一百余位阿尔及尔战俘，根据协定，阿尔及尔人也应支付赎金。但他们却表示："吾人不须这些叛徒和懦夫——若非此等人，自不致遭俘虏。"受到为难的西班牙人，对他国封锁该消息。为解决此事，他们私下致函给摩洛哥主政者，表示："若不嫌弃，吾人乐于为陛下释放俘虏。"鉴于伊斯兰兄弟情谊，该主政者同意此事，俘虏被解送到摩洛哥。分发若干生活费和衣物，遣返阿尔及尔。为保住颜面，西班牙人散播消息为，该举措乃回应摩洛哥主政者要求。简言之，阿尔及尔人的坚定信仰，令不信道者刮目相看，并迫使西班牙人就范。某日于马德里，笔者与阿尔及尔某政要谈话，并询问："既然能占诸多便宜，何以犹与之媾和哉？"他答复道："确实为偌大便宜。和平关系至多维持三年，期间吾人持有先前好处。迄今为止，吾人已搜罗到两三年的好处，绝不致吃亏。"他表示，所谓媾和无异于水面上画字*[29]。

尽管伊斯兰国家有若干成就，但大致说来，18 世纪时他们处境艰

---

* 比喻漫无实效。——译者注

难,各方面迹象也都显示,穆斯林地位已有所改变。该改变是几项因素的结果。在与欧洲往来时,中东强国面临的情势日趋复杂,导致在武装与战争上付出的高昂代价。国际贸易和国内经济在十六七世纪时,因通货膨胀而大受影响。该影响又因中东国家在各方面(科技、农业、工业、运输)的落后(或停滞),而更加恶化。

西方特权泛滥和新技术之引进

价格方面的大浮动,似乎自16世纪后半期就已开始。这反映中东经济在美国金、银流入后遭到破坏。对重金属的购买力,奥斯曼帝国强过西方,却弱于伊朗和印度。波斯货(尤其是波斯丝绸),在奥斯曼国土及欧洲的需求都很大,但相对而言,奥斯曼产品却乏人问津。谷物和纺织品是奥斯曼外销欧洲的大宗物品。纺织品曾是主要的产品,但这项贸易日益萎缩,后来,由中东外销西洋的货品,只剩棉布还畅销一时。贸易内容产生剧变,后来欧洲输出纺织产品(包括印度布料)到中东,并输入原料如棉花、毛海,特别是丝绸(以伊朗为大宗)。难怪,尽管有西方金、银的流入,奥斯曼官方资料仍显示,贵金属日渐不足,甚至不敷铸造硬币所需。

当其农业由西方引进新作物(烟草及玉米)而得利时,科技和经济却仍处于停滞。欧洲农业及工业革命乃独步当时,但对中东国家却并无影响。中东产业偏重手工业,发达到18世纪后半期,但技术方面却少有改进。

上述变化也影响到奥斯曼维持军事供应的实力——取得所需原料以造船、铸枪,乃至调制火药。奥斯曼武力的衰微,这自然是因素之一,即该帝国逐渐落后于敌手的漫长过程之一。发现新大陆与殖民之后,世界贸易重心由大西洋转移至南非和南亚周遭的公海,地中海和中东世界尽管在若干方面仍不容小觑,但经济地位大为下滑,尤其是位处三大洲的居间地位所带来的利益大为减少。海路开通后,地中海及中东地位大不如前。奥斯曼帝国、地中海及中东国家国力也就相对衰微。

欧洲在中东的经济优势,是以多种方式把持的。相对于中东产品进入西方受到限制(有时还因保护关税而遭排斥),西方对中东的通商,还受特惠条款的庇护,保障其不受限制、自由进口的特权。特惠条款一词(拉丁文 capitula,为逐条登载的文件之意)始于奥斯曼时代,奥斯曼及其他穆斯林主政者所颁布的、相对优于其他基督教国家的特权,特许其人民在伊斯兰领土上自由居住与通商,不受当地主政者加诸在非穆斯林人民的特殊限制。该特权原本为强大君王对卑微请求者恩赐与施惠的姿态。该君臣关系见之于文献中的措辞,受惠者应有忠诚、顺服乃至奴性的应对进退[30]。随着伊斯兰国家衰微及其与基督教邻邦关系改变,特惠条款也逐渐泛滥,这包括当地司法和税收的豁免权,使特惠国人民,只须对其领事法庭负责。到了18世纪末,这种最惠待遇,为欧洲人带来商业与财务的重大利益,而在外交使节所使用的文件和证书等的保护,也日趋浮泛。这些证书原意只在保护欧洲领事在当地雇用的官吏和代表。但在滥用、转卖或授予下,得到特权的地方商人人数渐增。

一开始,土耳其人认为,国力衰弱仅止于军事,因而谋求在该方面补强。基督教部队已在战场上证实优于穆斯林部队;因而采纳战胜者的武器、技术和训练,势必有所帮助。

许多奥斯曼官吏和文人都写文章力促此事。其中,匈牙利"一位论派"*教徒改宗伊斯兰者易卜拉欣·穆特斐里卡(Ibrahim Müteferrika)的著作,于1731年在伊斯坦布尔出版,这是易卜拉欣创办的第一个土耳其的出版社发行的第一本书。该书着重在行政与战略问题,分为三部分。第一部分侧重欧洲良好的政治体制,及其现有的不同类型。第二部分强调地理知识是了解本国和邻国的关键,也是战争艺术和后勤支援的必要部分。在第三部分,作者讲述在欧洲国家武力的不同形态、训练方式、指挥机制、作战手段和军事法规。在探讨

---

* Unitarian,即相信上帝只有一位,并否定基督的神性之教徒。——译者注

到欧洲人的异教作风时，易卜拉欣委婉表达不满。不过他也明白表示，欧洲军队较强、较优秀，若奥斯曼军谋求生存，就要加以仿效[31]。

这种主张得到了理解。1729 年，法国伯爵波纳瓦（de Bonneval）来到土耳其，皈依伊斯兰教，取了艾哈迈德（Ahmed）的经名，进入奥斯曼政府任职。1731 年，他负起整编炮兵团的任务。1734 年，军事工程学院建校，次年波纳瓦晋升为帕夏（即高级官员），授予官阶和官衔"炮兵团团长"。这项实验并无进展，但 1773 年，航海工程学院也开办了。

引进西方军事教官（除法国外，也有其他欧洲国家），使突厥军官接受新的战争训练之同时，也带来许多重大成果。异教徒的教师与学生之间出现了一种新的关系，后者不得不尊前者为师，而前者要去教导那些本来厌恶自己的人。穆斯林不仅要接受指导，且还要学习之前认为不必要的外语。他们要学习听懂教官授课，读通训练教材及炮术指南。然而一旦学会法语，就会发现其他更有趣且具震撼性的读物。

值此同时，也有其他重要的新奇事物问世在印刷术的引进期中，易卜拉欣·穆特斐里卡担任要角。15 世纪末，欧洲犹太难民将印刷技术引进土耳其，犹太印刷厂在伊斯坦布尔、希腊的萨洛尼卡（Salonika）及其他城市设置。随后就有亚美尼亚人和希腊人，也在奥斯曼城市以其母语设立印刷厂。不过由于官方条件严苛，突厥文或阿拉伯文书籍并未印行。禁令直至 18 世纪初才解除，这主要是赛义德·伽勒比（Said Çelebi）的功劳，他是 1721 年派驻巴黎的特使之子。1729 年 2 月，第一本书籍问世。在该印刷厂于 1742 年遭到破坏之前，已有十七本书出版，主题侧重在历史、地理和语言。1784 年，印刷厂重新开办，当时印刷业已遍布中东。

18 世纪穆斯林对历史变局的看法

不过话说回来，西方长期以来影响不大，主因是其观念只能触及极少部分人；就连这些有限的冲击，也会因反动而受限甚或逆转，例如上述1742年土耳其第一家印刷厂遭破坏。若说军事挫败是促成接受西方观念的重大刺激，但其在18世纪初的影响仍相当微弱，当时奥斯曼人有时还打胜仗。但到了18世纪末，该刺激在军事对垒中就越发明显。第一次震撼，是1774年凯纳甲湖（Küçük Kaynarja）条约，奥斯曼惨败在俄罗斯手下，并损失许多领土、政治及商业利益。第二次震撼是1783年俄罗斯兼并克里米亚，尽管这已非首次割地，但却显示重大变化。前次损失，是让给基督徒和一小撮土耳其统治者及移居者。克里米亚则不然。该地人民是操土耳其语的穆斯林，其在该地的渊源，可上溯至13世纪乃至更早的蒙古拓殖。割让这块穆斯林长久以来落地生根的土地，是对穆斯林自尊的严重一击。

第三次冲击来自法国，十字军东征以来，这是首度针对中东伊斯兰心脏地带发动的军事侵略。1798年，拿破仑率兵登陆埃及，之后只克服少许阻力，就拿下奥斯曼行省。占领期间为期甚短，埃及随即恢复穆斯林统治。但该事件却已暴露出阿拉伯国家的战略地位及军事弱势，只是这些都还在奥斯曼帝国的声威笼罩之下。

该事件的重大结果，是法国革命新精神渗入伊斯兰世界。欧洲的思想运动首度突破信仰壁垒，对日后穆斯林思想及行为产生深远影响。这个超越先前运动的思想成就，主因自然在于法国革命是入世的——这个欧洲史上社会与智识的重大转变，力求以非关宗教的措辞，做意识形态的表述。之前的欧洲运动，如文艺复兴、宗教改革、科学革新、启蒙运动等，都不曾对伊斯兰世界产生影响，甚至还乏人问津。或许其中最重要的因素，就是它们或多或少都是以基督教的方式来表达，在进入之初就遭到伊斯兰思想方面的抵御。这类关乎宗教的世俗主义（secularism）对穆斯林自然不具魅力，但是无关基督教的意识形态，却能使穆斯林以平常心看待，而不觉涉及与自己不同的宗教教条。这种对宗教保持中立的意识形态，穆斯林或许期待从中发现若干法宝，在不危及自身传统与生活方式的条件下，一窥西方知识与进步的奥妙。

不过，土耳其统治精英一开始并不是如此看待该事件的。当革命由法国扩散到其他欧洲国家时，这些精英还以为是法国或（最多是）基督教的内部事务。身为穆斯林国家的奥斯曼王朝，并不受基督教变局的搅扰。若干人士甚至视之为可乘之机。1792年1月，苏丹的大总管艾哈迈德埃芬迪在日志中写道，革命转移了欧洲强国的焦点，并设下吸引其贪欲的诱饵，从而使奥斯曼人较为好过。他虔诚地表示："愿真主让法国的动乱，像梅毒一样传给其他敌国，让他们彼此斗争下去，从而造就有利于天朝的结果。诚心所愿。"[32]

正是这种事不关己的想法，使土耳其人拒绝俄罗斯呼吁共同抵制法国的提案，甚至由奥地利、普鲁士和俄罗斯特使共同提出的请求，即禁止在土耳其的法国人别戴新的三色帽章，也同样遭拒。奥斯曼史家耶夫德特（Jevdet）帕夏引述了一段谈话：

> 某日，奥地利译员总领找大总管埃芬迪表示："愿真主适当惩治这些法国人：他们让我们感到痛心。行行好——要是您让他们把帽章拿下来的话！"大总管答复道："老兄，我们已多次表示，奥斯曼帝国是伊斯兰国家。我们没有人会认真看待他们的这些徽章。我们把友邦的商人看作来宾。他们尽可以佩戴任何帽饰或勋章。就算他们顶着一篮葡萄，也无关乎天朝之道，无须过问的。您这是自寻烦恼。"[33]

世变之初的后知后觉

1797年10月，法国人根据坎波福尔米奥（Campo Formio）条约，归还威尼斯城邦，并将其领土割让给奥地利。法国人自己则兼并了希腊西部的爱奥尼亚群岛及邻近的阿尔巴尼亚和希腊海岸若干地区。法国和土耳其如今成了邻邦，数世纪以来的友好关系于是乎趋于紧绷。随着法国的希腊公民与奥斯曼希腊的拉雅(rayah)＊比邻而居，差异就无从隐瞒，接触也难于避免。不久之后，希腊南部摩里亚（Morea）半岛奥斯曼总督开始传送令人不安的报告到伊斯坦布尔。他指出，尽管法国人声明对政府表示友好，但背地里却加以反对，身为威尼斯人的子孙后代，他们甚至打算要求归还其他先前的威尼斯领土，如克里特岛和摩里亚半岛。不仅此也，据报告指出，就在帝国边境，有若干集会和仪式，宣讲关于自由、平等乃至恢复古希腊的荣耀[34]。当新俄罗斯公使谈到这些事及法国事件对当前政权所造成的威胁时，帕夏们都专心聆听，而埃芬迪大总管就写了份备忘录给国家最高会议，就奥、俄共同邀请奥斯曼结盟，以防范法国革命情绪的蔓延。由于这是个需要详加说明的新思维，埃芬迪煞费苦心申述道：

> 综上所述，问题可归结如下：天朝是否已面临到其他国家遭遇的同等威胁呢？诚然，在该冲突之初，天朝即已选择中立之道，也未吝于表示友好与善意，给予法国共和实质协助，致使各国不断提出抗议。每当法国陷入困境，遭遇饥馑时，天朝就由真主眷顾的国度输出丰富物资，运送至其各港口，使其免于饥荒。但作为回报，法国共和及其将领，却通过言行来颠覆天朝子民。尤其在瓜分威尼斯期间，该将领们夺取大陆上（希腊）阿尔塔(Arta)附近岛屿和四座城市（分别为 Butrinto，Parga，Preveza 和 Vonitza）；其纪念古希腊政治体制之活动，在该地建立独立自主政体，异心昭然若揭，毋庸多所说明。[35]

此处再度显示，帝国中易受影响的，是希腊及其他基督教人民，而非穆斯林。然而1798年7月1日，拿破仑的埃及远征军在亚历山

＊ 奥斯曼社会中的低等阶级民众。——译者注

大港登陆,开展了伊斯兰史的新时代。

当时,穆斯林的后知后觉与不予采信,也反映在埃及官方史家贾巴尔蒂(Jabarti)对该前所未有的事件的纪事上:

> 礼拜天,即今年(伊斯兰教历一二一三年/西元1798年)莱麦丹月(9月)19日,亚历山大港的信差抵达(开罗)并递交信件。信件内容为:礼拜四,即本月8号,十艘英国船舶抵达海港,并于港民视线范围内碇泊,稍后又有十五艘船来到。港口人们密切注意下,一艘小艇靠岸,十名乘员登岸之后,与城中要人及总督(赛义德·穆罕默德·卡里姆,al-Sayid Muhammad Karīm)授权的首领代表会面……被问到此行目的时,他们表示,他们是英国人,要找带着开拔的大部队、前往未知目的地的法国人。他们表示:"我们并不确知其意图,也担心他们会攻打你们,你们却无从防御、阻止其登陆。"
>
> 赛义德·穆罕默德·阿里姆并不接受该说法,并怀疑其中有诈。他答复得不留情面。对此,英国代表表示:"我们将回船上静观其变,除淡水和食品外,别无其他要求,这些东西我们会付费。"但仍遭拒斥:"此处为苏丹领土,与法人或其他人无涉。故请速离开此地。"于是英国代表回船上,收锚起航,以便从亚历山大港之外的他处寻求食物,真主因而实现了其决定……当月20号礼拜三,亚历山大港来信,罗塞塔(Rosetta)和达曼胡尔(Damanhūr)也表示,18号礼拜一,为数甚夥的法国船只抵达……在不为港民所知的情况下,大批士兵和作战武器登陆,隔天,他们就像蝗虫般包围该城。[36]

贾巴尔蒂及其埃及同胞,尽管以若干篇幅记载拿破仑远征军来埃及、进行活动及后来的离开,但对法国本身的历史,却未表兴趣或关切,更遑论其他欧洲国家。法国人来了,待了一段时间,做了若干事,后来又走了。没有人费心追问(更遑论追查)他们到来与离去的原委。异教徒的到来难以掌控，也不须说明。其中只有一位名叫尼古拉·土尔克（Nicola Turk）的黎巴嫩基督徒，对法国大革命做过简评（却也是阿拉伯史上首位），作为其埃及1789年至1804年间历史的导言：

> 笔者以法国人杀害其国王后，共和时期在世界史中出现作为开端，时间是西元1792年初，伊斯兰教历一二〇七年。这一年，法国人民群起反抗国王和王公贵族，要求新的秩序与治理，排斥国王时代的既成秩序。他们坚称，绝对王权是国内动乱之源，王公贵族享尽荣华富贵，升斗小民却可怜卑微。有鉴于此，他们群起一致表示："吾人坚决主张，国王逊位，建立共和。"此乃巴黎的伟大日子，国王、文武百官、王公贵族皆担惊受怕，人民俱来到国王处，告知其意图……[37]

尼古拉接着以中肯、精确的笔法，记叙之后在法国及欧洲各国的事件。

法国渗透到穆斯林中东的心脏区，和英国争夺世界强权的姿态，都使穆斯林的故步自封受到震撼。不仅如此，英、法活动扩及地中海东部时，俄罗斯人也持续南进。1783年，克里米亚遭吞并，开始新的阶段。俄罗斯人可由此沿黑海北岸向两端迅速推进，以征服先前由突厥人、鞑靼人及穆斯林统治与定居之处。于是，1792年末，俄罗斯与土耳其发生战争，奥斯曼人只好承认俄罗斯兼并鞑靼汗国，划（高加索西北）切尔克斯（Circassia）库班河（Kuban River）为俄罗斯与奥斯曼国界。至此，俄罗斯人结束了穆斯林在黑海的数世纪统治，于其东西两边境形成威胁。俄罗斯人也同时进逼伊朗，其在不久前建立迦札尔王朝（Qājārs），企图收复俄罗斯人先前占领的高加索版图，却告失败。格鲁吉亚王国若干居民，在面临波斯进犯下，向俄罗斯寻求保护，沙皇则于1801年1月宣告，将格鲁吉亚纳入俄罗斯版图。1802年并重组达吉斯坦（Daghistan，格鲁吉亚与里海间的领土）作为俄罗斯保护领，不久后就纳为外高加索的（trans-Caucasian）另一小国。如今，进击伊朗的路线清除了，1804年，俄罗斯兼并亚美尼亚和阿塞拜疆北部。

此时，法国人已离开埃及，但大家仍担心其将复返。英国势力的存在，带来少许心安。尼古拉日志明白反映，穆斯林逐渐感到来自西欧、东欧的双重威胁：

> 本月（1804年2月），其他各地的汇报来到，指出法国人已派出大批船只和部队到地中海，向东航行……东部人们大为恐慌，并盛传英国人也要派出船只和人员到亚历山大港……以抵抗法国人，保护埃及国土……谣言四起，埃及人为欧洲各国感到不安，因埃及人见识过其骁勇善战。大家都说在法兰克诸王中，有人即将夺取埃及国土，因他们知道，穆斯林之作战和对阵皆已欲振乏力，坚定不足……
>
> 同时，亦传闻俄苏丹（即亚历山大苏丹兄弟君士坦丁〔Constantine〕苏丹），名为穆斯库比（al-Muskūb），拿下格鲁吉亚王国和波斯版图，向巴格达进军。奥斯曼国甚惧此苏丹，称其为"黄祸"（Yellow Rock）或"黄蛮"（Yellow Barbarian）。莫斯科王国和奥斯曼国进行许多大、小战役，从艾哈迈德苏丹时期（伊斯兰教历一一一五年，西元1703年继位）到谢利姆苏丹时期（伊斯兰教历一二〇三年，西元1789年继位）。该帝国不断开疆拓土，攻城掠地，直到伊斯兰教历一二一八年（西元1804年）。该国日渐强大——真强大啊！他们运势甚佳，拿下鞑靼人、格鲁吉亚人及波斯人的疆土，该国将不断扩张版图，只要真主愿意。[38]

法国人实际上并未复返。1802年媾和时，其已同时退出埃及和爱奥尼亚群岛。不再与土耳其比邻后，法人就较易与土耳其人沟通。土耳其驻巴黎大使（1803—1806年）致哈莱特埃芬迪（Halet Efendi）的信函透露道：

> 请为我祷告，由不信道者国度安然回返，我远道来到巴黎，却仍未看到若干人所称颂的法兰克国。欧洲有哪些优越的文物和聪明的法兰克人可供发现，目前我尚未知悉……荣耀全归真主，谈到此间人的心智和信仰。怪哉，此向来大受称赞而使人耳朵长茧的法兰克国，我却找不出与传闻类似的事物，而是恰恰相反……若有人想告知你，或误导你关于法兰克国的长处，不妨问他一句："那么你去过欧洲了吗？"若他说："我是去过，且过得很愉快"，那么他必是法兰克人的党员或密探。若他说："没去过，我从书上得知的"，那么两者必居其一：他若非人云亦云的蠢驴，就是对法兰克人怀有宗教狂热。³⁹

末句话的假定是，赞赏法兰克人者，本身即为基督徒——很可能是一个奥斯曼基督徒在称赞其欧洲教友。

哈莱特埃芬迪确实保守，他厌恶所有西方事物，不过其信件也透露出，法国的影响力已然壮大。法国思潮已来到伊斯坦布尔，这可由奥斯曼史地学者艾哈迈德·阿西姆埃芬迪（Ahmed Asim Efendi）所证实，他撰写了1791年到1808年的编年史，对于法国在土耳其的活动有所评述。法国人以友人的形象出现，并大事宣传。他们混淆视听，对在朝与在野者皆然。为散播有害思想，他们与穆斯林为伴，假言友谊与善意，通过亲切友好的社交活动，找到不少受害者云云。

> 若干滥情主义者忘却宗教忠诚，时而向他们学习政事。若干热衷语言者，跟着法国教师学习其惯用语，并在其鄙俗言谈中……自我炫耀。法人借此将法国习俗熏染其心，以其思维模式来影响若干心智软弱、信仰浮浅之人。脑筋清醒、眼光远大者，及其他各国使臣，都察觉此等危险情势。怀着忧心与不满，他们

或明或暗指陈此事，预警其活动将导致不当后果。这些心怀不轨的恶徒，先在该国政要身上散播计谋的种子，再以煽动和诱惑同化其思维，从而破坏——愿真主佑助我们——神圣律法的戒条。[40]

自此之后，西方对中东的冲击，进入充满暴戾之气的新阶段。

第二章
穆斯林的世界观

伊斯兰国家的命名

数世纪以来，西方世界想出了多种划分人类世界的办法。希腊人将这个世界划分成希腊人和蛮族，犹太人则将它划分成犹太人和非犹太人（Gentiles）。后来希腊人还构思了地理上的分类，将世界看成由两个大陆所组成，也就是他们的欧洲和位在爱琴海彼岸的亚洲。等到后来爱琴海彼岸的亚洲似乎变得广大而遥远时，就有了中亚和广义的亚洲的名称。之后，亚洲(也就是非欧洲）还有所划分，位于地中海南岸的部分，有了希腊文和拉丁文的新名称——希腊文叫做 Libya，拉丁文叫做 Africa。至于中世纪世界，在欧洲人起初是划分成基督教世界和异教世界，后来则尽属于由各君主所统辖的基督教世界。而现代世界所采用的，则是以民族国家为基本的分类，作为认同与忠诚的决定因素。

穆斯林对世界和人类的观点，有着不同的架构。直到 19 世纪，撰写历史和地理的穆斯林，根本不知上述欧洲人给的名称。亚洲未被知道，界定模糊的欧洲（名字拼做 Urūfa），最多是一笔带过，而非洲呢（阿拉伯文为 Ifrīqiya），似乎只代表着马格里布（Maghrib）东部，即突尼斯和附近地带。穆斯林地理学者将世界划分成几个"气候区"（Iqlīm）（源自古希腊文的 clima），但这不过只是地理学上的分类，从现代西方用语中的各大陆名称来看，并未放进任何政治或者文化的涵义，穆斯林历史学家的作品实际上并没有引用过这些气候区的概念，在穆斯林民众的自我意识中好像也没有什么地位。

将世界划分成各个国家和民族，这对西方世界的自我认知和忠诚的界定很重要，但相对于伊斯兰世界却不重要。领土的命名甚至不重要到许多国家都没有特定的国名。现代伊斯兰世界中的许多国名，有很多都是最近才定的。有些取自古字，如叙利亚、巴勒斯坦或利比亚；有些是中世纪时的行省名，如伊拉克或突尼斯；有些则是全新的创制，如巴基斯坦。阿拉伯和土耳其的国名尽管自古就有，但国名由民众来决定的方式，却是引自现代西方。阿拉伯文中本来没有阿拉伯的国土名称，却不得不利用这个惯用语来表示阿拉伯人的国土或半岛。至于土耳其的名字，尽管西洋人用了几百年，却要等到12世纪才纳入土耳其文，先前是用做朝代名或地名，这时才成为国名。像这种同一名称在古时用于邦国、省份或首都，或城市名被用在指称周遭的某国，都是常有的事。19世纪以前，并没有哪个主权国是以领土名来界定的。其实，领土的名字被用做国名，在那时是被看成有失尊严的。

伊斯兰之地与战争之地

种族名称方面也是如此，尽管程度较小。例如阿拉伯人、波斯人或土耳其人等等的种族，在伊斯兰教文学中轮廓鲜明，这些族群的成员以语言、文化来界定，而血统有时也是穆斯林个体自信的重要部分。不过，这些在政治方面并没有什么重要性。伊斯兰君主在界定统治权，或定立封号时，用的通常不是民族名，就连种族、语言，或地域，也没被看成国家身份的天然基础。

在穆斯林的世界观中，人类基本上划分成伊斯兰之地（Dār al-Islām, House of Islam）和战争之地（Dār al-Ḥarb, House of War）。前者涵盖了所有遵守伊斯兰教律法的国家，大致说来就是穆斯林帝国；后者则是除此之外的地方。既然天上只有一位真主，所以地上也只有一位统治者和一套律法。伊斯兰之地就概念而言是单一的共同体，由单一的国家和领袖所治理。对于领土中愿意接受统治的不信道者，国家要予以容忍和保护，不消说，他们得是某个受许可的宗教的信徒，而非崇拜多神的人，也就是信仰一神的基督教徒和犹太教徒。伊斯兰教教法毕竟不承认，在伊斯兰教之外还有什么永久存在的共同体。穆斯林的看法是，所有人终究都会接受伊斯兰教，或是臣服于伊斯兰教的统治。在这期间的奋斗到底、直至完成，便是穆斯林的宗教职责。

伊斯兰教教法学家称这种奋斗为吉哈德（jihād），阿拉伯文的意思是努力、奋斗，而尽这种职责的人就叫做 Mujāhid。这个词在《古兰经》中出现过数次，意为对不信道者发动战争。在伊斯兰教扩张的前数百年中，这是通常的意思。根据教法（sharī`a），也就是古典教法学者所说的神圣法律，在伊斯兰之地与战争之地之间的这种战争状态，在宗教与教法上是种义务，只能以全人类的改宗或臣服来终结。所以就教法学说的观点来看，穆斯林国家与非伊斯兰教国家之间的和约是不可能的。这种只能以伊斯兰教的全胜来告终的战争，是不会被终结的；只有在不得不休战的权宜之计下才能被中断。教法学家认为，这种休战只能是暂时的。休战不可以超过十年，且随时可以由穆斯林单方面中止，不过根据伊斯兰教教法，在恢复战争前要适时告知对方。

在这相对和平的期间，与异教者的互通往来是禁止的。伊斯兰教教法在应受法律禁止和道义指责的行动上，有着明确的区别。进入战争之地就属于后者，一般的教法学者公认，穆斯林到战争之地唯一的合法理由，是赎回战俘。连通商都不受准许，尽管一些当局允许，在不得已时可以从基督教领土上取得食物补给[1]。

休战和通行证

与伊斯兰教的大部分教法一样，有关吉哈德的教法也是在伊斯兰教历头一个半世纪内形成的。当时阿拉伯军向着法国、拜占庭、中国和印度挺进，而伊斯兰最终的全面胜利仿佛不仅是必不可免，且是随即降临的。自此之后，各方都出现了法律条例和政治现实之间的落差，但统治者与军人们对此予以忽略，教法学者也设法掩饰。在实际上和原理中都存续了一两个世纪的伊斯兰大国，分裂成了诸小国。长久且势不可当的吉哈德告一段落，伊斯兰世界和其他地方之间建立了互相容忍的关系。其他地方虽仍被认定并命名为战争之地，但使之臣服的时刻，却从伟大的历史时刻，推迟到救世主降临的时刻。在这期间，穆斯林和非穆斯林邦国之间的边境，进入了相对稳定的状况，亦即和平多过争战。和平有时会被掠夺所破坏，国界有时会因战争而挪移，不过像这种挪移，自收复失地与十字军东征时期以来，却可能意味着穆斯林势力范围的消长。

这些变化，连同与外部世界的外交和商贸关系的进展，给教法学家带来新的问题。他们以老练的解释，在这个（和其他）领域做了回应。要与战争之地达到停战，只能凭借有期限的休战，这样的休战可以视情况而展期，于是乎就变成了经过合法调整的和平状态。

有些教法学家甚至还承认，在伊斯兰之地和战争之地之间还有着过渡状态，亦即停战或盟约之地（Dāral-Ṣulḥ，Dāral-'Ahd）。当中有些非穆斯林邦国，与穆斯林邦国建立契约关系，方式是承认穆斯林的宗主权并纳贡，而维持各自的政府形态、保有若干自主权。借助贡品的认定，穆斯林统治者及其教法顾问，就可扩大与非穆斯林邦国盟约（'Ahd）的范围，涵盖种种有关政治、军事和商贸事体的协议。来自战争之地的非穆斯林还可以访问穆斯林邦国，并核发一张通行证，叫做 amān。据教法学家的规定，成年男子穆斯林都可核发 amān 给一人或数人。穆斯林邦国的元首还可核发一份团体 amān 给较大的团体，像是某市的市民、某主权国的臣民，或是某商贸公司。这种核发 amān 的做法，大大推动了在穆斯林和基督教国家之间商贸与外交关系的拓展，给穆斯林城市中当地欧洲商人族群的兴起，提供了合法的准绳。但厚此薄彼的是，到基督教欧洲的穆斯林访问者是没有 amān 的，侨民就更不用说了。amān 纯粹是穆斯林用在和平接触中的合法惯例。然而随着彼此权势的消长，这些关系逐渐不再以伊斯兰教法来调整，而是由欧洲的商贸和外交实践来主导。

与外教并存的办法和典故

不管就理念或就教法而言，伊斯兰之地都是唯一的，不论其宗派、地域、民族或是其他出现在穆斯林之间的差异，某种强烈的普遍认同感总是存在、且持续存在的。因此，穆斯林也顺理成章将战争之地视为类似的整体。据传，有人说先知穆罕默德曾经说过："不信道的人是同一国的。"这句话或许不实，不过却也显示了穆斯林著作和实践中的某种普遍态度。对于人类最有意义的划分，就是穆斯林和不信道者之间的划分。如果穆斯林之间的划分仅属次要，那么不信道者之间，尤其是伊斯兰辖区之外的人之间的划分，也就更无关紧要了。

话说回来，对于被一概而论的不信道者，穆斯林其实还是承认其中有某些重要区别。区别之一就是拥有或没有天启的宗教之间的区别。对于无神或多神的人，就只能在受死或伊斯兰教之间抉择。犹太教徒或基督徒则被认为，他们拥有的不过是可替代的启示，于是在两个选择之外还多了第三个，也就是顺服。所谓顺服就是纳贡和承认穆斯林的宗主权。死刑则可减免成徭役。根据穆斯林的法令，凡顺服的人可以获得邦国的保护。彼此之间的权利义务关系就依据某协定，阿拉伯文叫做 dhimma。受惠于协定的人就叫做协定之民，也就是"迪米"（ahl al-dhimma 或简称为 dhimmīs）。这个词一般是用于犹太人、基督徒，以及其他成为穆斯林邦国子民的人。服从这种协定，他们就得以信奉自己的宗教，保有自己敬拜的场所而各行其是，只要他们明白确认伊斯兰的优先地位和穆斯林的宗主权。这种确认表现在遵从伊斯兰教教法加诸他们身上的种种规定，如穿着的衣服、骑乘的驮兽、携带的武器等等事项，大部分这种限制与其说有着具体实际的性质，不如说是种社会象征。真正加诸不信道者身上的经济负担只有财税。他们要缴纳较多的税，这税制承袭自先前的伊朗拜占庭帝国。尤其，凡是非穆斯林的成年男子都要征收人头税，阿拉伯文叫做 jizya。

"迪米"（协定之民，一译被保护民）一词只用来表示那些住在伊斯兰领土，并接受伊斯兰邦国治理的犹太人和基督徒。在伊斯兰领土外的基督徒，阿拉伯文叫做 ḥarbī，也就是战争之地的居民。只要是由战争之地来到伊斯兰之地的访问者或暂时侨民，只要不违法乱纪就叫做 muista'min，也就是持有 amān 的人。于是在伊斯兰世界中的非穆斯林，关于协定之民的讯息是最完整而确切的，而有关来自战争之地的居留者的消息，也就是 muista'min，也就较为偏颇而不可靠了。

不过，一般的界限还是存在的。前面说过，区别彼此的主要依据是宗教。犹太人和基督徒就像伊斯兰本身一样，被看作宗教——政治族群，只是地位较低。确实，有种观念认为宗教就是不同的阶层或者种类，犹太教、基督教、伊斯兰教都是其中之一。但是若认为这种观念出现在伊斯兰教之后，而且只有穆斯林才有能力识别先前两种宗教的宗教启示和体制，这种观念是很成问题的，而且有些夸张[2]。不管是早先的基督徒、犹太人或是远古的任何信仰，都不曾见过这种见解。穆斯林认为，穆罕默德的出现和《古兰经》的降示，标志着一系列类似的事件的最终示现，真主的意欲借此得以显示给人类。真主派遣过许多先知，预告人类将收到一部天启的经典。穆罕默德是先知的封印，《古兰经》是最终、最完全的启示。先前所有重要的启示也都蕴涵在其中。只要是没有涵盖到的，都是由于先前对于降示经文的讹传或曲解云云。

不管是犹太人或基督徒，在伊斯兰来讲都不陌生。在伊斯兰之前的阿拉伯历史中，这两种宗教都曾出现过。这皆为穆罕默德所知，也出现在《古兰经》中和远古的传统中。就某种程度来说，伊斯兰对自身的界定，是与先前的信仰相对的，即反对犹太教与基督教，一如穆罕默德早年发起宗教运动反对阿拉伯的异教信仰。当《古兰经》（第一一二章）表示"祂是真主，是独一的主；真主是万物所仰赖的；祂没有生产，也没有被生产；没有任何物做祂的匹敌"[3]时，这是在驳斥基督神学。《古兰经》中（第十六章——五）指出"你们可以吃真主赏赐你们的合法而佳美的食物,你们应感谢真主的恩惠……"时,这是在摒弃犹太教一些饮食的戒律[4]。至于区隔和并存的原则,见之于第一〇九章:"不信道的人们啊!我不崇拜你们所崇拜的,你们也不崇拜我所崇拜的;我不会崇拜你们所崇拜的,你们也不会崇拜我所崇拜的;你们有你们的宗教,我也有我的宗教。"[*5] 这是个新的见解,在基督教或犹太教的信仰和实践中都是未见先例的。

失地之后的去留问题

穆斯林在伊斯兰大举征服后发现到,从美索不达米亚到西班牙之间的地带,他们是以少数统治着绝大多数身为基督徒的人民。因此他们有很多机会来观察大半的基督教世界,在工作、礼拜和消遣时的状况。有关基督徒的信仰和惯例的资讯,在受过教育的穆斯林来说乃属常识,而穆斯林某些方面的信条和用法,还受到基督教范例的影响。少数穆斯林学者会研究起基督教和犹太教的宗教和经典。这有时是为了辩教,这种动机通常只出现在某些新的改宗者,也就是由上述两宗教皈依伊斯兰人身上。有时则是学术研究重于宗教辩护,有关这两教的经典和信仰的一些讨论,是被纳入穆斯林为宗教和信条做分类的书中,这样的文献和主题,似乎是到了中世纪时的伊斯兰才得以出现。

生活在伊斯兰治下的基督徒和犹太人,逐渐以阿拉伯语取代原先的语汇,开始产生自己以阿拉伯文写出的文学,其中包括了经典的翻译。基督徒和犹太人的这些著述虽然是阿拉伯语,但通常仍是以不同的文字(古叙利亚文给基督徒,希伯来文给犹太人)写成,使得穆斯林读者无从接近。然而即使这些著述是以阿拉伯字母写就,似乎也只能稍稍引起穆斯林学者的注意。大致说来,学者们对基督徒和犹太人是有着某种程度的宽容,却并没有太大的尊重。在深信伊斯兰的完善和穆斯林大国主权的穆斯林看来,他们不过是先前宗教的信徒,被征

---

* 宗教一句与现行马坚译《古兰经》有出入,现依照原文译出。——译者注

服的族群的成员，所以只给予少许兴趣或价值是理所当然的。

某些类似的想法，也左右了穆斯林在看待疆界外的异教徒时的态度。但在这方面也有其他的想法在起作用。伊斯兰的帝国和社群，在起初几个世纪期间主要是向东西方扩展的。在穆斯林邦国的南北疆，空荡荡的欧亚平原与非洲的丛林、沙漠乏人问津，在这些地带，伊斯兰的扩张是既晚又慢的。征服和改宗的事业主要针对人口多、回收好的地带，西向是到达北非之后进入欧洲；东向是跨越伊朗到中亚，并逼近印度和中国。穆斯林在这两边都遭遇到难以对付的敌手；在东方首先是波斯的广大帝国，之后还有骁勇善战的草原和森林部族，以及印度和中国两大强国；在西边的是拜占庭帝国，再过去也还有基督教的辽阔疆域。

就穆斯林来看，在对抗基督徒和在其他伊斯兰边疆所进行的战争之间，在性质上有着重大差异。面对着草原的和丛林的部族，甚至是对他们所知有限的中国和印度的伟大文化，他们都不觉得有什么可以取代伊斯兰的。穆斯林的到来，使这些地方的不信道者信奉伊斯兰，乃是大势所趋。在此没有碰到什么军事上的重大对手，也没有宗教的重大替代方案。但在西方的奋斗却很不一样，它所对抗的宗教和政治体制，否认伊斯兰普世使命的真正根基。穆斯林所怀抱的终将胜利的信念，并没有使他们忽略两种信仰和社会间广泛且长久冲突的意义与不确定性。在穆斯林的著述之中，基督教世界成为名副其实的战争之地。

在11世纪到15世纪期间，伊斯兰回撤，基督徒收复了意大利、葡萄牙和西班牙的失土，大批落地生根的穆斯林人口，归入基督徒的统辖。在所有这些国家收复之后，总有基督教统治者，大力使其穆斯林子民改宗或驱逐（通常是在容忍了一段时期之后）。就长期来看，他们这些措施是成功的。

大致说来，基督徒之不乐于容忍穆斯林人民，与穆斯林不愿受基督徒的统治相当。大多数穆斯林教法学家认为，穆斯林不可能生活在非穆斯林政府之中。住在异教徒国度的异教徒若改宗了伊斯兰，他就应该离开家乡，移居到有穆斯林及其教法所治理的邦国。这条信条的经典性佐证，就是先知穆罕默德带领教众从麦加大举迁徙到麦地那 (Medina)，这个史实所标志的，就是穆斯林国家的发祥和穆斯林时代的开端。先知带领到哪里，大家当然就追随到底。

穆斯林失地给基督教征服者之后，新的迫切问题产生了。首先面对问题的是马立克教法学派 (Mālikī school)，这学派盛行于北非和穆斯林的西班牙与西西里。该派的教法学者在探讨这些失地带来的法律性问题时，尚有所分歧。有些人主张，如果基督教统治者允许人民自由奉行穆斯林的宗教，并按照伊斯兰教教法的规范来生活的话，穆斯林是可以居留下来的。有些人则更进一步许可，穆斯林的人民在面对不宽容的异教统治者时，隐藏自己的宗教来谋求生存。不过主导的看法是，穆斯林应该效仿麦加的先民，来一场迁徙到伊斯兰的希吉拉，人数多多益善。其中经典的说法来自摩洛哥教法学家旺夏里西(al-Wansharīsī)：穆斯林与其受异教徒统治，不如全数迁徙。假使异教徒有所宽容，那么迁徙就更刻不容缓，因为这更增加了穆斯林叛教的风险。旺夏里西表示，就算是穆斯林的专制，也好过基督徒的公义[6]。

初期穆斯林看欧洲民族

不过一般来讲，所谓基督教的公义并不存在。但也有少数例外。在被收复的西西里岛，穆斯林在诺曼人颇宽容的统治下待了一段时间，西班牙的一些地方已经被基督徒收复。不过这些人的去留，有赖于南部穆斯林邦国的存续，而这又取决于其与北部的基督徒彼此的容忍。在基督徒于 1492 年赢得最后胜利之后，这样的容忍就不再必要，驱逐令很快就下来了。

在东欧，随着俄罗斯征服黑海，北部和东部的穆斯林邦国，以及邻近奥斯曼在巴尔干的失守，问题就再度出现。又有新的穆斯林社群纳入基督教的统治，其中有些社群也给出同样的回应——迁徙。但来到欧洲帝国主义的扩张时代，这就不再算是解决办法了。随着俄罗斯、英国、法国和荷兰强国的崛起，基督教的势力还延伸到伊斯兰世界的各个重镇，这里的大批穆斯林人口，不得已只能留在原地，接受异教徒的治理。

尽管基督教对穆斯林有着某种重要性，他们却显然缺乏兴趣。理所当然，他们懂得最多的部分，就是希腊正教的拜占庭帝国。在穆斯林的史料中，这个帝国就是所谓的"罗马"国，也就是穆斯林国的头号大敌。它在伊斯兰的战争史中常被提及，而它的行省，尤其是边疆的行省，在穆斯林的史、地著作中也有详细记载。

西元1068年，也就是（英国）黑斯廷斯（Hastings）*战役之后两年，十字军抵达巴勒斯坦前三十年，西班牙托莱多（Toledo）城的穆斯林学者赛义德·伊本·艾哈迈德（Sā'id ibn Aḥmad），以阿拉伯文写了一本有关民族的书。他在导论中将人类分成两种族类，一种致力于科学和学术，另一种则不然。在知识进展上做出贡献的民族有八个——印度、波斯、（巴比伦）迦勒底（Chaldees）、希腊、罗马（包括拜占庭和东正教）、埃及、阿拉伯（包含一般穆斯林）和犹太等民族。这些民族就成了这本书的主题。至于其他人类，他指出中国人和土耳其人(突厥人)是"未开化民族中最卓越的"，由于拥有其他领域的成就而值得尊重：中国人拥有手工艺、美术的技巧和强韧的性格；土耳其人拥有勇敢、战争技术、骑术，以及擅长使用矛、刀和弓。对于其余人等，赛义德便有所鄙视，粗略分成北方和南方的蛮族。在评价北方蛮族时，他说：

> 这类民族没有在科学上下工夫，与其说是人类，不如说是野兽。他们住在极北的地带，处在最后（或第七）气候区，和人居世界的边缘，相对于天顶的边界，离阳光非常遥远，空气寒冷，天空阴沉。所以这些人种性情冷漠，体液生涩，肚子大，肤色

---

* 1066年，诺曼底公爵威廉与英格兰国王哈罗德二世之间发生的战争，诺曼人确立了对英格兰的统治地位。——译者注

白,头发长而软。所以他们缺乏敏锐的理解力和清晰的知性,受冷漠无情所主导,愚昧而无见识……[7]

在这样的评论中,赛义德表露了当时穆斯林学者的普遍观感。穆斯林国处于世界的中心,从西班牙延伸到北非,再到中东,其中就几乎涵盖了古代文明的所有民族和重镇。在北方,基督教的拜占庭帝国所代表的,是根源于文明较早的、有所停滞的阶段,而伊斯兰则是达成这种启示的最终圆满形态。在波斯再过去的东方,有着一些达到某种文明的邦国,只不过还是以物配主者(偶像崇拜者)之流。除此之外,在北方和南方的外部世界,只有白皮肤和黑皮肤的蛮族。随着穆斯林知识的拓展,大家才得以对这些北方蛮族略知一二云云。

第三章
语言和翻译

穆斯林几种主要的语文

14世纪，波斯有一部谈世界史的著作，作者在说到欧洲时指出："法兰克各族（欧洲人）有二十五种方言，各族都听不懂对方的语言，大家共通的只有历法、字母和数字。"[1]这个看法对中世纪穆斯林来说是理所当然，他熟悉伊斯兰世界中其他两到三种的共通语言，这些不仅用于窄小的官吏阶层（如西欧的拉丁文），而且还是共同沟通的有效工具，取代了地方的语言，甚至最低层级的方言。

穆斯林之间，起初只通用一种语文，也就是阿拉伯语文，这是《古兰经》和阿拉伯征服者的语文。在伊斯兰各国政府、商贸和文化中，阿拉伯语文曾经是实地使用的唯一语文，它以惊人的速度取代了先前的文化语言，如拉丁语、希腊语、（埃及）科普特语（Coptic）、古叙利亚语和波斯语，所盛行的地方，后来都合并成伊斯兰帝国*。

拉丁语和希腊语几乎销声匿迹；科普特语和古叙利亚语后来只留在礼拜仪式中，而且不再是基督徒少数族群的口头语言。只有波斯语进到发展的新阶段。随着伊朗的伊斯兰化，新形态的波斯语形成了，

---

* 译者译成"阿拉伯文"时强调文字，译成"阿拉伯语"时强调口语，译成"阿拉伯语文"时，涵盖语言和文字两者。其他语文以此类推。——译者注

以阿拉伯文书写，借用了许多阿拉伯词汇，有别于前伊斯兰时期的波斯语，就像英语有别于盎格鲁—撒克逊语一样。同时，波斯语也成为伊斯兰世界的第二大语文，广泛使用在中亚、印度、土耳其和伊朗。

突厥人（土耳其人）由中亚来到中东，使突厥语（土耳其语）在伊斯兰教各国建立了千年之久的优势，成为第三大的伊斯兰语文。土耳其人在进入伊斯兰世界之前，收服过好几种宗教的信徒，拥有过好几种书写文字。在大举变成穆斯林时，各种土耳其语也经历了像波斯语一样的过程。新的伊斯兰教土耳其文形成了，以阿拉伯文书写，借用了大量的阿拉伯语，甚至波斯语的词汇。后来在南亚、东南亚和黑人非洲，还出现了其他的伊斯兰语文。不过在伊斯兰教的心脏地带、中亚、东南亚、北非和欧洲等伊斯兰教文化的古老重镇，通行的还是三种语文，也就是阿拉伯语、波斯语和土耳其语。

不过就一般来讲，以阿拉伯人来说，即使是那些受最多教育的，也只懂得阿拉伯文。但受教育的波斯人则懂得阿拉伯文和波斯文。而受教育的土耳其人，更懂得阿拉伯文、波斯文和土耳其文。波斯文成了正统的语文；阿拉伯文成了正统兼天经（《古兰经》）的语文，以及不分种族和语言、造就所有受教育的穆斯林的重要素养。波斯语和土耳其语都以阿拉伯文书写，并几乎只从阿拉伯语文的资源中，汲取知性的和观念的词汇。

穆斯林的翻译事业

在宗教和著作之间的交流是全面性的。犹太人使用希伯来文，这不只是为了希伯来语，也为了他们所说的其他语言。基督徒用的是古叙利亚文，也不只是为了古叙利亚语，同时也是为了阿拉伯语。而穆斯林使用阿拉伯文，到了排斥其他语文的程度。他们认为要是学了异教徒的文字，就会沾染到所谓的不虔诚，甚至玷污的成分，只有少数穆斯林才会设法学习外语。除非是改宗伊斯兰教的新信徒所带来的其他语言的知识，否则非伊斯兰教的语文是乏人问津的。

这和欧洲的状况截然不同，这里的许多国家和民族都拥有各自的语文。欧洲人早期就很重视学习自己之外的语文，并备妥合适的工具。在伊斯兰世界，文法和辞典编纂长期以来都局限在阿拉伯文，限制于使非阿拉伯人的改宗者，得以读通天经经典的宗教用途。

这种对外语的兴趣缺乏，也表现在像伊斯兰教西班牙的边疆，在穆斯林统治的几百年间，中世纪的罗曼方言（Romance vernacular）演变成普遍使用的西班牙语，为伊斯兰教徒、犹太人以及基督徒所通晓。有项惯例可为佐证，伊斯兰教和犹太诗人都习惯在阿拉伯或希伯来诗各节的结尾，放进罗曼方言的重叠句。这种重叠句叫做 Kharja，以阿拉伯文或希伯来文书写，形成早期西班牙语言文学史的重要史料。话说回来，这对于处在该社会中的穆斯林，并没有促成较大的兴趣。Kharja 最多不过是种时尚的风格，取材自口语的重叠句，或许也用来表现流行的旋律。这使用在某种诗的即兴创作，而且仅止于此。当时有某种文学，西班牙阿拉伯文人用来夸示 al-Andalus（安达卢西亚，伊斯兰教西班牙的阿拉伯文称呼）的荣耀，以抗衡古老的伊斯兰教中东的优势。他们大力歌颂着西班牙的美景、各城市的富裕，以及伊斯兰人民的成就。至于先前或其他的居民，对他们而言不值一提。在穆斯林待在西班牙的整整八个世纪期间，只留下一份史料，表示过对某一种欧洲语言的几分兴趣。这是相当晚期的残篇，只有一页的篇幅，有着一些德国文字和对应的阿拉伯同义词[2]。伊斯兰教西班牙出过许多学者和语言学家，其中只有一位据说对陌生的语言感兴趣，他是格拉纳达的阿布·海阳（Abū Ḥayyān），去世于 1344 年。他还学了土耳其语和古埃塞俄比亚语。

但这并不是说，在中世纪，伊斯兰世界没有人知道翻译的艺术。正好相反，在近代之前，译入和译出阿拉伯文的翻译活动，可能还多过其他语言。宗教、法律以及（后来）其他典籍，译成波斯文、土耳其文和其他伊斯兰文字，作为信徒的指导；科学和哲学的著作译成希伯来文和拉丁文，提供给犹太人和基督徒，同时也可提供西洋世界来取得[3]。

有着更直接关系的，是将早期的典籍译成阿拉伯文。根据阿拉伯传统的说法，这场运动始于西元七八世纪之际，倭马亚王室家族的一位亲王，安排了古希腊炼金术著作的翻译。最早的译事似乎都是私人用途，存留下来的极少。选择的标准取决于实用的考量，并集中在两个领域，也就是医药和炼金术。有些宗教的译述也在普及，因为懂得犹太人和基督徒的宗教，有助于深入了解《古兰经》。

8世纪中期，阿拔斯哈里发接替了倭马亚王朝，翻译成了大规模的事业。从叙利亚迁都到伊拉克之后，中东的影响力加强，地中海的影响减弱。有些以统治术和宫廷礼仪为主题的著作，由中古波斯文译成阿拉伯文；还有数学方面的著作，从印度文译过来。不过大批的译本都是源于希腊文，有的直接译自希腊原文，不然就是间接通过古叙利亚文译本。译者清一色都是非穆斯林或新进的改宗者。其中大部分是基督徒，少数是犹太人，其他才是萨比（一神教）社群（Sabian community）的成员。

翻译与否的取舍标准是教育性，译自希腊文的阿拉伯文译本首重两个领域——哲学和科学。哲学的译本，包含了柏拉图和亚里士多德的古典哲学作品，还有许多古代哲学家，包括新柏拉图派、诺替斯教徒和炼金术士的著作。此外，还有医学、占星学和天文学、炼金术和化学、物理和数学等。另外，还有若干技术文献，尤其是有关农业的著作。10世纪时，有两篇这方面的论文得到译介，一篇是闪族语系中的阿拉米文（Aramaic），一篇是希腊文。

翻译希腊文时的重点领域

当穆斯林来到地中海东岸的邦国时，这里已经以基督徒居多，穆斯林所能接触到的希腊文化的遗产，也已经过东方基督教会的筛选。译本的解说，不消说有部分是穆斯林所做的，一部分则是由他们找来的译者，做的也就是有关希腊原文翻译的部分。话说回来，他们的解说是部分而不是全部。有些受东方基督教教徒重视的著述，却被穆斯林丢到一旁；也有一些被他们教会所忽略的东西，却直接从古代的原文，或通过拜占庭的古典学者而再度问世。

选书的标准在于有用与否，不过，从占星学到天文学，从炼金术到化学，这种过程显示出，这可能促成较为客观的科学上的好奇心，这个标准不仅用在科学，还用在哲学。就狭义的功利主义观点来看，所谓的有用程度是难以理解的。它所涵盖的作品，用意是在使人达到伊斯兰哲学家所谓的 sa'āda，也就是中庸，对应于希腊人所谓的身心和谐（eudaimonia）观。也就是说，尽管哲学是以抽象的术语谈论抽象的概念，但它的论证却是意在追求某种特定的成果，既重精神也重物质。若说科学所关心的，是人在此世的健康快乐，哲学就是帮他为来世的这些事做准备。所以说哲学原文的翻译和研究，主要还是种宗教活动，而希腊人的思想，给伊斯兰神学带来很大的影响。

不过希腊的诗歌、戏剧或历史，却看不到有人翻译。文学是同时取决于个人和文化的体会。欣赏异国的美学是很难的，文学翻译在以往非常稀少，只有在有密切的文化共生的地方才会出现。由希腊文译成拉丁文、由阿拉伯文译成波斯文，或由中文译成日文的译本是有的。在缺乏这种联系的地方，那种科学甚至哲学的翻译或许会有，但文学却几乎没有。跨越文明藩篱的诗歌之译介，始于近现代的欧洲。中世纪的穆斯林认为，异国、异教社会的文学，是既无法诉诸美感的诉求，也提供不了道德的指导。那些相距遥远的民族，缺乏先知和天经经典，他们的历史不过是一系列的事件，缺乏目的和意义。穆斯林认为，文学不过就是诗歌和对自身丰富的文化传统的夸示。历史是真主意欲的体现，显示在伊斯兰社群的成员和生活中。伊斯兰教之前历史的重要性，在于它预示了伊斯兰教的启示，促成了伊斯兰教社群的出现。要到文艺复兴时期及之后的欧洲，人类社会才首度发展出洗练、旷达的素养，尤其是懂得研究与欣赏异国甚至敌国社会的典章制度之素养。

还有两种著作，价值较有限，翻译数量也相对较少——地理和政治。穆斯林要从希腊人地理方面的译本，才能获得首批有关所处世界地理轮廓的资讯；他们通过希腊人的政治著作，才得知国家的性质、统治者与被统治者之间的关系等等的基本概念。但希腊的政治思想影响有限，这方面的穆斯林文人也处在主流的边缘，居于主导地位的，还是《古兰经》和初期穆斯林的传统。

不知有拉丁文的存在

后来到了 10 世纪，翻译出的资料已相当齐全，希腊著作的翻译运动就此告一段落。当中还有不少因素。原因当然不在于缺乏资料，因为可以取得和未被翻译的还有许多。拜占庭帝国还拥有希腊文献的庞大典藏，伊斯兰国家也知道此事。根据记载，伊斯兰统治者还派遣过特使，到拜占庭搜集需要翻译的希腊典籍。译事的停顿也不能归因于译员的不足，基督徒少数族群的阿拉伯化，当然也加大了招揽精通希腊文的学者之困难。但在基督教的族群中，仍有若干译者和译事，基于本身的需求而持续进行着。不过，这些已经进不了阿拉伯文化的共同典藏，自此之后，这个文化对这类的外部影响便开始有所抗拒。

所翻译的希腊典籍，范围颇为广泛，足以使穆斯林读者得其梗概，包括了古希腊哲学、医学和科学，以及后期希腊文化的反省、批评。相对于这样的大规模，在这段期间内译自拉丁文的却只有一本书。这是（西班牙神学家）奥罗修斯（Orosius）的编年史，乃是穆斯林少见的拉丁文史学著作。其中有关罗马历史的简要评述被译为西班牙文，后来成为穆斯林学者谈论这段历史的依据[4]。

对古罗马的兴趣如果不大，对中世纪欧洲和语言的兴趣也就更小了。西元 906 年，一位意大利大使来到巴格达，带来一封可能是拉丁文的国书，却很难找到人来读它。根据当时一位阿拉伯人的记载：

> 内容写在一块白绸上，字迹像是希腊文，但比较窄……总管盼咐找人来翻译这封信，宦官毕歇（Bishr）在布庄找到一个法兰克人，他读得懂他们的文字。宦官带他进宫，在哈里发面前读出

这封信，事后并译成希腊文。之后（大科学译者之一）伊夏克·伊本·胡奈恩（Isḥāq ibn Ḥunayn）奉命再将它译成阿拉伯文。[5]

这件事清楚说明了，巴格达的官宦们对拉丁西方，感到何等的遥远和陌生。同一世纪后期，阿拉伯大学者伊本·纳迪姆（Ibn al-Nadīm）编了一部图书目录，包含了"阿拉伯与非阿拉伯人"的学术资料，列出了十六种语文，其中一些还有大篇幅的探讨。其中只有三种（除了一笔带过的俄罗斯文不谈）称得上是欧洲语文。第一种是希腊文，他在这方面有很多资讯。第二种是"（意大利）伦巴底人（Lombards）和萨克逊人的文字，这是位于罗马和法兰克之间的民族，邻近安达卢西亚的统治者。这种文字有二十二个字母。它称作'使徒文字'（原注：这个词被转成阿拉伯文），开始由左至右书写……"。第三种是法兰克文，纳迪姆所知道的，就是上述西元906年的有关报道，拉丁文连名称都没有提到；而所谓"伦巴底—萨克逊"文，可能是受到萨克逊大帝奥图（Otto）进军意大利之后的远距离影响[6]。

沟通渠道和通译员

尽管伊斯兰世界排斥非伊斯兰语文的研究，对这些外语的著作也兴趣缺乏，但为了种种非文化的需要，穆斯林还是得和西洋人互通往来。早在十字军东征之前，穆斯林和西方基督徒之间的通商，就已经跨越了地中海，东征之后更是有增无减。在欧洲商人和打交道的中东买主、卖主或中间商之间，想必有过几种交涉方式。外交活动也促成了对话、信件、文书的若干交流。不过要到18世纪末，伊斯兰世界才采纳了欧洲人的惯例，以常驻使节来维持长久的外交关系。但外交方面的某种接触，则是很早就已经存在。

18世纪期间，在贸易和外交之外，还多了第三条重要的沟通管道——军事训练，也就是陆军和海军。为了奥斯曼陆军、海军的现代化，引进了欧洲的军事教官，在土耳其军事院校任教，有时甚至还在土耳其军方任职，所以需要有某种共通的语言。

种种活动都需要口、笔译员，充任交涉双方的中间人，大家都要设法学会对方的语言。不过真正下工夫的，是欧洲人而不是穆斯林。先是西班牙，再来是意大利，后来则是北欧的国家，都有这类的欧洲人，因为生活环境或职场的关系，得以置身在阿拉伯语或土耳其语的环境，学到够用的口语知识。相对于有越来越多欧洲商人侨居在穆斯林的城市，主动留在欧洲的穆斯林侨民却很少，所以说，穆斯林少有机会和意愿来学习任何一种欧洲语言。

奥斯曼帝国临欧洲的边境，大概是多国语言活动最频繁的地方。若干官方史指出，十六七世纪战争期间，通译员具有询问、交涉乃至谈判的功能，他们用的可能是地方语言。就为了各种缘由来到伊斯坦布尔的许多巴尔干基督徒和穆斯林而言，是当然懂得这些语言的，而奥斯曼土耳其语，尤其在财政与官僚用语方面，吸收了很多巴尔干，乃至匈牙利人的语源。但就土耳其对西方的观感而言，这些事情的影响小之又小。

就我们所知，为穆斯林服务的通译员，有的是改宗者，也就是西方基督徒定居在伊斯兰国家，并皈依伊斯兰教的人。有些则是"迪米"，也就是伊斯兰国家中的非穆斯林人民。其中同时包括了基督徒和犹太人，奥斯曼时代的这种犹太人，往往是来自欧洲的新移民，所以拥有不少有关欧洲语言和状况的实用知识。

我们很少听说，有土生土长的穆斯林通译员，这种人学外语，可说是纯属偶然。有个例子，他叫做奥斯曼·阿嘉（Osman Aga），来自奥斯曼匈牙利的蒂米什瓦拉（Temesvar），为土耳其骑兵团的军官，在奥地利做了11年的战犯，这使他得以精通日耳曼语。他在自传中表示，他还懂得塞尔维亚语和匈牙利语，并将一些例子译成土耳其—阿拉伯文作为证明。在脱困之后，他担任蒂米什瓦拉帕夏的通译官，在哈布斯堡与奥斯曼帝国之间的中欧边境，和对方同业打交道[7]。

穆斯林通译的由来和地位

抛开边境外交不谈，通译员也可在贸易界任职，奥斯曼的黎波里的税务登记中，甚至还有"通译税"（terjumāniyya）[8]。这个词的词根"tarjumān"，意思就是口、笔译员。西方所说的"dragoman"，一般就是指这种通译员，也就是源自这个阿拉伯词根。

其中最重要的通译，当然就是在伊斯兰国家里担任官吏的人。中世纪时的埃及马穆鲁克苏丹和其他伊斯兰统治者，他们的通译官就鲜为人知，不过有证据显示，他们大部分都是来自欧洲的改宗者。较有意思的例子是塔格里·贝尔第（Taghri Berdi），他先是当通译官，后来成为马穆鲁克苏丹派驻威尼斯的大使，时间是从1506年开始。他的名字是土耳其文，意思是"真主降赐"。他的姓氏是伊本·阿布达拉（ibn 'Abdallah），这是改宗伊斯兰时的常见方式，若是沿用本家的姓氏，会与穆斯林的命名方式格格不入。

虽然不清楚贝尔第先前的宗教和国籍，但他确实有欧洲血统。当时有些作者说他之前是基督徒，有些说是犹太人。一位写游记的基督徒说他是犹太血统，之后改宗基督教，然后又改宗伊斯兰教。一位游历埃及的意大利犹太人沃尔泰拉（Meshullam da Volterra）指出，贝尔第是犹太人，但却是"在基督徒中做基督徒，在犹太人中就做犹太人"。一般公认他出生在西班牙，不过也有说他生在西西里岛[9]。

奥斯曼早期有位通译官，我们大概知道他是匈牙利人，改宗伊斯兰后叫做穆拉德（Murad）。在他十七岁时，也就是1526年，在莫哈奇（Mohacs）会战中被土耳其人俘虏。他大概受过很好的拉丁文教育，才得以在土耳其政府中担任通译。他为了新的宗教，以土耳其文写了篇宣教论文，后来又以拉丁文撰写，并在1559年到1560年间，应威尼斯派遣到伊斯坦布尔的公使的要求，以土耳其文翻译了西塞罗的《论老年》（De Senectute），呈献给苏莱曼大帝。后来的消息是，他因为长期酗酒而遭到官方免职。他迫于缺钱，接受某欧洲人士的委托，将节录过的土耳其文奥斯曼史译成拉丁文[10]。

在奥斯曼政府中，就办理外交事务的机制而言，通译人员的职务是很重要的。通译是秘书长（Reis ül-Küttab 或 Reis Efendi）的成员，直属宰相的管辖，负责与国外政府交涉。从 16 世纪之后，就有完整的通译人员名单。早期登载的都是改宗者，并以欧洲人居多。其中包括了波兰人、奥地利人、匈牙利人和希腊人。这个职掌在 17 世纪隶属于译员总领（Terjüman-başi）名下，后来升格为部门，并长期专属于住在伊斯坦布尔法纳尔区（Phanar）的某一希腊家族，这个家族并没有皈依伊斯兰教，但这项职权就像苏丹底下的其他职权一样，在奥斯曼体制中逐渐扩大权势。18 世纪末，奥斯曼有了常驻在欧洲各国首都的大使馆，并逐渐扩大活动范围，这些大使其实都各有一名奥斯曼的希腊通译官陪同，处理大使馆的重要事务，并向伊斯坦布尔的译员总领汇报。

其他的伊斯兰国家就比较随意，他们似乎很依赖非穆斯林，有时甚至还不是自己的人民。所以在 17 世纪末，派驻西班牙的摩洛哥大使，就用了位操阿拉伯语的叙利亚基督徒，他是西班牙政府的通译。直到 19 世纪初，波斯派遣到欧洲的和平公使，还带了位基督徒，据说他是来自伊朗的亚美尼亚人，是公使对外的唯一联系。

学者对欧洲语言的认识

欧洲人的兴趣，并没有局限在通商和外交的实际需求，而一般的通译也不尽然能满足需求。有系统地研究阿拉伯文和筹备相关的学问工具，这些活动开始得很早。第一部拉丁文—阿拉伯文小辞典完成于 12 世纪。到了 13 世纪，有不少欧洲学者投入阿拉伯文的研究，甚至设法将部分《古兰经》经文译成拉丁文。之后就有其他大小辞典的问世，1538 年时，还出现了第一篇讲阿拉伯文文法的拉丁文论文。

这段十六七世纪知识大拓展期间，成为欧洲各大学大力研究阿拉伯文的起点。同时也出现了供波斯人和土耳其人使用的文法书和辞典，以及考据经典原文的校订版本。这些活动的用意，一部分在于一般使用，也就是配合通商、外交的需求，一部分则是学术性，以满足文艺复兴以来知识分子无止境的求知欲。其中的代表人物是贝德韦尔（William Bedwell, 1561—1632），他是第一位精通阿拉伯语文的英国大学者。在一篇谈学习阿拉伯语文的重要性的文章中，他表示阿拉伯语文是"唯一的宗教语文，是从幸福岛（Fortunate Isles，西洋传说中的极乐岛）到中国海的通商、外交之首要语文"，还详尽说明了阿拉伯语文在文学和科学上的价值。

虽说欧洲各大学设立了不少阿拉伯语文的教席，这方面的学术著作也有所增长，但就西方在中东的外交和通商而言，这些学者的产品仍供不应求。西洋强国长久以来靠的是，请在地的基督徒充当通译，并延揽到领事馆和大使馆。18世纪，法国人采用了新办法，亦即提早选出法国年轻人，来教他们相关的语言。派遣到黎凡特的法国通译，就是采用这个训练方法，持续了一个多世纪，因此法国政府就有了储备人员。他们一方面是训练有素的法国都会人，另一方面也熟悉中东的知识，及其实用和学术的语文。他们扮演的角色是很重要的，尤其在美国革命与拿破仑战争期间。

伊斯兰这边，就没有那么大的兴趣。尽管有些穆斯林（特别是在北非）精通法语、西班牙语或意大利语，但这只用在实际用途，社会层次大致不高，文化影响小。外语知识的本职学能并不受重视（甚至可能受鄙视），对升官没有帮助。它可以说是专属于非穆斯林族群的特种行业，就像某些业种一样，有着下流社会的污名。商人可能需要跟欧洲人交谈，不过他们可以雇用通译，这些人本身通常是外国人或非穆斯林。船员可能需要跟同事或港务人员交谈，不过这只要有所谓的 Lingua franca，亦即流行于地中海的地方话，也就够用了。不管怎么说，奥斯曼帝国和邻国的船员，都充当不了文化影响力的渠道。

就西方的语文和蕴涵其中的文学而言，也看不出穆斯林知识分子有半点兴趣。在18世纪之前的穆斯林学者中，没有哪位有心学习西方的语文，更别说是写文法书、辞典之类的语言工具书了。译本也少得可怜。这些都有着实际的用途,且都是改宗者或非穆斯林所完成的。

在奥斯曼穆斯林中,对欧洲语文感兴趣的,只有一位行万里路的旅游大文人艾佛利亚·迦勒比（Evliya Çeleb）,他提供了一些读物。在他游历到维也纳的详细报道中,艾佛利亚指出,奥地利人讲两种语言,也就是匈牙利语和日耳曼语,日耳曼语还较为重要,土耳其文叫做 Nemçe。他指出:"Nemçe 是种相当难学的语言,当中还有不少波斯语。"他认为其中因素是来自波斯、有着 Manučihr 血缘的"那些人"。可以说,艾佛利亚发现到某些单词的相似性,例如日耳曼语的 Tochter（意谓女儿）对上波斯语的 dukhtar,Bruder（意谓兄弟）对上 birāder,这是因为这两种语言有着印欧语系的共同语源。他跟着举了一些日耳曼语的例子,如转成土耳其—阿拉伯文的一些祈祷词,以及一系列数字、文字和简单的惯用语等等。他还指出,日耳曼人是天主教教徒,接受罗马教皇的指导,但他们的语言却不同于教皇的讲话,而是西班牙语[11]。Nemçe 这个名称,常被奥斯曼文人用在奥地利和奥地利人上头,原本是斯拉夫语,意思是口齿不清,在斯拉夫人的语言中,多半指的是日耳曼人。艾佛利亚则有不同的解释:"Nem 这个词在匈牙利语当中,意思是'我不是',所以 Nemçe 的意思就是'我不是捷克人,我是日耳曼人'。"[12]他所展示的,不只是日耳曼和祈祷文语汇的语言知识而已。他还提出他所谓犹太语的一些例子,这是从奥斯曼巴勒斯坦的西班牙系犹太人那里搜集的。他大概不知道,那其实是西班牙语[13]。

一般来讲,伊斯兰世界大概没有花过工夫了解一下,基督教各国的语言有什么特性,更不用说加以学习了。欧洲的语言种类之多,自然使穆斯林观察者感到困惑。在艾佛利亚之前几年,当时的穆斯林大学者阿提布·伽勒比（Kâtib Çelebi）,为读者指出欧洲语言的分布状况。他指出,在以前,"这些可恶的人"讲的是希腊语,这本来是古代人在用的,现在却成了学者专家的语言。后来希腊人没落,拉丁人的语言兴起,这个曾经从希腊语演变过来的语言,渐渐受到重视。不过拉丁民族后来也没落了。这两种语言还在欧洲的学者之间流传,最有学问的书都是用这两种语文写的。后来各地的人开始使用自己的语言(只有伊斯兰世界躲过这个趋势),各种不同的语言开始通行,于是在英国就有三种语言:爱尔兰语、英格兰语和苏格兰语。西班牙和葡萄牙也是有不少语言,像法国也是,例如地中海沿岸讲的是加斯科内语(Gascon)和普罗旺斯语(Provencal),大西洋沿岸是不列塔尼语,内地却是法兰西语。奥地利也差不多,大家讲捷克语、匈牙利语和奥地利语。阿提布指出,另外也有像是莫斯科语和荷兰语等的其他语言。意大利中部讲的是瑞士语和意大利语,意大利语通行于意大利,也是土耳其的犹太人用的语言。它又叫做法兰克语。东欧的人讲的,有斯拉夫语、阿尔巴尼亚语、波西尼亚语、希腊语、保加利亚语和塞尔维亚语。这些语言都相互独立、各有不同,不只在彼此之间,而且在本身之中也是这样。最好、最清楚的意大利语叫做托斯卡纳语(Tuscan),而威尼斯语则不得好评。在法国,最纯正的口语就称作法语。阿提布还指出,拉丁语仍是教育学术用语,它在基督教国中的地位,就好比阿拉伯语在伊斯兰世界中的地位那样。17世纪一位摩洛哥大使,也有类似的看法,他指出拉丁语在西班牙教育界的重要性,认为这"相当于古阿拉伯语的词形和句法的学问"[14]。阿提布就欧洲语言的说法相当专精,但也有几分愚昧。他听说过像是不列塔尼语和西班牙的巴斯克语(Basque)等等的地方语言,却没有加以分辨,对法兰西语和日耳曼语等的主流语言也是如此。他懂的比艾佛利亚还多,知道土耳其的犹太人所说的口语,并不是"犹太语",而是某种欧洲语言,但他把这种语言误认为意大利语,其实那是西班牙语。他对罗曼方言的概念,实在也有点含糊。他的资讯很明显得自欧洲一些旅行者。在说到这些野蛮的、不重要的语言时,他的口吻,显然就像后来欧洲探险家在提到非洲土著的方言时那样的不屑[15]。

欧洲语言的普及层面

话说回来,还是有些穆斯林花工夫学了某种欧洲语言,到了奥斯曼后期，人数开始增加。其中提供机会和诱因的，有 18 世纪初引进印刷术，奥斯曼政府用欧洲人当教官，以及用在后来其他伊斯兰的军事院校等等。

穆斯林肯学哪几种语言呢？这方面最早的史料，应该是出自十字军的德国史家阿诺德（Arnold of Lübeck），他转述了 1175 年被派到叙利亚和巴勒斯坦的德国特使的话。他在谈到中东神秘的暗杀派时指出，暗杀队队长将一些小孩养大，训练他们胜任这种恐怖任务。此外，"还教他们说好几种语言，例如拉丁语、希腊语、罗马语、阿拉伯语和其他各种语言"[16]。罗马语指的大概是十字军军中所用的罗曼方言。有关暗杀训练的说法，可能有点夸大，但至少点出了，哪几种语言被看作是有用的。中世纪有少数证据显示，穆斯林所谓有用的外语，指的大概是新的改宗者的母语。

要等到奥斯曼时代，才有一些较为确实的资讯。根据当时一位参见穆罕默德二世的威尼斯人的说法，这位打下君士坦丁堡的领袖会讲希腊语、斯拉夫语以及突厥语。据说他还招待过意大利的人文学者，对他们的著作表示感兴趣，还被为他作传的希腊文人称作希腊迷。苏丹是不太可能懂得什么非伊斯兰的语言的，但奥斯曼时代早期确实通行过希腊语，而新的官吏和改宗者之间，也流行过斯拉夫语，这些人都是奥斯曼政权的干部。当时法院甚至还有希腊文的官防，尊称这位苏丹为"O Megas Authentes"，亦即伟大的君王[17]。意大利文的封号"il Gran Signor"和土耳其文的"efendi"，大概就是从这个词演变出来的。各种意大利语，包括被鄙视的地中海地方话 Lingua franca，通行于地中海中、东部，很可能土耳其水手（当中许多人有着当地或基督徒的血统）至少都能用做职场语言[18]。

到了 16 世纪，土耳其水手的用语，已经借用了许多意大利语，有的则间接透过希腊语。其中包括了像是代表船长的 kapudan，所以奥斯曼舰队的海军元帅，就叫做 Kapudan Pasha；地中海常见的语词 lostromo 或 nostromo 表示水手长，可能源自西班牙或葡萄牙划桨橹工的行话；还有 fortuna 一词，后来在土耳其语就表示海上风暴；土耳其水手的用语 mangia，明显源自意大利语，表示吃的东西（相当于英语的 grub 或美语的 chow）。水手的这种转借字，大都源自意大利语，尤其是威尼斯语，但也有些是西班牙语、加泰罗尼亚语（Catalan），甚或葡萄牙语。口头土耳其语中这种转借字和（尤其是）所有与海有关的，如造船、航海、渔捞等语言的数量，证实了西洋的某些影响。显而易见，直到近现代，土耳其语在一些领域大量借用了西洋的词语，但在阿拉伯语或波斯语方面，却不见这种现象。

意大利语曾是土耳其人最熟悉的欧洲语言，直到 19 世纪，土耳其语中的转借字还是以意大利语居多。这些词语包括了政治、机械和服装的用语，以称呼大衣外套、五金用品和采自欧洲的成规、惯例[19]。只要是涉及土耳其和欧洲两造的文件，都是用拉丁文写的，当时这是外交上正规合法的欧洲语言。因此，1699 年的卡尔洛维茨（Carlowitz）和约，与 1718 年的帕萨罗维茨（Passarowitz）和约，不消说是用拉丁文和土耳其文写的。不过后来在 18 世纪的条约，就以意大利文为主，例如 1774 年的凯纳甲湖（Küçük Kaynarca）条约[*]。

法语的盛行

到了 18 世纪，才有土耳其的外交官开始讲法语。这个人叫做赛义德埃芬迪（Said Efendi），他在 1721 年跟着担任大使的父亲来到巴黎，后来他自己也出了数次外交任务，当时的奥斯曼史家形容他"通晓拉丁文"。说到 18 世纪的奥斯曼官吏，竟然会花工夫习得一种异教徒的古语，可真是难以置信。当时有法国人指出，这位外交官"法语讲得像母语一样流利"，这一点史家也略有提及[20]。直到那时，奥斯曼人对欧洲语言分布的概念还是相当模糊的。

法语开始流行的时间，大概是 18 世纪时军事院校招募操法语的

---

[*] 此约是奥斯曼败给俄罗斯后签订的；前述两约是奥斯曼败给奥地利后签订的。——译者注

教官；18世纪末19世纪初期间，随着法国人干预帝国的内政，法语的地位也日渐巩固。19世纪时，奥地利和俄罗斯的影响力，也促成了法语的盛行。不管是俄罗斯人的外交往来，或是奥地利外交部门与君士坦丁堡的大使馆之间的通信，用的多半是法文。自19世纪以降，在土耳其文借用欧洲语言语源方面，法文开始超越意大利文。譬如 senato 和 parlemento 两个现代土耳其词汇，显然就是早期借自意大利文的形态。在相当早期的阶段，土耳其人就听说过，远方的欧洲有过元老院（senates）和议会（parliaments）。后来在知道有元老院议员（senators）之后，就有所谓 senatör 的土耳其字。有的意大利语源字，后来就被法语同义词代换。例如在土耳其浪漫小说中的女主角，起初称作 roba di camera；后来就改换成 roba di chambre。英文就来得较晚了。1809年，驻君士坦丁堡的英国大使，向外交大臣甘宁（Canning）说明，为何土耳其人签条约时要用法文："尽管在君士坦丁堡已经开始进入谈判，我在高门还是找不到精通英文的通译，将土耳其特使签署的文件转成所需的英文。"[21] 直到运动、科技和航空旅游的时代来临时，英文才发挥影响力。

北非国家也有类似的变迁。意大利语（和西班牙语）起初都是最普遍、常用的欧洲语言，后来也都被法语替代。至于在伊朗和印度，意大利语的冲击不大。葡萄牙语似乎也未留下太大印象，在多数波斯和印度的穆斯林看来，欧洲语言主要是英语和法语。所谓法语的优势，可见之于波斯人给美国的称呼——Etāz Ūnī。

锐意改革的苏丹和帕夏们成立了西式的军校，并同时为当代的外交事务培训了年轻的官吏，为穆斯林社会注入了新的要素——于是乎出现了一批年轻的文武官员，熟悉一种欧洲语言（通常是法语），为了本职学能，懂得了一部分的西方文明，并学会尊重西方专家之基督徒，作为学习改进的对象。有一段公布于1803年伊斯坦布尔于斯屈达尔区（Üsküdar，即 Scutari）的文字（可能源自政府一位希腊通译官的作品），据说是出自奥斯曼政府一位年轻工程师之口：

懂得了欧洲科学的不可思议之后，我便有心开始亦步亦趋。我分秒必争，用心学习法语，以求日后精通科学家的知识……想到自己能得到科学和艺术的启发，祖国能有所进步，我就陶醉不已。[22]

西化时欧洲语言的重要性

从原先鄙视为异教徒的野蛮土话，到推崇为获取较高知识和技术的工具，个中的转变实属不易。直到 19 世纪初期，奥斯曼政府还十分仰赖希腊人的欧洲语言能力，因此也相当仰赖他们有关当前欧洲事务的资讯。1821 年希腊的崛起，使得希腊人与土耳其人发生战争，凸显了这种不利于苏丹官方的形势，官方认为（也许是错认），希腊人译员总领阿里斯塔奇（Stavraki Aristarchi）嫌疑重大，于是处以绞刑，并派任一位穆斯林接替职位。

实行总比谈论来得难。18 世纪末 19 世纪初的改革，曾出现过一些精通欧洲语言的土耳其人，但现在大都去世了，活下来的人，有的退隐，有的能力大失。当时的土耳其史家指出，在译员总领的衙门里，堆了两三个礼拜的希腊文或"法兰克文"的公文。苏丹为了应急，找了另一个，也是唯一一个用到外语的单位——军校，当时军事工程学院的一位教官叶赫亚埃芬迪（Yahya Efendi），奉命调派到通译单位。当时的史家夏尼查德（Şanizade）指出这种决策的重要性：这是史上首度重视翻译的职务，并将之交给穆斯林，来行使外交关系，因此也使得这项通晓外语的职务，成为在穆斯林之间受人尊重的职业[23]。叶赫亚本身也是改宗伊斯兰教的人，其来历也是众说纷纭，有保加利亚裔、希腊裔或犹太裔等等。他开创了通译人员的时代，本身也是 19 世纪时土耳其举足轻重的大使。在他去世（1823 年或 1824 年）之后，由当初同校的教官霍加·易司哈格（Hoja Ishak）接替，他是犹太裔改宗者，担任大使职务到 1830 年，之后才回到教职[24]。

第三章 语言和翻译

像这样仰赖新的穆斯林，正反映当时仍有不少困难和阻力。1838年，有志于改革的马哈茂德二世，在医学院的开幕式致辞中，还得为课程中有法文，向学生们做说明：

> 你们将以法文来学习科学的医学……用法文来学的用意，并不在于用法国的语言来教育你们；而是要教会你们科学的医学，并一点一滴带入吾国的语言……所以请好好地向师长学得医学知识，并设法让它逐渐化成土耳其文，在吾国的语言中流通……[25]

苏丹的这段致辞，显示了西化过程中的一个核心问题。就连到了发表致辞的1838年，精通欧洲语言的土耳其人人数仍然少得可怜。至于学校的教学过程和部队中的技术顾问，更是不得不委借通译。当时仍有很多译员都是国外的基督徒，这些人的存在与其说是减轻了障碍，不如说是加强了障碍。接受欧洲人的指导或指挥，这实在很难堪。如果这还要通过希腊人或亚美尼亚人居间翻译，而他们的举止和口音又得不到土耳其听众的尊重时，就更糟糕了。

基于这种理由，穆斯林学生不得不学习外语。目的是在求得有用的知识——医学、技术、科学和军事，不过最多也就这些了。

但这也很难一概而论。军校生和后来的学院生学了法语，也就习于尊重法国人以及其他教员。到了19世纪中叶，对于有志于担任公职的年轻穆斯林而言，欧洲语言知识已是项重要的工具，而翻译机构则成为进入军队和宫廷以获取荣华富贵的康庄大道。

第四章
媒介及中间人

穆斯林去欧洲的种种限制

穆斯林算是欧洲人的邻居,分享(或分占)地中海及其他各地。伊斯兰世界的古国大多一直都是罗马帝国的一部分,那里的人们就跟欧洲人一样,知道有希腊—罗马和犹太—基督教的悠久遗产,并看作是遥远的古迹[1]。在文化、种族甚至宗教上,他们跟基督教欧洲各国所拥有的共通点,远多过较遥远的亚非文明,照理说也应有更多的了解。事实上,中世纪时在伊斯兰教和基督教之间的铁幕,却似乎使文化交流降至最低,并大大限制了通商和外交往来。伊斯兰世界的内部自有其海陆交通路线,因此也就有独立于西方的通道和贡献。穆斯林自豪于本身的文明,自负于自身的优越,尽可以瞧不起那些住在又冷又糟的土地上异教的北方蛮族。在中世纪地中海各国的穆斯林看来,欧洲人,至少是北方和西方的欧洲人,比起印度人、中国人甚至热带非洲的原住民,更像是遥远而诡异的族类。

穆斯林是很少到异教国家的,但也难以避免某些交流。10世纪时,穆斯林地理学者描述了罗马,所介绍的旅游者,仅仅记载着某犹太人、基督教某僧侣或是某商人,而没有点出名字。所以大概就是这三种阶层,最常通行于基督徒和穆斯林之间[2]。当时,有基督徒和犹太人到耶路撒冷朝圣，基督教的神职人员也有向西来到罗马的，自从罗马教廷（Roman Curia）和东方教会的东仪(Uniate)支会建立密切联系之后，这些神职人员也日渐增多。敢到欧洲一探究竟的大胆穆斯林也是有的，但这种探路有时候并不是出于自愿。早期最有趣的报道之一，是一名9世纪的阿拉伯战俘，名叫哈伦·伊本·叶赫亚(Hārūn ibn Yahyā)。他在东方遭俘虏，被押到君士坦丁堡，在这里待了一段时间后，经陆路到了罗马[3]。

到了奥斯曼时代，遭基督徒俘虏（或至少是有案可查）的穆斯林越来越多。奥斯曼人和东南欧、中欧的敌手之间长达数百年的战争，还有柏柏尔穆斯林海盗（Barbary Corsairs）和基督徒对手长期在地中海上的冲突，造成彼此都有不少的俘虏。根据史料，常常有穆斯林到地中海出任务，在某地谈判如何才能释放那些俘虏。话说从北非或土耳其遭返回来的基督徒，都留下不少资料，谈论和当地人打交道的经验，但是由欧洲遭返的穆斯林却不曾留下任何记录。到了18世纪末，才有两个有点重要的例外问世。一个是土耳其人卡迪（Kadi）。在他前往（地中海）塞普勒斯岛赴约的途中，1597年4月遭到十字军圣约翰骑士团俘虏，在地中海的马耳他岛关了两年多。这段经历的简短叙述，得自于稀有的手稿[4]。另一个就是奥斯曼·阿嘉（Osman Aga），他是土耳其战犯，后来成为俄罗斯政府的通译官。奥斯曼·阿嘉写了两本自传，谈到他的受俘经过和后来的经历，是1724年到1725年间写的。不过，即使再有怎样的知识性，在穆斯林之间并没有激起太大兴趣，奥斯曼的学者不曾记载，传记作家也不曾提过。两书都只留下亲笔手抄本的孤本，一本在伦敦，一本在维也纳，在现今的学者发现之前，一直是束之高阁[5]。由此可知，来自得到遭返的俘虏的介绍不太可能是新资讯的重要来源。

商人和外交人员大概是最重要的出差族群，这两块值得详加探讨。在伊斯兰教成立的前几百年间，穆斯林拘于法律和传统，很不情愿来到基督徒的欧洲。不过，对于亚洲、非洲的非伊斯兰国家，以及战争之地的科技领域，他们的态度就截然不同，只不过仍要遵守一些禁令。话说回来，穆斯林到这些地方的情况很普遍，有时甚至形成侨民的社群。我们不难找出其中的因素。例如西欧，没有什么丰富的物产，就很不同于亚洲。伊斯兰教世界从印度、东南亚和中国，进口了各种不同的重要货品，包括了丝绸、香料、木材、金属和陶瓷品。非洲有两种重要商品，那就是黄金和奴隶，这些促成了大范围的贸易网。至于拜占庭帝国由于经济的同质性，所以穆斯林和它之间的通商受到限制，不过，和东欧、北欧之间，曾经大量进口过毛皮、琥珀和渔货。穆斯林也从欧洲进口奴隶，但主要来自中欧和东欧，规模也远小于非洲和东亚——一般来讲，西欧除了人以外没有什么可卖的。中世纪时，穆斯林的史料中偶尔提过少许的品项。西欧唯一具有重要性的商品（撇开武器和奴隶不谈），就是英吉利羊毛。不然就要等到中世纪末期和近代初期，欧洲世界的发达和新世界的殖民化，西欧才开始出口大宗物资到伊斯兰国家。

阻止穆斯林到西欧的另一因素，自然就是西欧统治者与民众极度的不宽容。不管是异教徒所占领的，或是穆斯林所收复的地方，基督徒都遭到强制，而穆斯林迟早也会被迫做出选择：是改宗、放逐或受死。中世纪时，欧洲犹太人的命运，使得非基督教的信徒不愿在这里定居甚至旅游，所以在基督教的欧洲，没有穆斯林的侨民社群。因此这里的生活，并不能配合穆斯林旅客的特殊需求，像是清真寺、公共浴室、依伊斯兰教戒律所宰杀或准备的食物和其他的生活习俗，彼此之间都有所抵触。

盟友和特使团的故事

说到穆斯林不愿去异教徒的地方，见于乌沙迈·伊本·蒙奇德（Usāma ibn Munqidh）的生动叙述。他是12世纪时叙利亚的穆斯林，留下过一卷回忆录。他在叙利亚有位邻居，是法兰克骑士，他们两人共同创办了友好同盟会（Bonds of Amity and Friendship）。当这位骑士要离开叙利亚、回到欧洲之前，他提出建议（显然出自最大的善意），乌沙迈十四岁的儿子最好跟他一起回到他的国家，"好和骑士们一同生活，培养智慧和骑士精神"。就法兰克人来说，这个提议起码也是友情和善意的表示，但乌沙迈却觉得荒唐之至："这种刺耳的话，听来就像是违背了智者的思虑，儿子就算被关进牢里，也不会比被带到法兰克人那里还要不幸。"他设法婉拒这个提议："我跟他说：我发誓这句句属实，使我同意不了的，是他的奶奶爱护他，除非我答应她还会带儿子回来，不然是不会让他出远门的。"他就问我："令堂还在世吗？"我回答说："是的。"他就说："那就不要违逆她好了。"[6]

在这种环境中，每当有必要为通商或外交走一趟欧洲时，就难怪伊斯兰统治者总要指派基督徒或犹太人属下，让他们在外地和他教友们的社会保持联系，好使行程顺畅，达成所交付的任务。欧洲基督徒或犹太人也是基于类似的考量，才来到伊斯兰国家的。

法兰克人的官方史有一段有名的故事，讲查理曼大帝和哈伦·拉希德（Hārūn al-Rashīd），在797年到807年间互换了特使团。根据记载，查理曼分别在797年和802年，派遣特使团到哈伦·拉希德那里，而对方也分别在801年和807年各派一个团过来。此外，据说法兰克王还在799年（以及或许802年）派遣过一个（或两个）特使团，到耶路撒冷的基督教会总主教那儿，并在799年和807年间前后接待了总主教的四个特使团[7]。

曾经有人表示过，质疑这些往来不是真的发生过。就算发生过，这些史实也并没有重要到引起阿拉伯史家的注意，因为他们都没有提起过。不过，后来倒是讲过西方派遣的某个特使团的事情。这是法兰克女王贝尔塔（Bertha）在906年派到巴格达的穆克塔菲（al-Muktafī）哈里发的。以下就是阿拉伯史家的记载，讲到这个特使团的到来：

> 洛泰尔王（Lothair）贝尔塔，独立的法兰克的女王，于伊斯兰教教历二九三年（西元906年）通过宦官阿里（'Alī），即齐亚

达塔拉·伊本·阿拉布（Ziyā datallāh ibn Aghlab）的属下，送给穆克塔菲殿下（Billah）一份礼物，其中包括了五十把剑、五十面盾、五十支法兰克矛、二十件绣金丝的大衣；斯拉夫阉人和女奴各二十位，美丽又体贴；十只可以摒挡野兽或危害的大狗；猎鹰、猎隼各七只；配备齐全的一组丝质帐篷；二十件羊毛大衣，内含海中贝壳的原料，随着每天不同的时刻变换像彩虹般的多种颜色；三只法兰克国的珍禽，在发现食物被下毒时会发出异样的叫声，并拍动翅膀直到人得知警告；还有串珠，能以无痛方式拔出已经深入骨肉的箭头或尖刺。

宦官阿里将法兰克女王的礼品和国书呈给穆克塔菲殿下，以及只有殿下才能得知的、不在国书中的口信……口信内容是请求与殿下结亲和结盟……[8]

不管在结盟或结亲上，这个特使团并没有得到太大的回馈。

使节的报道和有关的史料

就我们所知，穆斯林这边最早的外交报告，得自于由西班牙派到偏远北方的特使团。时间在 9 世纪初，维京人掠夺了安达卢西亚，并在西欧各处造成残破与荒废。接着出现了停战的协议，维京人派特使到科尔多瓦拜会穆斯林王公阿卜杜勒·拉赫曼二世（'Abd al-Rahmān II），之后就有穆斯林使团的回礼。其中的大使，就是西班牙哈恩的叶赫亚·伊本·海坎·巴克里（Yahya ibn al-Hakam al-Bakrī of Jaen），人称噶札尔（al-Ghazāl），亦即瞪羚，喻其俊美。他把事情经过告诉了一位叫做塔迈姆·伊本·阿凯马（Tammam ibn 'Alqama）的朋友，他的转述记载在 13 世纪初官方史家伊本·迪赫亚（Ibn Dihya）的记录中。特使团可能在 845 年左右，来到维京人在冰岛或丹麦的宫廷。目前学界有的赞同这种说法是真实的，有的则认为是虚构的。

在噶札尔有关特使团的说法中，关于所访问的对象讲得很少。不

过,说到他是怎样来到维京人的宫廷,以及在有心要他难堪的东道主面前保住自己和伊斯兰教的颜面,倒是讲得不少:

> 两天后,国王宣他们进宫,噶札尔表示,他不愿跟着行跪拜礼,他们一行人也都不接受违反本国习俗的要求。国王同意了。等到他们来到国王面前,只见他着一身气派非凡的服装安坐着,指示他们通过一道入口来到他面前,但这入口低到使人只能跪着进去,噶札尔来到入口就坐到地上,两腿伸向前,利用臀部向前挪动,通过这道入口之后,他就起身站直。国王已经部署好很多护卫和武器来威吓他。但噶札尔并没有被吓倒……他抬头挺胸对着国王说道:"陛下啊!愿和平降临在朝中所有人身上。愿陛下万寿无疆,永享世间的荣华富贵。"通译转达了噶札尔的话,国王大为激赏,并说:"他在他国人之中,真是最有智慧的人之一啊!"噶札尔坐到地上让脚先进去这一招,大出国王的意料,他说:"朕设法羞辱他,他却用他的鞋底来回敬我们(表示那欺人太甚)。若不是他贵为大使,朕就会看成有失分寸。"⁹

这段文字不禁令人想到,早期欧洲使节团出使东方蛮邦的记载,其情节还真是如出一辙。记述噶札尔出使的史家还记载道,这位大使"与该国的学者群展开辩论,并使之无言以对,舌战最优秀者而技高一筹。这场名震天下的大辩论,真可谓意义非凡"。噶札尔在维京人那里的后续活动,有关的报道仍有些真假不分,之后就来到噶札尔(或那位史家)的重点——和维京王后的打情骂俏*。

噶札尔的出使(如果是确有其事的话),算是穆斯林与许多在西班牙和北欧的基督教国间的外交往来之一,可惜,除了官方史的零星记载之外,没有其他的记录。在中世纪的穆斯林出使之中,唯一留下较多史料的,是10世纪中期科尔多瓦的哈里发派遣到神圣罗马帝国的

---

* 此事可参阅第十一章。——译者注

特使团。当时有些穆斯林海盗，在阿尔卑斯山的隘路上建立了据点，抢劫出入意大利的旅客，造成很大的麻烦。953年，德国国王奥图一世(Otto I)派遣特使团到科尔多瓦，请求哈里发出面解决。经过好几年的交涉，在某种情况下，哈里发才派出特使团到德国做答复。

据说特使团中有一位叫易卜拉欣·伊本·叶尔孤白·以司拉仪·图特图席 (Ibrāhīm ibn Ya'qūb al-Isrā'īlī al-Ṭurṭūshī)，也就是雅各之子亚伯拉罕，来自托尔托萨 (Tortosa) 的犹太人，这是加泰罗尼亚地区巴塞罗那附近的小城[10]。至于他是大使还是只是特使团的成员，这并不清楚；也不清楚他的职业，不过根据资料来研判，他大概是位医生。他走过法国、荷兰和德国北部，访问了波希米亚和波兰，回来时可能经过了意大利北部。他可能写下过走访欧洲的游记，可惜已经散失了。不过11世纪时，西班牙的地理学者百克里 (Bakrī) 和乌德里 ('Udhrī) 有过大段的摘录。百克里保留了有关斯拉夫民族(亦即在现今的波兰、捷克和德国的人) 的介绍；这些算是上述国家早期历史的重要资料来源。乌德里的著作已经散失，但有后人的摘录，这是有关德国和西欧的片段，由13世纪波斯地理学者凯兹维尼 (Qazvīnī) 所摘录，他的兴趣主要在稀奇古怪的事。百克里所引述的作者，名字是易卜拉欣·伊本·叶尔孤白·以司拉仪 (Ibrāhim ibh Ya'qub al-Isra'ili)；凯兹文尼却只说作者是图特图席 (al-Turtūshi)，大家一直都以为是两个不同的作者，一个是犹太人，另一个是穆斯林。德国学者盖尔格·雅各 (Georg Jacob) 考据了这些史料，甚至还区分出两人的职业和种族的差异。他研判，由于一份记载篇幅较长，而另一份以帝王的话为凭据，因此也就显示了两人性格上的不同，阿拉伯外交官含蓄，而犹太商人夸大[11]。不过，后来的学者塔丢斯·科沃尔斯基 (Tadeus Kowalski, 1894—1940) 却证实了两人其实是同一个人，百克里和凯兹维尼的引用文字，是来自相同的资料来源。

另外，易卜拉欣·伊本·叶尔孤白是冒充的犹太人，还是犹太出身的穆斯林，这也无从判定。从他的名字来看，两种都有可能。至于访问奥图的确实时间和目的，也不太能确定。最有可能的时间是965

年,在科尔多瓦的哈里发派到奥图一世的特使团中,他大概是随行的人,与奥图在953年派遣到西班牙的特使团有某种关联性[12]。

易卜拉欣有关西欧的介绍虽然有些盲点,但却显然好过前人的介绍,如果不是那种被学者编成稀奇古怪的故事之后所留下来的片段的话,就更好不过了。

有关出差或游历欧洲

说到穆斯林不想到欧洲,欧洲人可是准备好要找穆斯林。在收复失地与十字军东征期间,基督教军囊括了从西班牙到巴勒斯坦的伊斯兰版图,使穆斯林不需要离开家,就有机会看看法兰克人的文化和习俗。结果呢,尽管有阿拉伯的官方史指出,有过访问十字军的国王和亲王的特使团,甚至有远至西西里岛和意大利南部访问基督教教廷的特使团,但竟然都没什么成果。最多像是埃及苏丹拜巴尔斯(Baybars),在1261年派到西西里的统治者曼弗瑞德(Manfred)的特使团,由知名的叙利亚史家贾玛尔·丁·伊本·瓦须尔(Jamāl al-Dīn ibn Wāsil,1207—1298)所带领,并记载在他自己的编年史中。

伊本·瓦须尔访问了在巴列塔(Barletta)的曼弗瑞德,这是意大利本土上的城市,周边地区不久前才被穆斯林所收复,他说曼弗瑞德是"卓越的人,爱好思辨的学问,熟记欧几里得书中的十项定理"。史家赞许了他对治下的穆斯林的友好态度,并指出,这还曾使教皇和他闹得不愉快[13]。

这份史料之所以得以保存的原因之一,当然是大使本身是了不起的史学家,所以是个人的兴趣加上第一手的资料。不过,由于也有其他史家出使过,所以这样的理由又不算充分了。卓越的史家伊本·赫尔敦(Ibn Khaldūn),于1363年到1364年间就出使过卡斯提尔,访问过佩德罗一世(Pedro I)。这件事在他的回忆录中,几乎只是一笔带过[14]。伊本·瓦须尔记下这件事,可能是因为这个消息有助于伊斯兰教在意大利的失土上的延续。

说到普遍缺乏兴趣,这里也有一些例外。那就是前面提过的乌沙迈·伊本·蒙奇德的著名回忆录,这是少数很有人文素养的史料,显示了十字军给中东伊斯兰世界带来的冲击。乌沙迈在讲他那多彩多姿的一生时,常常提到那位法兰克人邻居。他虽然很瞧不起他们的不开化,但还是认为这是可以补救的。他曾好几次表示,只要在东方住久了,和穆斯林同化,就会有几分文明味。他派手下到基督徒占领的(古叙利亚)安提阿(Antioch)出差时,就可看出这种主张:

> 有法兰克人在我们这里住下来,和穆斯林打交道。这些人比新来的人好,但对统治者来说是异类,从他们那里得不出什么具体结果。
>
> 我曾经派人到安提阿出差。当时那里的首长是提奥多尔·索菲安诺斯(Theodore Sophianos,作者注:东正教教徒),我们是朋友,他在安提阿很有权势。后来,他跟我的手下讲:"我有个法兰克朋友来找我。跟我一起去见识一下他们的生活吧。"手下跟我说:"我就跟他过去,来到一位老骑士的家,那些骑士是法兰克人第一次远征时到这里来的。他已经退伍,在安提阿这里靠自己的一笔财产过活。他准备了一桌饭菜,东西看来很可口,也很卫生。他看到我不敢吃,就说:'放心吃吧,因为我也没在吃法兰克菜。我请了埃及女人帮我烧菜,现在只吃她们的东西,猪肉也不会进到我家里来。'我就吃了,可是还是有些顾忌,之后就回去了。
>
> 后来我走经过市集,突然有个法兰克女人来抓我的手,我根本听不懂她在讲什么,一群法兰克人围了过来,我知道我就要完了。老骑士这时突然出现,看到了我,就过去问那个女人:'你找这个穆斯林做什么?'她回答:'他杀了我的兄弟胡尔梭(Hurso)。'胡尔梭是(叙利亚)阿发米亚(Afamiya)的骑士,被(叙利亚)哈马(Hama)军的人杀死了。于是这位骑士就对她大声吼说:'这个人是 burjāsī,是个生意人。他不用打仗或作战

的。"他喝斥大家,人群也就散开了;他拉着我的手离开了现场。所以,吃那顿饭还让我捡了一条命。[15]

乌沙迈的回忆录也算是种史料,可惜在伊斯兰世界中非常少见。不过,还是有些作品,记下了和欧洲基督徒接触的某种个人印象。其中一部作品,几乎就和乌沙迈同一时期,但却是来自伊斯兰世界的另一端。地理学者阿布·哈米德(Abū Hāmid,1081—1170),是西班牙格拉纳达的本地穆斯林。他的长途游历,是先从北非跋涉到中东,再从这里向北进入俄罗斯。从俄罗斯再向西进入欧洲,所到达的地方就是现在所谓的匈牙利,并在这里待了三年[16]。

阿布·哈米德所讲的,大都和东欧有关。他那些有关罗马的记叙虽然很多,但并不有趣,而且好像用了不少以前的资料。尽管他出身自安达卢西亚,却是绕道东欧才进入中欧,而且好像也只到匈牙利平原,没有继续再往西走。不过,就算有这些局限,在穆斯林了解欧洲的过程中,他仍然是具有历史意义的里程碑。在10世纪时的外交家易卜拉欣·伊本·叶尔孤白,到15世纪晚期奥斯曼的第一份介绍这数百年间,他是唯一由伊斯兰国家游历到欧洲,声名大噪且有作品留下来的人。

对法兰克事物的观感

另一个有关十字军的观感,来自西方的伊斯兰世界中的另一位游历者,西班牙瓦伦西亚的本地人伊本·祖拜尔(Ibn Jubayr),他在1184年到叙利亚,经过法兰克人的领土,也走过穆斯林的地方。他还到过阿卡,这是十字军的主要港口:

愿真主摧毁阿卡城,并还给伊斯兰。这是法兰克人在叙利亚的主要城市……船只和旅行商队的集散地,各地伊斯兰教和基督教商人的会合地。街道、马路到处都是人潮,在这里,人只能自

已下来走路。话说回来，这里是不信道、不虔诚的地方，到处是猪和十字架，到处是肮脏龌龊、污秽粪便……[17]

伊本·祖拜尔大概是看到了酒瓮、猪、乐器、教会和其他在穆斯林看来比垃圾还碍眼的东西。读者请注意，当时穆斯林的标准，比欧洲基督徒的标准高得非常多，直到19世纪初，到过欧洲的穆斯林还在抱怨，欧洲人不讲个人卫生。

不过他在法兰克人的城市中所看到的，也不是样样都让他反感。在中东的泰尔（Tyre），基督教的婚礼感动了他，尤其是那新娘的美丽：

> 她点着高贵优雅的步子，身上的珠宝首饰摇曳着，步履像鸽子、像浮云一样轻盈——面对着这样的景致，愿真主使我不致心生邪念。[18]

除此之外，伊本·祖拜尔还发现不少困扰他的事情。他有点尴尬地指出，法兰克人对伊斯兰佃农还很厚道，这些佃农比伊斯兰邻国的人民还要富裕：

> 要是他们到外国领土去看看穆斯林兄弟，会发现法兰克主子们对他们很厚道、很仁慈，一般穆斯林心里恐怕会有所动摇。身为穆斯林的不幸之一，就是他们常在抱怨的统治者的欺压，并常称赞敌人和对手的作为，亦即占领土地的法兰克人，他们以公道的对待使得穆斯林顺服。凭真主发誓，他们是有理由抱怨这些事的。在《古兰经》中有很多话，可以使我们得到安慰："这只是你的考验，你借此使你意欲者误入歧途，使你意欲者走上正道。"[19]

不管是伊本·祖拜尔，或是乌沙迈和阿布·哈米德，能做出观察的这些人都不过是孤立的现象，对于穆斯林认识西方之进程，似乎没有太大的作用。

外交关系和致辞格式

有过重大影响的，是欧洲（尤其是西欧）和中东与北非各国之间外交关系的进展。促成这种进展的，有两个重要因素。一是欧洲贸易的兴起。欧洲的商人，一开始大都来自意大利的各邦国，后来就有西班牙、法国、低地国（独立之前的荷兰）和英国，在各伊斯兰港口的活动越来越多，活动范围甚至还延伸到内地的一些城市。法兰克商人有时还成为长久居留的侨民，逐渐扮演起大家熟悉的角色。欧洲人通商活动的进展，也会促进外交关系的升级。早期的商人族群争取到权利，在伊斯兰城市设置领事，就西方各国的观点而言，这些人发挥了准外交的功能，并代表各国和相关的政府或权责机构打交道。15世纪时，一位阿拉伯作者指出了这一点："领事是法兰克人长官，也是各社群的人质。要是社群发生了什么侮辱到伊斯兰的事，领事就要承担责任。"[20]

欧洲与伊斯兰各国之间的贸易需求，促成了外交方面的经常性讨论，像是有关各种特别待遇的批准，以及通商条约的谈判和签订等等。这些谈判差不多都是由欧洲各国在伊斯兰国家的领事和公使谈成的。从伊斯兰国家来到基督教国家访问的人，仍然是少之又少。

促成更密切的外交关系的，还有相当不同的因素。自伊斯兰世界中出现了独立的权力中心——埃及之后，中东的东西两半之间，亦即在接掌尼罗河谷的政权（通常也统辖了叙利亚和巴勒斯坦），以及得到伊拉克和伊朗支持的政权之间，从此不时出现对立。13世纪时蒙古人的到来，更加强了这种对立。伊斯兰教在基督教之外又多了个对手，这使得欧洲各国有了成立同盟或第二阵线的打算，波斯大王的改宗伊斯兰教，也并没有使这打算马上消失。于是出现了一股外交活动的热潮[21]，这在伊斯兰教的史料中却只留下了几笔草率的记录。

欧洲国家与波斯的蒙古统治者之间的交涉，看来没有什么太大的结果。不过，这倒是使得埃及的马穆鲁克统治者更加留意欧洲国家，以及彼此之间的外交关系。1340年左右，埃及官吏席哈布·丁·乌玛里（Shihāb al-Dīn al-'Umarī），为了他们的法务书记人员写了一本外交通信手册[22]。它包含了邦交国与元首的名单，以及正式认可的尊称及其特定的致辞格式。其中大部分的元首都是穆林斯，不过还有个项目是"不信道者的各国国王"，包括了拜占庭皇帝、格鲁吉亚、亚美尼亚、塞尔维亚、（土耳其）锡诺普（Sinope），以及罗德岛等等的国王。西方的元首只列出了两位：阿方索（Alfons，安达卢西亚国王）和"Rīd Frans"。后者显然是以罗曼方言来代表法国国王，尽管手册作者在使用这个词时的用意已不可考。后来，这本手册的修订版（称为Tathqīf）增加了一点名字；半个多世纪之后，另一位法庭书记官卡尔卡宣迪(Qalqashandī)，以同领域的册子列出了较长的名单，其中包括了教皇、热那亚、威尼斯和那不勒斯，以及基督教西班牙一些小邦的元首。

> 第二项　与埃及领土的国王们通信时，所用的致辞格式比照不信道者国王们的现行礼节。
>
> 须知，不信道者国王们的国书，来自各个基督徒的国度，例如希腊人、法兰克人、格鲁吉亚人、埃塞俄比亚人及其他……[23]

之后，卡尔卡宣迪就提到东欧、巴尔干和西班牙的基督教国王，而列出：

> 第四项　与罗马和法兰克的北方之不信道者国王通信时，须依其不同的属性。所有这些人的宗教，都是东方基督徒的正宗宗教。
>
> 一、致教皇的致辞格式。

二、致罗马基督教徒的国王,即君士坦丁堡领袖的致辞格式……

三、致热那亚元首的致辞格式……

四、致威尼斯元首的致辞格式……

十一、致那不勒斯女性元首的致辞格式……[24]

根据卡尔卡宣迪的文字和编年史的一些资料,可以得知,和欧洲君主之间的通信,是不常有的事。就派到欧洲的使节来说,穆斯林的做法可以说类似于蒙古人,据说只要是到气候不好、回国困难的国外时,蒙古人习惯找死刑犯充当大使。[25]

两方外交关系的演进

文艺复兴与地理大发现时期,欧洲人对伊斯兰世界的兴趣大增。基督教虽不再把伊斯兰教看成厉害的对手,但仍视奥斯曼帝国为劲敌,它对欧洲心脏地带的进逼,仍然威胁到基督教国家的生存。16世纪初,伊朗出现了新的、敌对的伊斯兰势力,亦即萨法维王朝的什叶派沙王的势力,因此,建立第二阵线,或至少是在奥斯曼帝国的远端形成牵制的机会,再度出现了。所以对于欧洲列强来讲,有关奥斯曼和波斯的可靠情报就很重要了,许多不同职能的特务都来到东方执行任务。

不只是这样,也有其他的动机,使得许多欧洲人进入东方,甚至在那里长期居留。地理大发现的时代,欧洲人在亚洲、非洲和美洲到处探险,同时也就出现更多的机会和诱因,使欧洲人也来探索伊斯兰世界。文艺复兴时期的好奇精神,也延伸到欧洲基督教国的大邻国。欧洲的产业扩张和来自各殖民地的货源激增,使得贸易商想尽办法打开东方伊斯兰世界的市场。这加大了欧洲列强之间政治和通商上的敌对,欧洲人在中东国家的干涉,也就更为直接而密集。

往奥斯曼首都伊斯坦布尔延伸的发展方向也很重要,这便是通过欧洲各国在当地的大使馆持续进行的外交活动。到16世纪末，东西方大部分国家，都开始定期派遣特使团到伊斯坦布尔；其中有好几个邦国，包括威尼斯、法国、英国，都已经设置常驻的外交人员。到了十七八世纪，欧洲其他国家都跟进了，结果在奥斯曼的首都，就形成了中上流欧洲人的当地族群，以及人数众多的随从人员及其家属，这些人员主要来自城中的非穆斯林。当时有三个当地族群，即希腊人、亚美尼亚人和犹太人的族群，后来又多了一个。这个族群以天主教徒为主，来自各个国家或族群，平常以意大利语或希腊语沟通，并以具有欧洲某国公民身份为傲，这之间的关系总有些微妙。后来，欧洲人把这个社群的人叫做黎凡特人（Levantines），土耳其语叫做"tath su Frengi"，亦即淡水的法兰克人，有别于那种来自欧洲的咸水的法兰克人。

与伊朗和摩洛哥之间的外交关系，其实并不好。到两国访问的使节团并不算少，但常驻的外交人员，却要到相当晚期才出现。

与欧洲人接触的行业

欧洲人到伊斯兰国家的兴趣和活动的增加，是值得注意的。欧洲人的交涉和外交，使得定居在伊斯兰城市的欧洲侨民，和以一定方式与他们接触的当地人，两者的人数都渐渐增加。虽然这些侨民大部分都不是穆斯林，他们却还是和较大的中东社会保持某种程度的联系，所以不管有怎样的隔离和孤立，他们都还是其中的一分子。就连研究东方的欧洲学者之增加，也很可能有过一些影响。从16世纪开始，欧洲印刷业开始生产成批的阿拉伯文书籍，在价格和方便携带上，都强过伊斯兰国家读者不得不依赖的手抄本。在穆斯林的史料里头，我们有时确实能够发现，他们抱怨欧洲人进口了成批的这种阿拉伯文版本。

至于对所有这些活动的回应，一般来讲还是很少。欧洲人的族群如侨民、贸易商、外交人员等，还是受到孤立。当地同业的圈子，与其说是把他们和穆斯林联系到一起,不如说是分开了,当地人确实是这么看待这些人的地位的。和异教的洋人打交道,是肮脏又危险的事,最好是让别的异教徒来做。

既然有这种态度,就难怪去到战争之地的反感一直存在。既然觉得有必要和异教界打交道,伊斯兰统治者多半在异教徒前来进贡时,利用中间人(甚至在自家家里)来避开太直接的接触。

奥斯曼和欧洲之间的外交,长期以来几乎全靠这种中间人来进行。原因之一是这种任务所要求的技巧,穆斯林要不是没有,就是不想去学。还有,穆斯林也觉得这些工作没有吸引力。就像在一般人类社会常见的那样,优势族群会将不讨人喜欢的工作留给别的族群。所以我们常常在后来的几百年里头发现,非穆斯林就代表着一般所谓的"下流行业"(dirty trade)。对真正的穆斯林来讲,这包括了所有下流的、亦即和不信道者打交道的业种。在当时,这使得许多犹太人和基督徒从事像外交、银行和情报等工作。在伊斯坦布尔,与国外代表的交涉,一般由政府的非穆斯林官吏来担任;到国外出差,不管是为外交或交涉,一般也是交给非穆斯林来做。奥斯曼政府偶尔才派大官出使,通常还会有一位非穆斯林通译员随行。

穆斯林官吏的组成之演变

到了16世纪,土耳其人的态度有很大的改变。在早期的苏丹统治期间,东南欧人如希腊人、斯拉夫人和阿尔巴尼亚人,在奥斯曼统治阶层中崭露头角,这不只包括了改宗者,甚至还有表明信仰的基督徒。奥斯曼王子和基督教公主通婚,好几个最古老、最显赫的奥斯曼贵族,都是拜占庭的世族。在奥斯曼的档案室中,有着封建绅士(一译士绅)的名单,当中包括了许多基督徒的名字,显示基督徒绅士进入了奥斯曼的军事统治阶层。奥斯曼国从边境小邦演变成伊斯兰帝国,它的政府和社会也有所转型。攻占阿拉伯心脏地带,尤其是穆斯林的几个圣地,更加速了这种变化,也使得领土、人口和传统的重心，向东偏移。巴尔干裔或其他血统的改宗者，接连担任了上百年的要角，但后来就渐渐败给了古老的穆斯林世族，同时，没有改宗的基督徒，就渐渐被排挤出权力机构，回到原先非穆斯林的、法律上应有的地位。

对付那还没归顺的基督教世界的运动，还在继续，不过在这方面，土耳其人走在最前面。从16世纪到19世纪初，东方的阿拉伯人在进行对欧洲的政治接触时，几乎全靠奥斯曼人。就远在东边的伊朗来讲，传到这里的讯息，通常都经过了奥斯曼渠道的过滤。

在奥斯曼对欧关系和其中中间人的角色，两者在演变过程上，可分成两个阶段。在前一个阶段，中间人多半来自欧洲；在后一个阶段，则是靠近欧洲、有意搬到欧洲的当地人。在前一个阶段的中间人，多半是改宗者和难民，且一般都有欧洲血统。除了在西班牙改宗基督教的穆斯林（称为 Moriscos）之外，都很快就打入了穆斯林社群。难民以犹太人居多。犹太人在西班牙和葡萄牙，以及西班牙势力所及的地方受到的迫害，给了奥斯曼人意外的收获。从15世纪末到16世纪期间，大批的欧洲犹太人涌入奥斯曼的领土。他们带来了有用的技术、欧洲的语言和风俗的知识，还有一些手工艺。西方的游历者尼古拉斯·德尼可莱（Nicholas de Nicolay），在1551年到过土耳其，曾经对西班牙、葡萄牙两国的马拉诺（Marranos），亦即被迫改宗基督教而逃到土耳其、以便回归犹太教的人的角色，做过一些有意思的观察：

> 土耳其人民里头，有各行各业的精英，尤其是不久前才被西班牙和葡萄牙驱逐出境的马拉诺，他们给基督教国家造成很大的不利，他们教了土耳其人好几种发明、计策和战争机械，例如如何制造火炮、火绳枪、火药、炮弹等武器，而且他们还办了一家印刷厂，这是当地以前不曾见过的，不过他们不许印行土耳其文或阿拉伯文的东西。[26]

以穆斯林的观点，犹太人有一项胜过基督徒的重要优势，就伊斯兰的主要欧洲对手来讲，犹太人没有和他们串通的嫌疑。也就是说，在政治上或经济上具有敏感性的任务来说，土耳其人觉得他们优于基督徒。根据奥斯曼的史料，土耳其人攻下塞普勒斯岛后不久，由于这里住的是希腊正教徒，和一小批意大利天主教徒，所以土耳其人派遣犹太家族来到这座岛。有一份史料说是五百个，另一份说是一千个"犹太望族"，"为了这座岛的利益"而到这里来[27]。这也就是说，奥斯曼政府有心将工商业的产能带进这座岛，而最能够和基督教欧洲人相处得好的，不是希腊人、意大利人，也不是基督徒。在和西方人打交道上，犹太人是靠得住的，希腊人或亚美尼亚人就不行了。奥斯曼人拿下（希腊）萨洛尼卡港（Salonika）之后，大批的犹太人也基于类似的考量，开始到这里定居。这场活动，有部分是因为奥斯曼的政策，他们想在这个具有关键性的海港，塑造出在经济上有利、政治上可靠的人民。

16世纪期间，欧洲犹太人在奥斯曼政府中，发挥了各种长才。可以看到，他们在海关部门——在马穆鲁克埃及，这个部门就有很多犹太人——他们在欧洲语言和风俗方面的知识，使他们胜任愉快，可以看到他们被任用在各种外交活动上，有时职位还很高。他们不管是交涉、旅游或劳动，都有奥斯曼政府的保护。根据西班牙的史料，后来连奥斯曼派到基督教欧洲的特务，也用了不少犹太人[28]。

希腊人没有太亲近西方，但仍怀抱着恢复拜占庭帝国的希望，亚美尼亚人多半还是留在小亚细亚南部和东部，几乎被西边的土耳其人孤立。相比较来说，犹太人刚好可以派上用场，土耳其人对他们比较放心。

除了犹太人之外，也有别的来自受迫害的基督徒族群的难民，例如东仪天主教徒，以及为数不少的改宗者，在穆斯林史上叫做 muhtadī，亦即找出正路的人。

到了17世纪，这两种难民和改宗者，就大为减少。这一方面是因为欧洲的情况有所改善。宗教战争以后，欧洲人总算在宗教事务方面学会了点容忍，基督教异议分子，甚至犹太人也就较不需要离开家乡，避居国外。就先前有心到奥斯曼帝国追求富贵的人来讲，欧洲人的地理大发现和新世界的殖民运动，都提供了较好的机会。有不少本来想在奥斯曼或其他穆斯林政府当官的人，现在找到了新路，到美洲或是新的殖民地去了。

犹太人和希腊人在奥斯曼的消长

相对于欧洲及其海外资产越来越吸引人，中东和伊斯兰世界，大致上也就越来越缺少吸引力，进入了政治、经济衰退的时期。不过背教者（renegades）*的运动还是持续进行。最后的重要的团体就是海盗，他们在17世纪初从西欧移到北非，将他们的航海和打劫的技术，提供给柏柏尔穆斯林海盗。

曾经受过重用的犹太人，不再从欧洲过来了。那些待在土耳其的犹太人，渐渐失去了他们的技术和关系。还是有少许的难民或有心人，会到土耳其寻求庇护或富贵，但其中只有一个团体有过重要的贡献，这就是匈牙利人和一些波兰人。波兰人在1848年的起义失败之后，逃离匈牙利，在奥斯曼帝国找到居住和工作的地方。1848年的这些难民，有些人改宗伊斯兰，在奥斯曼政府中爬升得很快。在19世纪中期，土耳其行政和军事设施的现代化过程中，他们扮演了一定的角色。

改宗者和难民不再过来之后，帝国中的那些人就失去了先前有用的特质，而被别人所取代。虽然少数欧洲人还是会过来，但现在会有些人去欧洲，尤其是希腊人。到了17世纪中期，他们不再奢望恢复拜占庭帝国，并克服了先前对西方基督教的敌意。奥斯曼领土中的希腊基督徒，开始让儿子到欧洲留学，通常是意大利，于是意大利大学的希腊毕业生，尤其是医学院的毕业生，扮演的角色越来越重要。希

---

* 一译叛教者，与改宗者同义，但在立场和语气上有所不同。——译者注

腊人之后就是奥斯曼别的基督徒，尤其是和罗马有所往来的东正教教徒。从16世纪末开始，梵蒂冈当局和中东基督徒之间的往来，日渐活络。教会派代表到黎巴嫩等地，东方教会的社群也在罗马设立教团。受到这种对欧联系的影响之信徒，人数越来越多，包括了希腊、亚美尼亚、科普特、（黎巴嫩）马龙派（Maronite）、（古巴比伦）迦勒底（Chaldean）和叙利亚等教派的天主教和东仪天主教徒，这些信徒有时还会接触到正教、甚至穆斯林邻国人。由天主教亚美尼亚默基塔尔（Mekhitar）在威尼斯所建立的经院和修会，一时之间成为亚美尼亚人在整个东方的学术重镇；黎巴嫩山区操阿拉伯语的马龙派，他们当时的欧化或多或少也影响到整个叙利亚及其他地方。希腊人不同于犹太人，他们能够维持并扩大对欧洲的接触，借着制度来延续他们的权势，这方面的新知，使他们能在奥斯曼国里有所斩获。来自西方的、曾经在苏丹或宰相底下任职的犹太大夫，被拥有意大利学位的奥斯曼希腊人取代。在各方面，他们的职位都比犹太人来得高。因为地缘的关系，他们也更了解土耳其人及其语言。身为基督徒，他们对欧洲的关系更好，享有欧洲基督教政府和通商公司的保护，他们当然宁可牺牲犹太人，采用地方上的基督徒。在基督教欧洲人重要过穆斯林土耳其人的那段期间，这个考量变得更为重要。

轻忽使节的派遣

基督教国家和伊斯兰国家之间的外交关系，既然几乎全是基督教界派到穆斯林朝廷的代表所行使，有时也就难免要在异教区冒险。从16世纪开始，出现了三个对欧交涉最频繁的伊斯兰国家——土耳其、伊朗和摩洛哥，他们派特使或商人到欧洲各国，次数越来越频繁。

这些国家刚开始时找的人，主要还是来自当地的非穆斯林社群，甚至是来自欧洲的背教者或投机分子。在穆斯林失势时，这些人就更不需要改宗伊斯兰，便还能保有有关欧洲，亦即它的人民、政府和语言等的实用知识。后来欧洲派遣使节到伊斯兰世界的方式，甚至有时变成，穆斯林国把之前到来的洋人，充作传信的使节，派遣回他们的本国。这样的例子有安东尼和罗伯特·雪莱兄弟（Antony and Robert Sherley），他们在1598年从英国来到伊朗。英格兰的埃塞克斯伯爵（Earl od Essex）为了联合波斯共同对抗奥斯曼，派遣了安东尼·雪莱，后来就待在波斯军中，教练士兵欧洲的战技。1599年，政府让他以特使身份回到欧洲，但却没有什么结果。他的弟弟罗伯特·雪莱还待在伊朗，1607年沙王将（高加索）切塞克斯（Circassia）酋长的女儿许配给他，并在1608年派他到欧洲执行另一项外交任务，后来，英国和伊朗之间建立了外交和通商关系。把此等的任务交给洋人和异教徒，可见其重要性之小。

出使欧洲的，偶尔也有穆斯林的官吏。土耳其巴耶塞特二世（Bayezid II）苏丹，派了位叫做易司玛仪（Ismail）的特使，带着国书和礼品给几个欧洲朝廷，包括佛罗伦萨、米兰和（意大利）萨伏伊。我们听说，莎士比亚时代，伦敦来过一位摩洛哥大使，奥赛罗这个莎翁戏剧角色的灵感或许得自于他。此外，16世纪末17世纪初，土耳其人也派出特使到维也纳、巴黎及其他首都。1581年，至少有两个土耳其特使团来到巴黎。第一个是土耳其穆拉德三世（Murad III）。苏丹为了小儿子穆罕默德（Mehmed）的割礼，来请法王亨利三世（Henry III）去观礼。特使团包括了四位试食侍从官（çaşnigirs），这是穆斯林朝中重臣的官衔。第二个特使团，是由一位叫做阿里·伽勒比（Ali Çelebi）的大臣带领，他带了更新过的条约与国书给亨利三世。根据史料记载，法国方面不太乐意接待这个特使团。这个土耳其特使团，在威尼斯等了三个月才被允许进到法国。连派驻在威尼斯的法国大使，也不乐意接待这些土耳其人，他在写给国王的报告中表示，"特使团的目的很可能是有违基督教的"。派基督教使节团到伊斯兰国家，这可以接受；但在基督教国家的首都接待穆斯林特使团，这就不行。不过后来法国大使改变了主意，国王也接受了土耳其人来到巴黎，并热情地接待了他们。根据记载，另一个出使法国的土耳其使节团，时间是在1607年，奥斯曼的侍从官（çauş）带了一封苏丹的国书给亨利四世，这显然只是礼貌性的访问[29]。

侍从官的职级只比信使略高，是例行性的派到地方首长处传信的，而这样的选派也显示，奥斯曼人对这种"外交"交流有多不重视。过了一段时间之后，苏丹才开始派遣有着大使（elçi）职衔的特使团到维也纳，以及（之后的）其他欧洲首都。

穆斯林的游记及其观点

一般来讲，欧洲人和土耳其人一样，宁可去伊斯坦布尔办事，而不愿在他们的首都办事。在伊斯坦布尔，洽谈可以在私下进行，欧洲的特使可以假冒成和做生意有关。土耳其特使团访问欧洲，会让人怀疑，某基督教国家想和土耳其人结盟，来对抗别的基督教敌手，多半国家都有心尝试，却很少有不怕被发觉的。由于两方都有所顾忌，派到欧洲的特使团也就不多。根据记载，来到巴黎的土耳其特使团，一个是在1640年，另一个是在1669年；据说莫里哀的剧本《贵人迷》（*Le Bourgeois Gentilhomme*）里头土耳其人访问的一幕，就是得自于此。

由别的伊斯兰国家所派的特使团就更少了。路易十四时代，波斯出使巴黎的特使团相当引人注目[30]。摩洛哥的特使团也出现在不同的场合。有些特使团关心的，似乎是赎回在地中海被俘虏的同胞。1614年，奥斯曼首度派往荷兰海牙（Hague）的特使团，就是其中一例。该团的特使叫做叶莫·阿嘉（Ömer Aga），官阶在侍从官和外交官（Müteferrika）之间；他带了两位通译官，一位是来自希腊纳克索斯岛（Naxos）的罗马天主教徒，名叫吉安·吉阿科摩·贝勒格罗（Gian Giacomo Belegro），另一位据说是位西班牙犹太人，他的名字叫做易卜拉欣·阿本山卓（Abraham Abensanchio），显示了伊比利半岛的混血血统。这种一位基督徒和一位犹太人的搭配，自然是用在互相核对[31]。

值得注意的是，早期从伊斯兰国家派往欧洲的所有使节团的报道，根据的都是西方的史料。就穆斯林官方史家来说，这种代表团的派遣和任务还算不上大事，不值得注意。目前有官方记载的第一个穆斯林使节团，是土耳其大使卡拉·穆罕默德（Kara Mehmed）帕夏的代表团，1665年他们出使维也纳[32]。这是为了签订奥斯曼和奥地利之间的（匈牙利）瓦斯瓦（Vasvar）和约；目的在建立双方的友好关系。就奥斯曼特使团来讲，这似乎是前所未有的大阵仗。这个团的团员有一百五十人，其中至少三分之一都有特定的官衔。通译官是位知名的欧洲学者法兰索瓦·德梅斯尼恩·梅宁斯基（François de Mesgnien Meninski），当时他是面对奥地利皇帝的主要通译。梅宁斯基以意大利文写的长篇报告，题目叫做《论1665年至1666年奥斯曼、奥地利两国间的大使外交关系》，目前保存在维也纳的档案室，似乎是用做仪式和程序方面的指南，以接待后来来访的奥斯曼使节团。土耳其方面保留了这个特使团的两份记录，其中一份是大使自己的官方报告[33]。

虽然特使团在维也纳待了九个月，帕夏的报告却简短、枯燥，只局限在报道他自己的官方活动；在受访国方面谈得很少。不过他在这次访问带出了别的机缘，使得土耳其方面的知名人士，开始描写起这个奥地利首都。埃夫利亚·切莱比（Fvliya Çelebi）不愧是卓越的游历者，可惜也是位太厉害的小说家。他让读者知道，他的用意是娱乐多过教导，故事只要有趣，就不在乎它是否真实。在他十册的《游历之书》（Seyâhatnâme）中，他叙述了许多他到过的国家，以及更多不曾到过的地方。除了自己的见闻，他也讲述不少得自别人的消息，且并不考证这些是否确实。在第六册里头，他描述了一场参与过的、带有神秘色彩的远征，这是和四万名鞑靼骑兵经过奥地利、德国、荷兰而抵达北海的长征。在第七册里，他记录了他游历过的奥地利，据他的说法，当时他是卡拉·穆罕默德帕夏特使团的成员。由于这位作者对史实的态度有点微妙，所以很难断定他的说法中的真实性。曾经有人指出，他不曾去过维也纳，而是把回国的使节团成员的讯息当成材料，以一定的用意加以编写的。一份证明艾佛利亚到过维也纳的同时代史料，推翻了这项指责[34]。所讲的事情大半都显示出直接的观察，尽管他的表现手法并不一定严谨。

他所描写的奥地利皇帝，可以代表他的叙述手法：

> 不禁要怀疑全能的主，是否意欲将他造成男人……他年纪轻，中等身高，没有胡须，窄臀，不太胖，也不很强悍的样子。
>
> 在主的安排下，他的头呈瓶状，头顶戴着的既像是一颗梨，又像是狂舞托钵僧的头冠。他的额头平得像块板子，两道粗黑的眉毛吊在两边，底下是淡褐色的眼睛，圆得像圆圈，并衬着黑色的睫毛，有着猫头鹰的眼神，脸形细长得像狐狸，耳朵大得像双小拖鞋，红彤彤的鼻子像葡萄，尺寸大得像希腊茄子。大大的鼻孔，每个可以插进三根手指，暗淡的头发，长得像是三十岁流氓的髭须，乱糟糟的和他上唇的髭毛长在一起，黑黑的胡子长到耳朵那边去。嘴唇肿得像骆驼，嘴巴大得可以含住整条面包。耳朵也是宽大得像骆驼。一讲起话来，嘴巴和嘴唇就溅出口水，仿佛呕吐了一样。这时，站在两旁的漂亮小侍童，赶紧拿大大红红的手帕把口水擦掉。他自己就一直拿着梳子梳他的头发和胡子。他的手指头长得像小黄瓜。
>
> 照着全能的真主的意欲，这边所有的皇帝，长得都一样面目可憎。不管是在他们的教会或官邸，甚至在钱币上，皇帝的人像都是这个丑样子；说真的，要是有画家把他画成英俊的脸，还会被他处死，他会觉得这是在丑化他。因为这些皇帝，为自己这副丑模样感到很得意。[35]

尽管显然有所夸张，埃夫利亚·切莱比仍然是第一位打破不加闻问的鄙视那种传统模式的人。他所描述的奥地利，不仅展示出一个不同于奥斯曼的社会，且那个社会在某些方面还是较好的。他讲了一两个例外，像是他比较了欧洲和奥斯曼现行的计时器，或是讲到维也纳圣司提凡大教堂（St. Stephen's Cathedral）那保存良好的大图书馆。不过他在他的奥地利见闻和本国读者所知道的之间，有意不做太精细的比较。话说回来，在他讲给读者的长篇故事里，还是可以看到不少重要的事物：纪律严明的军队、组织完善的司法系统、发达的农业、兴旺的人口，以及规划和管制得当的、繁华的首都。

另一位大使的不同观感

若在指出差异之外，也同时点出，一些异教徒的事物似乎是更好的，这种暗示在后来鼓舞了一些游历者。从此之后，这就成了出使欧洲的土耳其大使的惯例：在回国后写下介绍，叙述他们的见闻，以及(尤其是)他们的作为。许多这类的介绍，土耳其文叫做"sefaretnâme"，亦即使节的书或信，便从17世纪末和18世纪保留到现在。目前所知最有意思的，是穆罕默德埃芬迪（Mehmed Efendi）的介绍，一般叫做耶米谢其兹·切莱比（Yirmisekiz Çelebi）二十八大人（他曾经担任过以二十八位侍卫组成的侍卫队队长），曾在1720年到1721年间，以奥斯曼大使的身份，来到巴黎路易十五（Louis XV）幼主的朝廷。穆罕默德埃芬迪算是位政要，曾经担任过全权大使，促成了1718年帕萨罗维茨和约的签订。后来他还担任过出使维也纳的大使，以及帝国的财政大臣。根据法国的文献，他的任务是告知当政者，苏丹愿意同意（以色列）圣墓（Holy Sepulchre）教堂的必要修复。他也商量到地中海的马耳他岛骑士的打劫、赎回本国的俘虏和别的政治、外交事项。除了较迫切的任务，他还被交代"要通盘研究其开化和教育的各种手段，并介绍应用在本国的可行办法"。这些办法见于他的使节信里，这封信有着罕见的篇幅和趣味[36]。

穆罕默德埃芬迪是奥斯曼首位长驻巴黎的使节，不管到哪里，都是受瞩目的对象。当他沿着运河游巴黎时，民众为了看到他，聚集在河岸旁。有的好奇民众掉进了水里，有的还被警察鸣枪警告。他在波尔多港，看到了前所未见的壮观景象：

我们可以在这里看到涨潮和退潮，这是之前就听说过的。在二十四小时之内，海水会这样重复两次……我亲眼看到了河水涨落的落差，超过一肘尺（约半米）……如果不是亲眼看到，很难有人会相信的。[37]

他在巴黎受到君臣们的款待，并再度受到平民、甚至贵族的好奇所困扰：

他们站在寒冷的雨中发抖，直到半夜三四点，不肯离开。他们这种好奇令我们感到惊讶。[38]

大使在适当的程序下，递交了国书给法国国王：

我告诉他，能够见到像他这么一位非凡的大人物，这种快乐使我们忘记旅途上所有的辛劳，但这不过是客套话。其实要是我真的一一讲起，我们在（法国）土伦港（Toulon）到巴黎之间所经历的艰苦，连天仙们也会招架不了……[39]

穆罕默德埃芬迪的法国见闻，尽管既长又有趣，但从头到尾都看不出，他有拿它和奥斯曼社会做比较的明显用意。不过他并不缺乏观察力，两者的对照通常是含蓄的。他叙述了观测站及其科学仪器、医院及其解剖室、戏院和歌剧院等的文化活动、法国的工业和手工业，以及宫殿、庭园的建筑设计等；连同他所经过的马路和运河、桥梁和水闸，都组成了一幅完整的，甚至美好新鲜的世界景象。就像当代一位土耳其史家所说，穆罕默德埃芬迪在1720年出使时，所见闻的巴黎，已经不再是艾佛利亚·伽勒比所看到的维也纳能比拟，亦即不再"以边塞将士的自豪眼光"来看了。艾佛利亚的观点，还是执著于前不久苏莱曼大帝时代的光辉记忆；而穆罕默德埃芬迪则经历过战败与屈辱——二度围攻维也纳的失利、从匈牙利败退，以及卡尔洛维茨和约和帕萨罗维茨和约。奥斯曼人不只是撤出了中欧；只要回顾一下前一个世纪，就知道他们面临的，是新的、可怕的威胁——俄罗斯的进逼。

德圣西门（de St. Simon）公爵在逗留巴黎期间，似乎见过这位土耳其大使，他指出："巴黎所能提供给他的一切，他都有所体会与洞察……他似乎了解机械和生产，尤其是铸币和印刷。他好像懂得很多有关历史和好书的卓越知识。"[40]圣西门还指出，这位土耳其大使有心在回到伊斯坦布尔之后，创办印刷厂和图书馆，后来他真的完成了这个目标。其实后一件事似乎是和他的儿子一起完成的。他也叫做穆罕默德埃芬迪，他跟着父亲一起去巴黎，后来在外交方面有很出色的成就，甚至还担任过大臣。

学者政要的记载和观感

其他奥斯曼的大使们，访问了伦敦、巴黎、柏林、维也纳、马德里和圣彼得堡，也都报道了他们的活动。这类使节信形成某种格调，这类报道的写作成为某种小型的文类。这种文类的政治性内涵，不太令人满意。对大使们所交涉的事，讲得太少，欧洲政治的一般状况谈得也不多；后来就成为流水账，几乎都是一定格式的活动和主题。像这样缺乏政治性的评论，理由之一或许是，这些报道根本不是机密文件。当穆罕默德埃芬迪在1721年从巴黎回到伊斯坦布尔时，他为了礼数，寄了份报告副本给法国驻伊斯坦布尔大使，大使让通译译成法文，后来在这两个首都出版。在预期会有这种传播的情形下，这位奥斯曼大使是不太可能说出什么具有政治重要性的话。但可以合理假定的是，奥斯曼大使们除了使节信之外，还会另外写些东西来强调自己的成就。不过，从奥斯曼档案室所得的资讯来判断，就算到了18世纪末19世纪初，这类额外的报道也仍不多。

话说回来，大约从18世纪中期开始，就有一些变化了。土耳其大使写的报告，在品质上有明显的进步，他们变得较有观察力，也得到较多的讯息。他们更用心在欧洲的政治局势上，有时对外交活动进行分析，偶尔也有分析长程历史趋势的佳作。最少有两位土耳其特使,在大阿拉伯史家伊本·赫尔敦的《序论》中找出分析工具,该著作在土耳其传诵了一段时间,之后不久被译成土耳其文。有趣的是,他们用赫尔敦的话来说明欧洲的事件。瑞斯米埃芬迪(Resmi Efendi)大使在1757年到过维也纳,1763年到过柏林,他谈到了外交革命(Diplomatic Revolution)*之后欧洲局势的变化,以及普鲁士的崛起和打赢的胜仗。"用伊本·赫尔敦的话来讲,新成立的国家要完全制服旧国家,决定于时间的长度和事件发生的顺序。"[41]二三十年之后(1790年),另一位到柏林的奥斯曼大使阿兹米埃芬迪(Azmi Efendi),将欧洲人的苟安心理归咎于失去朝气,亦即伊本·赫尔敦所说的进入衰弱时期**。两个人对德国政治局势的看法,显示了知识和洞见,尽管瑞斯米在谈到柏林人就要快皈依伊斯兰时,是做了不太正确的判断[42]。

18世纪末最知名的奥斯曼外交家之一,就是瓦瑟夫埃芬迪(Vasif Efendi),他在1787年到1789年间被派驻马德里[43]。他是当时数一数二的大学者,有着多年帝国史家的地位。后来他成为宰相的国务卿(Reis Efendi),这是在外交界受人瞩目的职位。他在派驻西班牙期间,结交了英国文人威廉·贝克福德(William Beckford),后者在日记里谈过这位国务卿。瓦瑟夫在这段经历中,表示了他对西班牙人的一些失望。他从这件事开始谈起:回想起到欧洲的奥斯曼人在通过检疫时,常会碰到的困难——欧洲政府多半会设置这个关卡,来预防东方游客可能带来的感染。他的船来到了巴塞罗那,从这里将再到瓦伦西亚,他在那里,为了和西班牙司令官互送礼品的事感到很不愉快。他已给巴塞罗那的"将军"送了个"很精致的皮包",所以也送给瓦伦西亚的司令官同样的礼品,他说司令官是"地位仅次于宰相的人"。结果令瓦瑟夫很不高兴:"他回送我两瓶橄榄油。从这里就看得出西班牙人的小气和民族性。"[44]

另一个重要人物,是埃布·巴其尔·拉提布埃芬迪(Ebu Bekir

---

* 该词即源自18世纪奥地利继承战争前后、强国间的合纵连横,及其外交关系的急剧变化。——译者注

** 之前法国的流血革命和暴民政治,给当时的欧洲人心带来一定的负面影响。——译者注

Ratib Efendi），他是 1791 年到 1792 年派驻维也纳的大使。他的使节报告并没有出版，但常被后人引用或提及。他写了相当大的篇幅，谈到奥地利的政治和军事，详谈了政府的结构、军队的组织，还略微评论了他们的社会。18 世纪末，有不少奥斯曼人士提到过奥斯曼的落后和衰弱，他是首先表示这种意见的人：问题并不在于奥斯曼人落后，而在于基督徒超前，以此暗示，基督教欧洲的实际状况，值得详加研究、甚至仿效[45]。

奥斯曼和摩洛哥报告的不同观点

感到有必要派使节到欧洲的穆斯林国君，不只有奥斯曼苏丹一人。摩洛哥的苏丹们，有时会派使节到欧洲，其中有些人会写下他们访问和活动的记录。他们一般的目的，是赎回被扣押在基督教国家的穆斯林战俘，尽管从马立克教法学派（Mālikī）来说，这算是个合法渠道[46]。最早留下详细记录的人之一，是大使加撒尼（Wazir al-Ghassānī）。他是摩洛哥出使西班牙国王查理二世（Charles II）的大使，在 1690 年到 1691 年间来到马德里。那位摩尔人苏丹，刚刚攻下西属北非的拉腊什（Larache）阵地，现在提议释放守军，条件是交换扣押在西班牙的 500 位穆斯林战俘，以及埃斯科里亚尔宫图书馆（Escorial Library）5000 本阿拉伯文手抄本。后来大使在苏丹的同意下，答应了不要手抄本，而以另 500 位战俘来代替。算起来，一位战俘就值 10 个手抄本。

加撒尼是个观察入微的人，他对西班牙的描述相当引人入胜，流传至今的第一部稿本，是由十字军收复失地时期结束后，一位摩尔人游历者抄写的。对于摩尔人西班牙的昔日光辉，和格拉纳达的不幸事件，他着墨不多，着墨较多的是当时的情势和事件，而且不只是西班牙，还放眼整个欧洲[47]。

后来派驻欧洲的摩洛哥大使，都向加撒尼看齐，尤其是派到西班牙的大使，该国是大家最关切的。尽管摩洛哥这种使节信，就像土耳其一样成了一种文类，亦即交代人、时、地、事的流水账，但有的报告还是蛮有意思。话说回来，十七八世纪摩洛哥和奥斯曼的这些使节报告，其中摩洛哥对欧洲的介绍还是令人惊讶的。摩洛哥使节对欧洲事务的观察，并不只停留在人和事的表面。他们在政治、宗教以及贸易和军事方面，常常能取得很好的资讯，且不只是对派驻的国家，对其他欧洲国家也能如此；不只能谈当时切身的事件，还能回溯到前一个世纪的历史。相对来讲，奥斯曼的访问官吏就较为漠不关心。他们对于欧洲的政局，观察得较少，一般来讲也较模糊、肤浅。他们的报告，通常局限在所碰到的人物和地点，很少用较大的眼界，亦即时间或地方方面的眼界来观察的。直到 18 世纪末，奥斯曼的欧洲使节，才开始在这方面给出较严谨的论述。

这种差异并不太难加以说明。在伊斯兰世界，摩洛哥被称作远西，阿拉伯文叫做"al-Maghrib al-Aqṣā"，亦即偏僻又孤立的小国。反过来说，摩洛哥人就很注意欧洲的威胁。他们看到过，属于伊斯兰世界数百年的西班牙和葡萄牙，被基督徒收复失地，本身也接纳过其中不少难民。更值得警惕的，是他们亲眼目击这整个过程：西班牙人和葡萄牙人高举着基督教的大旗，跨过海峡，登上了北非大陆。他们在 16 世纪所面临的问题，可以说也是土耳其人和埃及人在 19 世纪所遭遇的。他们对欧洲人的扩张，及促成扩张的军事和经济力量，随时保持警觉。所以自然而然，摩洛哥人对于可能造成威胁的国家，都得搜集到好的情报。

奥斯曼的状况就有所不同。奥斯曼帝国是个大世界，不是像摩洛哥那样的一个国家。另外，它也不是偏僻的边陲，而是握有伊斯兰的心脏地带。奥斯曼人所知的欧洲人，就不过是被他们征服并统治的那些人。再加上近几年来到奥斯曼朝廷的欧洲人，都是有求于他们，希望增进自己通商和外交利益的人。奥斯曼人的世界是广大、多样的，且大致来讲还是自给自足的。欧洲，尤其是西欧的偏僻地方，看来是既不带来收获，也没有什么威胁，所以不须加以注意。要等到 18 世纪后半期一连串的军事失败，才使奥斯曼的统治精英们警觉到，权势关系已经出现变化，他们才开始向外部的世界搜集情报，虽然那个世界曾是诡异而不值一顾，但现在毕竟是具有威胁性的。

使节眼光投向西洋

相较于土耳其人或摩洛哥，伊朗沙王更疏于派代表出使欧洲。波斯第一位访问英国的外交使节，名字叫做纳奎德·阿里·贝格 (Naqd A'lī Beg)，他大概是在 1626 年随同罗伯特·雪莱爵士去的[48]。唯一值得注意的是穆罕默德·里札·贝格 (Muḥammad Riẓā Beg)，他是 1714 年为沙王去往巴黎的，他的活动促成了次年法国—波斯条约的签订。这位大使的性格和活动，在法国轰动一时，在当地促成了不少肖像和文学，也曾是孟德斯鸠《波斯人书简》的灵感来源[49]。在伊朗方面，却没有任何资料显示这趟出使引起了什么注意。

波斯对欧洲的外交活动，其实是从 19 世纪才开始，当时一边有拿破仑战争的延烧，一边有俄罗斯的进逼，这才使得伊朗统治者的对内眼光，开始对外投向西方。在这些伊朗访欧代表当中，第一位值得注意的人，是哈吉·弥尔札·阿布—哈珊·汗·伊本·米尔札·穆罕默德·阿里·席拉吉 (Ḥajjī Mīrzā Abu'l-Hasan Khān ibn Mīrzā Muḥammad A'lī Shīrāzī)，一般叫做阿布—哈珊·席拉吉 (Abu'l-Hasan Shīrāzī)。他是前一任首相的外甥兼女婿，于 1809 年 5 月 7 日离开德黑兰前往伦敦，由英国著名的詹姆斯·莫里尔 (James Morier)，亦即不朽的《伊斯法罕的哈吉·巴巴的奇遇》(Hajji Baba of Isfahan) 小说的作者陪同。他的任务主要是，确认在 1809 年 3 月的草约中，英国答应提供给波斯的金援及其支付的方式。1810 年 7 月 18 日，他离开伦敦并返国，且由詹姆斯·莫里尔和东方学者葛瑞·欧斯莱爵士 (Sir Gore Ouseley) 陪同。1815 年，他担任特使，前往圣彼得堡，1818 年又为了特定任务出使英国。之后他就职掌外交事务，直到 1834 年法塔赫·阿里 (Fatḥ A'lī) 沙王去世为止。在这方面，除了许多英国文献，还有席拉吉自己未完成、也未问世的日志，讲到他在 1809 年到 1810 年间出使英国的经过[50]。第二个出使西洋的波斯使节，是胡笙·汗·马卡当·阿久丹—巴席（Ḥusayn Khān Muqaddam Ājūdān-Bāshī），这是位升任副司令的陆军将官，这可以从他的封号得知。1838 年，穆罕默德沙王派他前往欧洲，显然是要确保访德黑兰的英国大臣约翰·麦克尼尔公爵（Sir John McNeill）的返国。他沿途经过伊斯坦布尔、维也纳、巴黎，最后才来到伦敦，抵达时是 1839 年 4 月。胡笙·汗自己似乎没有留下什么记录，不过他的一位部属倒写下了这次任务[51]。

下面这一段显示了，他们多少意识到，有必要做好对西洋世界的关系：

> 一行人来到巴黎时，我设法弄到一本书，其中描述了人居世界中的各个国家及其实际状况，好对书中所提的各个国家做出摘要。当我们要离开巴黎，准备动身前往伊朗时，法国政府的通译官钟安宁（M. Jouannin）带来一份礼物，这是本有关全世界的地理书……我请贾布拉宜（Jabrā'īl）先生写下重点译文，他是位基督徒，担任这次任务的首席通译……
>
> 其实，自从欧洲人有心知道世上各国的实际状况以来，早已派专人到各地去记录情况，将所有资讯汇整在这部地理书中……假若沙英沙（Shahinshah）陛下……愿意交办任务，将这部书译成波斯文的话，这对伊朗王国和所有伊斯兰子民来讲，将会有长远的价值。[52]

从伊斯兰国家来到西洋的，当然不只有这些穆斯林外交人员。早在中世纪时，基督徒和犹太少数族群的人，就不断去欧洲，有的是为宗教，有的是为通商。其中有一位是（伊拉克）摩苏尔的迦勒底教士伊里亚斯·伊本·哈纳（Ilyās ibn Ḥannā）。1668 年，他走过意大利、法国和西班牙，并从这里搭船到美洲的殖民地。他差不多可以说是第一位走过新大陆并加以描述的中东人，他在这里仔细游历过秘鲁、巴拿马和墨西哥[53]。

可想而知，犹太人是入境随俗的。在整个中世纪和近代初期，基督教世界的犹太人，相较于伊斯兰世界的教友们，在人数上较少，文化层次上较低，重要性也较小。说到在犹太人从欧洲到中东方面，我们有许多记载，但是就他们从中东到欧洲来讲，却几乎没有资料。东方圣地的魅力，当然会吸引有学问或虔诚的犹太人来朝圣。相较于使节和商人，这些人也比较有可能留下游历的文字记录。尽管这样，有关地中海东部黎凡特的犹太人西行的游记，却是少之又少。除了之前提过的易卜拉欣·伊本·叶尔孤白的游记(他可能是改宗过伊斯兰的人)，唯一有点重要性的作品，就是来自耶路撒冷的拉比（犹太教的学者或宗教领袖），他叫做海姆·大卫·阿祖来（Haim David Azulay）。他在西欧四处募集资金，想在巴勒斯坦的希伯伦（Hebron）成立培养拉比的神学院。他总共走了三趟，第一趟时间在1753年到1758年间，走过意大利、德国、荷兰、英国和法国；第二趟在1764年，走过同样的国家；第三趟在1781年，只到意大利，之后就留在里窝那（Livorno），直到1806年过世为止。他将第一趟的经历写成书，直到近几年前才得以问世，稿本用的是纽约犹太神学院典藏的亲笔手稿[54]。

威尼斯土耳其客栈的故事

话说去欧洲的商人（甚至是穆斯林商人），虽然由于一定因素，相较于欧洲人到伊斯兰国家，他们的人数少了许多。不过他们至少在威尼斯有些重要性，甚至完成一些事情，这些事对来到伊斯兰国家的基督徒而言虽然很平常，但对到欧洲的穆斯林却很独特，即设立了当地的长期设施。有着希腊语源的阿拉伯文 funduq（客栈，一译货栈），这种设施在伊斯兰世界很普遍，提供人畜的过夜以及货品的寄放。到了中世纪末期，来到伊斯兰国家的各种欧洲贸易商，都可以拥有他们的客栈，后来就以其各自的国名和地方名而知名。所以在伊斯兰城市中，就有威尼斯、热那亚、法国或其他名字的客栈。

在欧洲的平行设施，只有在威尼斯的 Fondaco dei Turchi（土耳其人客栈）。威尼斯的史料显示，在16世纪末，威尼斯有过小型的奥斯曼商人侨民区。1570年，威尼斯和土耳其之间爆发战争时，威尼斯元老院接获报告，威尼斯特使（Bailo）马康多尼欧·巴巴罗（Marcantonio Barbaro）连同一些威尼斯商人在伊斯坦布尔被拘留，因此决议"对住在威尼斯的土耳其人民，及其留在该城中的货品，做同样的事，这么一来，不管有什么状况，他们的生命和财产，都有助于收回我们的人民及其财产。"[55]当中并没有交代商人的人数，或是货品的价格和数量。不过从后续的发展来看，为数应该相当可观，因为穆罕默德帕夏于1571年春捎信到威尼斯时，提议用拘留在伊斯坦布尔的威尼斯商人及其货品来交换。在被扣留在威尼斯的"土耳其商人"，里头有些可能是犹太人。根据威尼斯方面的报道，1571年5月，这些被拘留的人得到释放，并得以在意大利里亚尔托（Rialto）经商。而允许威尼斯人回到伊斯坦布尔经商、工作，也可能是交涉中的一部分。

另一份有关土耳其人在威尼斯的报道，来自当时西洋海军在勒班陀（Lepanto）打败土耳其人的记载，据意大利史家指出，当地的土耳其社群在当时出现了"失望、混乱的景象，十足东方式的夸张"。这些"土耳其商人"逃离里亚尔托，并连续四天闭户不出，以防被儿童们丢石头[56]。

1573年3月，威尼斯和土耳其之间签订和约，商务才照常进行。奥斯曼商人在威尼斯的人数开始增加，自然而然占了穆斯林人口的一定比例。1587年，威尼斯元老院决定将机构中的土耳其通译，从一个增加到两个。后来，穆斯林侨民社区的实际需求，使得威尼斯当局准许土耳其人开客栈，就像伊斯兰国家的基督徒商人所享有的权利一样。这种著名的客栈，在威尼斯其实已经有德国人的先例，亦即Fondaco dei Tedeschi（德国人客栈）。根据一份意大利史料，最早在1573年8月，也就是和约签订后不久，土耳其人就要求"为了商务上的便利,要求像犹太人拥有的集散地一样,给他们一块自己的地方"。相较之下,这种平行设施,比较可能发生在威尼斯商人,而不是土耳其商人。隔年,在威尼斯的一位希腊人,寄信给当地的总督,表示他懂得土耳其的风俗习惯,并指出,让土耳其人分散在城里各角落是有害的。他说土耳其商人很会"抢劫、引诱男童,以及强暴基督徒妇女"。他们还常常抢劫和杀人。所以他建议,比照基督教商人在东方所享有的设施,提供给"土耳其族自己的地方和客栈"。

1575年8月16日,威尼斯元老院接受了这项提案。1579年8月4日,天仙客栈(Osteria del Angelo)*被推选为土耳其人的客栈。几年之后,客栈就显得太小,容纳不下那么多商人、仆从以及大批的货品。史料指出,那些客栈只够容纳"波希米亚和阿尔巴尼亚的"土耳其人,而人数较少的"亚洲土耳其",还得找其他的客栈或民宿来落脚。这些土耳其人还显然受到地痞流氓的骚扰,以至于司法当局(Avogadori di Comun)在1594年8月布告民众,警告凡是招惹到他们的人,不管是言辞或行为,都可能处以放逐、监禁,或贬为划桨橹工等的惩罚。他们表示,共和国有心让他们"能够像以往一样安心、自在地生活和经商"[57]。

土耳其人客栈的存在,遭到过反对。1602年4月,威尼斯政府收到一封匿名的请愿书,理直气壮地从宗教、政治和经济各方面提出反对意见。请愿者认为,让一大批土耳其人聚集在一个地方,是很危险的。这可能会让他们打造起一间清真寺敬拜穆罕默德,甚至会发生比犹太人和新教的德国人之间所发生的更大的事件,土耳其人的好色作风,会把客栈变成"罪恶的渊薮"。这批人也可能被土耳其人的政治野心鼓动,他们有强势的海军和领导力强的苏丹,他们给威尼斯造成的危害,将远大过那些渺小的缺乏领袖的犹太人。这种设施也不会带来什么商业利益,因为这些由土耳其人从伊斯坦布尔运来的货品,本身就很不值钱。尽管有这些和别的反对意见,情况还是照旧,客栈有

---

* 所谓的天使,在穆斯林叫做天仙或天神。——译者注

了较大的新地方，并于 1621 年 3 月落成了新客栈。它的容量之大，可以让亚洲土耳其从别处换到这边来。不过就亚洲土耳其换地方来讲，还是有一些阻力，因为在这个大客栈里头，"波希米亚和阿尔巴尼亚土耳其"跟"亚洲和君士坦丁堡土耳其"之间，仍然有所区隔。

十七八世纪期间，客栈的生意有点衰退。它有时被迫休业，因为在威尼斯共和国和奥斯曼帝国之间爆发了冲突。常常拖得很久才重新开张，奥斯曼商人的回流也是缓慢而有限。根据报道，这栋建筑的老板数度抱怨，没有条件整修。老板们也不采纳这类的要求，因为在有限的旅客人数下，这么做并不划算。直到 1740 年，才出现若干整修。五十位客人连署，投书抱怨费用太高、设备太老旧，在多次理论和官方查验之后，老板们最后才同意小修一下。

两个方向的流动人口

可见从 17 世纪末以来，在威尼斯的奥斯曼商人人数慢慢减少，这是因为十七八世纪期间，经济衰退严重影响到两国的结果。现在几乎只限于几种原料的、奥斯曼的出口贸易更是大受影响。在 1699 年卡尔洛维茨和约签订之后，土耳其商人才慢慢回流威尼斯，其中多半宁可通过中介来运货，亦即尽可能避免经过异教徒的领土。到了 18 世纪末，奥斯曼商人重新出现在威尼斯时，其人口组成已有变化。向来是少数族群的所谓"亚洲人"消失了，据 18 世纪中末期的一般资料，这时主要是巴尔干人。另外，在人的阶层上也有变化。据 1750 年客栈的门房指出，在这群土耳其人当中，业务员多过商人[58]。

防范威尼斯人的偏执或敌意，以策安全，仍是这些商人关心的问题。1612 年颁布过一项法令，凡以言语或行为冒犯城内经商的外国人者，皆处以重罚。这类资料的数度出现，都显示了要保护外来或当地的穆斯林不受侮辱或损害，并不容易。依赖黎凡特贸易的威尼斯，如果没办法包容穆斯林的存在的话，本身是很难维持下去的。从西班牙到瑞典，政府和官府的法令，都禁止犹太人和穆斯林的入境和定居

(所谓的穆斯林通常指摩尔人或土耳其人)。西班牙政府在1713年的《乌得勒支和约》(Treaty of Utrecht)中,愿将直布罗陀海峡割让给英国,但却仍保留一项但书:"英王陛下采纳天主教国王的请求,不管在何种情况下,都不让犹太人或摩尔人在上述的直布罗陀城中定居或住宿。"值得一提的是,英王的谈判代表,几乎从一开始就不理会这项请求[59]。

另一方面,欧洲人之不愿接待穆斯林,正如穆斯林甚至其他中东人也不愿去往欧洲。少数的黎凡特犹太人,为了经商而定居在意大利或维也纳,他们仍和奥斯曼乡亲保持联系。除了威尼斯土耳其客栈的房客,和后来出现在马赛及维也纳的一小群土耳其人之外,还有一些穆斯林为了经商或其他因素,长期居留在基督教国家。能显示这两个世界的相对状况的好指标,就是难民的流动。相对于大批的犹太人和各种流亡的基督徒,从基督教国家逃到伊斯兰国家,采相反方向迁徙的人却非常之少。拜占庭帝国衰败期间,小批的希腊基督徒从希腊迁到意大利;后来,一小群黎巴嫩的马龙派基督徒和一些亚美尼亚人及希腊人(大半是东仪天主教徒)到罗马、威尼斯等欧洲城市定居。大致来讲,东方教会的基督徒认为,与其在基督教欧洲被看成分裂教会者,不如在穆斯林的土耳其做不信道的人来得自在。

两位流亡的亲王

在从东方到西方的迁徙当中,只有一小群难民有点重要性。有少数的奥斯曼亲王,在国内的政治斗争中失败,到欧洲寻求庇护、甚至支持,却都没有成效[60]。其中最出名的,就是穆罕默德大帝 (Mehmed the Conqueror) 之子叶姆亲王 (Prince Jem) 和他的兄弟巴耶塞特二世[61]。叶姆在要求继位失败之后,到罗德岛寻求庇护,那时是圣约翰骑士团在执政,之后在1482年,从那里搭船到法国。他设法争取欧洲当权者的支持,但他们似乎只把他当作对付土耳其苏丹的人质,所以没有结果。因此一时之间,他在圣约翰骑士团的看管下,被软禁在法国。他有一小队土耳其随扈，其中有位叫做海达（Haydar）的，留下了一本回忆录，大概是最早由到欧洲的土耳其人留下的记载。他在法国和意大利简短记下的地点和人物，颇能代表土耳其人的惊讶、反感和漠视。

亲王在尼斯待了四个月，看起来过得还蛮愉快。他的一部分消遣是参加舞会，回忆录的作者也在场，他也像后来许多穆斯林访问者一样，被这种陌生的欧洲习俗震撼：

> 他们带来城里的漂亮小姐，像公鸡一样地嬉闹。在他们的习俗，女人是不用遮头盖脸的，相反地，还以亲吻和搂抱为能事。玩累了需要休息时，就随意坐在陌生男子的膝盖上。她们的脖子和耳朵都没有遮盖。亲王和其中好几位漂亮小姐发生过关系。亲王待在尼斯期间，作了这样的对句：
> 尼斯城真是美妙的天地，
> 勾留的男人可随心所欲。[62]

后来骑士团和教宗英诺森八世（Innocent VIII）觉得，"为了基督教国家的整体利益"，请叶姆亲王移驾罗马，抵达时间是1489年3月4日。十天之后，他接受了教宗的款待，后来在他的基督教监管人之间，就有很多的盘算和密商。1494年，法王查理八世（Charles VIII）来到罗马，从教宗那里带走了叶姆一行人。他陪同法王在那不勒斯附近一游，但在途中就生了病，而于1495年2月25日在那不勒斯去世了。根据后来苏丹方面的传闻，是教宗授意毒死他的。这位流亡的奥斯曼亲王留下遗嘱，交代要公开他的死讯，以阻止那些不信道者，假借他的名义来攻击伊斯兰。他也交代他的兄弟，将他的尸体送回奥斯曼国，还清他的债务，照顾他的母亲、女儿和其他家属。遗嘱照办了。

叶姆在法兰克人那里的经历，也在土耳其人这边留下了些记录，他毕竟是奥斯曼的亲王。他也是位出色的诗人，他的诗被收录成两本诗集，一本是波斯文，一本是土耳其文。除了上述的回忆录，也有许多相关文献，保存在土耳其的档案室中。其中包括了叶姆的一些亲笔信件，其中甚至简短记叙了他们如何盘问一个奥斯曼特务的，这是伊斯坦布尔派来监视他活动的人。

另一位流亡者名气很小，他是黎巴嫩亲王法克赫·丁·曼（Fakhr al-Dīn Ma'n）。他是个随机应变的人，曾分别被描写为穆斯林、德鲁兹教派（Druze）穆斯林，或是基督徒。他在反抗奥斯曼人失败后，被迫离开黎巴嫩，1613 年到 1618 年间，他待在意大利。在里窝那港靠岸之后，他在佛罗伦萨待过一段长时间，接着到西西里岛，返乡之前在那不勒斯。有关他的游历和印象的记录，很可能是由他亲自口授的。后来保存在他的作传者那里。逗留欧洲所带给他的影响，以几种方式显示出来。他在贝鲁特打造了一座意大利风格的宫殿，将意大利托斯卡纳（Tuscan）各领域的专家带到黎巴嫩，并将一笔给自家子弟的钱，存在佛罗伦萨的银行，这可是个有意思的创举[63]。

双方的特务

话说回来，就奥斯曼人到欧洲而言，除了大使之外，具有重要性的记录也就这些了。有关在威尼斯的土耳其社群，还可以借助威尼斯的文献和编年史来查证，但在土耳其史料方面，就目前所知，确实不曾提及。可想而知，在土耳其官方史家所划定的范围来说，一小群巴尔干商人的流动和活动，是引不起兴趣的。只有在奥斯曼为了保护其海外人民而进行强势干预时，才偶尔记上一笔。

就提供西方讯息的人来讲，除了使节、商人和朝圣者，一定还有过另一种人，那就是特务。理所当然地，有关他们的活动所能取得的史料并不多。地下工作本来就是在地下，这种组织的活动通常是没有公开文献的。不过根据史料，还是可以指出两点：穆斯林官方确实有派遣特务在基督教国家活动；第二点，相较于对方在伊斯兰国家的活动，穆斯林的活动规模较小，也缺乏实效。

运气好的话，我们能够发现这类执行任务的特务，及其进行的工作。前面就提过一个例子，1486 年，奥斯曼派出过特务，到法国监视流亡的叶姆亲王。一位奥斯曼亲王，这是当权的苏丹的兄弟、失败的领袖候选人，他的到来对基督教国家的统治者来说，显然是个诱因和机会。在为期十二年的滞欧期间，叶姆亲王成为一连串阴谋诡计的焦点，目的在以一定方式，利用他来对抗奥斯曼帝国。苏丹当然随时注意着他的对手，也有过许多迹象，显示他们有意通过外交和情报手段，先找到这位流亡的亲王，再来就是拘捕或除掉他。在伊斯坦布尔托普卡珀宫（Topkapı Palace）的档案室中，存有不少关于叶姆亲王的档案，其中有一份名叫巴拉克（Barak）的人所写的报告，他是土耳其海军上校，到过意大利和法国，并在法国找到这位流亡的亲王。在土耳其政府的各个部门里，最可能懂得欧洲情况并略通欧洲语言知识的，就是海事人员。他应该也能轻易进入欧洲，而不引起太大注意。这份档案像是在作证，主要在讲他到达目的地之前的经过。看来他是照着任务，做了份完整的口头报告[64]。

另一位有意思的人物，是目前所知最早访问过英国的奥斯曼代表。他的名字在不同资料上有着不同的形态，最普遍的是加布里耶·德佛伦斯（Gabriel de Frens）。他虽是土生土长的法国人，却也有中东的血缘，父亲曾在亚历山大港担任法国领事，年轻时就被（南斯拉夫）达尔马提亚的土匪抓走，并卖给土耳其人当奴隶。皈依伊斯兰教之后，他取了马哈茂德·阿卜杜拉（Mahmud Abdullah）的名字，并进入苏丹政府部门，在情报和组织方面相当能干[65]。

基督教国家在这种工作上，各方面的情形都较好。专责的人都精通中东的语言。他们在中东国家从很早就开始拥有当地的族群，更重要的是，在伊斯兰国家里头，基督教国家拥有大批潜在的支持者，以及当地基督教群体中的成员。从资料中偶尔出现的零星资讯来看，从拜占庭皇帝到近代的基督教诸国，伊斯兰帝国的欧洲对手，在情报工作方面显然是不遗余力。

介于两个世界之间的检疫站

不消说，穆斯林也有同等的需求，但却没有同等的机会。在基督教欧洲，并没有穆斯林社群。凡是在那些被收复的土地上的社群，像西班牙、葡萄牙和意大利南部的，都很快就消失了。有若干证据显示，在16世纪期间，奥斯曼人能在西班牙国内拉拢到犹太支持者——但不清楚到什么程度。他们没有在欧洲的侨民，到访者也少，所以严重缺乏有关欧洲语言和形势的第一手知识。若要获取这一类情报，主要大概有两条渠道：犹太人，尤其是前阵子才到过欧洲的，以及混入某穆斯林政府部门的基督徒背教者或投机分子。

现存的一些文献，可以大致显示，这牵涉到哪一类人，以及他们能提供哪一类的知识。前面提过，14世纪的埃及作者乌玛里('Umarī)，他在作品中所谈到的基督教欧洲国家，据他说是得自一位热那亚人，名字叫巴尔班（Balban），据说是个获得释放的奴隶。巴尔班自称多明尼其诺（Domenichino），为热那亚多里亚（Doria）望族的塔迪欧（Taddeo，拼字不太确定）之子。乌玛里的叙述，从法国的皇帝和国王开始，大致谈了普罗旺斯和意大利各城邦的一些细节，并讲到法兰克人来叙利亚及离去的原因。他在结尾处还为讲到这些事情而致歉。

> 我们简短叙述了法兰克人的情况，仅仅是因为这进入了我们先前指出的、有关法兰克人的国家和气候的范围。否则它应该被排除在本书的范围外，尽管这并非全然没有益处……[66]

就穆斯林到欧洲来讲，有其实际上以及意识形态上的障碍。早在14世纪，大家先是在威尼斯和（意大利）拉古萨（Ragusa），之后在马赛和其他基督教海港，开始对瘟疫采取预防措施。这到后来就发展成一项制度，亦即所谓四十天的检疫期，这是15世纪威尼斯当局，用在来自奥斯曼帝国的所有入境者。随着西方、东方在公共卫生标准上落差的加大，检疫成为永久的制度，并成为防止欧洲人受感染的必要措施。检疫执行得非常严格，不分宗教或国籍、身份或法律地位。大使和大商人也要跟普通的朝圣者一样地遵守，出境的贵族也和入境的穆斯林一般同等处理。穆斯林大使多半会抱怨这种检疫站，这自然使得他们感到恼怒及有损尊严。部分问题是出在，在他们接受隔离检疫时，当地人得以就近注视他们。穆罕默德埃芬迪在 Cette，亦即法国南部的一个检疫站待了一段时间，当时他指出："我在散步时有一群男的，尤其是女的过来围观……女人开始聚成一组十个，不到五点日落后不肯散开，因为这些女士算起来都是邻居……为了看到我而聚到这边来。"[67] 瓦瑟夫埃芬迪（Vasif Efendi）描述："检疫站是用栅栏围起来的，围观者从各个方向过来，远远跟我们打招呼。既然他们一辈子也没见过我国的同胞及其穿着，便都显得非常惊奇。"[68] 有时检疫人员会为了这些大使的尊严，而给一些礼貌性的托词。所以 1790 年访问柏林的阿兹米才会报道说："将军亲自来到我们的宿舍，并说：'您本来是不用在检疫站里头等的，但要是我们不将您委屈在这里，人民是会为这个讲不少话的。'他设法用这些话为自己开脱。"[69] 这个检疫期，成为基督教和伊斯兰彼此密切沟通的主要障碍。19 世纪初，一位到东方的英国人，出色地描绘了这个障碍在物质上和心理上的冲击：

> 这两座边境城市，相距不到一颗子弹的射程，但两边的人并不相往来。这块三不管地带，北边属匈牙利人，南边属土耳其人和塞尔维亚人，彼此相距之远，仿佛隔了五十个省。走在塞姆林（Semlin）的街上，人们行色匆匆，大概没有人曾经往下走，去看看住在对边堡垒墙下的外族。将人分隔开来的，是瘟疫和对它的恐惧，一道象征这种恐怖的黄旗，禁止了所有流动的摊贩。如果你敢触犯检疫的规定，马上就会遭到军事审判；法官会站在五十码外的审判桌前，大声喊出你的判决；教士不再是在耳边轻声告诉你宗教美好的希望，而是隔了大段距离安慰你，然后你会被小

心地射杀，并草草埋在检疫站附近。

等到准备好离开的时候，我们往下走到检疫当局的处所，这里有奥地利政府的"居间"(compromised) 官吏在等着我们，他的任务是监督人们通过边界，为此，他得生活在一种长久隔离的状态。小艇和"居间"的划船人也都准备好了*。

只要接触过奥斯曼帝国的什么人或物，在经过奥地利时，就得忍受十四天的隔离检疫。所以我们觉得，在做这件事之前，要确认该安排的事都没有遗漏掉；为了担心会出事，出境的准备工作；办得好像是自己的后事一样。之前接待过我们的一些人，下到河岸旁来跟我告别；现在我们和他们站在离"居间"官五步远的地方，他们问我们是否都处理好了家乡的事，以及是否已经没有什么临别的要求。我们再跟仆役们交代一次注意事项，并担心会遗漏掉什么要事：他们能确定都没有遗漏吗——那个带有保证书的檀香化妆箱不会搞丢了吧？不会的，我们的每一件宝物，都安全地放在船上，而我们——也即将上船。于是我们就和我们的塞姆林朋友握手，随后他们往后退上三四步，让我们差不多站在他们和"居间"官中间。他就走过来再问一次，文明世界的事是否都办完，便伸出手来。我握住他的手，基督教世界的事就先暂告一个段落。[70]

穆斯林的几本欧洲游记

穆斯林真正详谈西欧的第一份史料，并不是来自中东或北非的国家，而是更远的地方——印度。就在土耳其和伊朗统治者，还能保住中东的心脏地带、抵抗欧洲的进逼（来自北方的俄罗斯、南方的海

---

* 所谓"居间"，就是曾经接触过可能带有感染源的人或事物者，一般来讲，整个奥斯曼帝国一直都被列为疫区；所谓"黄旗"则是检疫当局的标志。——原注

军)时,一些偏远的伊斯兰国家纷纷失去战斗力,落入异族的统治。俄罗斯和英帝国在北亚和南亚的占领,也将数百万名穆斯林纳入掌控。穆斯林现在所面临的欧洲人,不再是邻居人或来访者,而是统治阶层了。这是一场磨炼,但这也使得一些穆斯林,开始去发现这些洋人的家乡,进而认识西洋。

在从印度来到英国的穆斯林里,有两个人特别有意思。第一个叫做伊地珊·丁(I'tisām al-Dīn)教长,孟加拉人,在1765年来到英国,据说是到过伦敦的第一位印度人。他以波斯文写下他的游记。里头包括了,他在英格兰和苏格兰,看到的地方宗教和习俗、制度、教育、法律、军事以及旅游景点等。当中也包括了有关英国宫廷和议会的介绍。他对沿途经过的法国,也谈到了他们的一些风俗习惯[71]。

第二个人更有意思,他叫做米尔札·阿布·塔利布·汗(Mīrzā Abū Tālib Khān),1752年出生在(印度北部首都)勒克瑙(Lucknow),家族为波斯—土耳其裔,本身是英国地方官府的税吏。1799年到1803年间,他在欧洲深度旅游,回印度之后写了本游记。虽然他写的是波斯文,但似乎也考虑到英文读者,身为欧洲政府的官吏和人民,他的观点不同于一般穆斯林作者。他从爱尔兰开始游历,大半时间花在伦敦。回程时则经过了法国、意大利和中东。他对见闻过的国家和民族,做了极详细的叙述,有别于一般的穆斯林[72]。

穆斯林游历的全新阶段,开始于18世纪末。1792年,谢利姆三世(Selim III)苏丹大事改革,用意在使土耳其赶上一般欧洲国家,其中包括了在欧洲各大首都,设立奥斯曼的常驻代表。第一个奥斯曼大使馆,是于1793年设在伦敦的。随后是维也纳、柏林和巴黎。1796年,赛义德·阿里埃芬迪(Seyyid Ali Efendi)来到巴黎,担任奥斯曼苏丹对法国共和国的首位大使。大使们除了外交上的例行事务,还必须研究该国的制度,以学会"有助于帝国公仆的语言、知识和科学"[73]。

奥斯曼第一批驻欧的外交使节,多半来自朝廷或官府的官吏,受的是老式教育，对西洋的语言或状况懂得很少，观念也蛮保守。从一般表现来看，他们从驻在国那儿学得不多，所受的影响也不大。

不过也有例外。最有趣的奥斯曼外交官之一，就是阿里·阿齐兹埃芬迪（Ali Aziz Efendi），克里特岛人某奥斯曼高官之子。他本身在政府中掌管各类行政工作，后来担任派驻普鲁士的大使。1797年6月，他来到柏林，次年10月去世。阿里·阿齐兹埃芬迪懂法语，也略通德语，还懂得一些西洋文学。他在柏林时，结交了德国的东方学者费德里希·冯·迪茨（Friedrich von Diez），并以通信方式讨论了各种科学和哲学议题。虽然只有部分信件保存下来，由此却可看出，这位奥斯曼大使，并不懂得启蒙运动中的实验科学或理性哲学。不过他倒是懂得另一类的西洋文学。除了他的一些神秘主义的著作，最有名的就是在生前编写的童话集。内容部分是翻译的，部分是取材自法国东方学者克鲁瓦（Pétis de la Croix）的《一千零一夜》（Les Mille et un jours），该书于1710年到1712年间出版。克鲁瓦的书可说是《天方夜谭》的仿作（之前不久才译成法文），至少有部分是取材自波斯或别的伊斯兰原文。所以说对中东读者来讲，它比别的西方书籍更平易近人[74]。

这些大使不是一个人去闯的。大使都有两名希腊通译，担任主要的沟通渠道，同时也有年轻的土耳其秘书随行，他们的主要工作是学外语（主要为法语），并从西洋社会发现一些东西。在这些为任务受教育的精英里头，不少年轻的土耳其人第一次有这么个机会，在某个欧洲首都待上一段时间，学会一种欧洲语言，并开始略通欧洲文明。他们在回到土耳其之后，多半成为官吏，在奥斯曼官僚体系中，形成一个截然不同的团体，受过西洋的一些训练，也对西洋感兴趣。所以他们和那些从改制后的陆、海军军校毕业出来的洋化军官，在不少方面都是可相提并论的[75]。

一个例子就是马哈茂德·莱夫（Mahmud Raif），他是第一位奥斯曼驻伦敦大使优素福·阿嘉埃芬迪（Yusuf Agah Efendi）的秘书长，并担任过1800年到1805年间宰相的大总管。他在英国历练过之后，回到国内被称为英吉利兹·马哈茂德（Ingiliz Mahmud）。他写了一本有关英国制度的书，手抄本保存在伊斯坦布尔的贝勒贝伊宫（Beylerbeyi Saray）图书馆。令人好奇的是，这本书是用法文写的。另一本书有关本国的改革，用的也是法文，是 1797 年于伊斯坦布尔的于斯屈达尔区印行的。他那温和西化的立场，并没有带来太大好处，1808 年，他被造反的禁卫军杀害[76]。

后来的留学运动

不管是军校生，或是新进的外交人员，都必须当欧洲人的学生。不久之后，穆斯林领袖就更进一步送学生留学欧洲，在当地正规的教育设施里学习。跨出这一大步的，是埃及领袖穆罕默德·阿里（Muhammmad'Alī）帕夏，他在 1809 年派出第一位留学生到意大利。到了 1818 年，人数已累积到 28 位，1826 年，他又派出一批留学生到法国。该留学团有 44 人，由最优秀的埃及爱资哈尔（al-Azhar）清真寺大学的一位教长带领，他有着宗教导师的任务。在这个埃及留学团中，有不少土耳其人和别的奥斯曼人民。但有些也是操阿拉伯语的穆斯林，像是他们的教长里发·拉非·塔贺塔卫（Rifā'a Rāfi'al-Ṭahtāwī, 1801—1873）。他在巴黎待了将近五年，精通法语，而且成就大大超过了他的任务。由于他的著作和教学，他成为 19 世纪面向西洋的知识分子中的关键人物[77]。从善如流的奥斯曼马哈茂德二世苏丹，也采用他那埃及属国的办法，于 1827 年派出 150 位第一批留学团，到各个欧洲国家，用意在培训一批老师，等回到土耳其后，可以在他设立的新学校中教书。1811 年和 1815 年时，也有从伊朗派到欧洲的一小批留学生。其中有一位叫做米尔札·穆罕默德·萨利赫·希拉其（Mīrzā Muḥammad Ṣāliḥ Shīrāzī），他所留下的游记，是相当有意思的[78]。

可想而知，保守的教派一定会对这些运动提出强烈的反对，但留学运动还是有所进展。在 19 世纪前十年间，中东伊斯兰国家的留学生人数激增，他们在欧洲上专科学校，甚至大学。但对其中不少人来说，这却是多年的放逐和分离，所以回国时，是兴高采烈回到传统的怀抱。但这不应一概而论，就一般的留学生而言，他们从同学那儿学的，比从老师那儿学得的还多。他们所吸取的若干教训，将使中东的历史发生转变。

第五章
穆斯林学者看西洋

学者开始注意西洋

1655 年，奥斯曼学问渊博的地理学家阿提布·伽勒比，打算写一本小书，叫做《有关希腊人、罗马人和基督徒的历史之释疑》[1]。在他的序言里头，他说明了写这本书的用意。基督徒已经越来越多，也不再局限于先前定居的地方，虽然这些基督徒的教派，只是一颗芥菜种子，但却已散播出去，到了世上不少地方。随着他们驾船穿越东方和西方的海洋，已经成为许多国家的主人。他们仍然侵犯不了奥斯曼帝国，但在新世界，他们打赢了几场仗，也控制了印度的港口，所以正逐步逼近奥斯曼的版图。就面对着与日俱增的真正威胁而言，伊斯兰的史书只提供过虚构的谎言和荒谬的童话。既然如此，就有必要提供更好的资讯，使大家不再对这些急起直追的民族一无所知，不再对这些来势汹汹的邻邦人毫无警觉，而是要从漠视的睡梦中醒来，正是这种睡梦，使得这些可恶的人们从穆斯林手上夺走一些国家，进而把伊斯兰国家变成不信道者之地。

他说，为了提供这些资讯，他采用了法兰克人的《小地图集》(*Atlas Minor*)，以及别的被他翻译过来的资料。

该书的第一个部分是导论，包含了两个大段。第一大段是简介基督教，所根据的是阿拉伯文著作，作者是中世纪时由基督教皈依伊斯兰的学者。第一大段有着辩护宗教的用意，和敌视法兰克人的语气；第二大段是向读者简介欧洲的政治制度。介绍的方式，是利用欧洲政治学的用语，例如皇帝（imperator）、国王（Kıral）等词语，做一系列的定义和说明。接着对教会和国家中的不同职称逐一详加分别，其中包括了教皇、枢机主教，以及伯爵等各种世俗的职称*。导论还简介了"这班无可救药的人"使用的语言，他谈到了欧洲语言的数量之多及彼此的难以沟通。

　　正文有九个篇章，讲解教皇制、帝国，以及法国、西班牙、丹麦、（罗马尼亚）特兰西瓦尼亚（Transylvania）、匈牙利、威尼斯、（东欧）摩尔达维亚（Moldavia）等，这些显然都是作者觉得需要注意的欧洲国家。他所提供的资讯，相较于那种夹杂着若干不明出处的讯息，以及教皇或元首的长串名单来说，还是好一些的。政府体制方面，唯一讲得较详细的，是威尼斯的制度。他在两个国家，亦即法国和西班牙方面，也能提供有关历史和地理的一定资讯。

　　阿提布·伽勒比的用意甚佳。他在地理学和地图绘制方面的著作，可以证明这点，并显示出，他已经用心找出所有可用的资讯。他在引用早期文献方面，确实很独到，他对于欧洲的叙述，本身代表了一种进步。可以说，在19世纪之前，阿拉伯文或波斯文方面的著作，并没有与之类似的可用资料。　话说回来，他所讲的欧洲历史和当代事物写于1655年，若是相较于欧洲人对奥斯曼人的了解，就显得较为简单而琐碎。早在阿提布·伽勒比写书前的一百多年，欧洲读者在奥斯曼的历史和制度方面，就可以读到广泛且详细的介绍，其中还包括了直接从早期奥斯曼官方史稿而来的译本。欧洲人的兴趣也不只限于奥斯曼土耳其，土耳其是当时迫切的问题之一。欧洲人也曾对伊斯兰初期的历史和文化感兴趣，他们出过广泛的资料，这包括了阿拉伯文经典的版本和译本，以及有关穆斯林的历史、思想和学问等的研

---

* 所谓世俗的，是相对于教会而言的形容词，而没有一般等同于"庸俗的"一词的涵义。——译者注

究。就在阿提布·伽勒比的那个时代，西欧的不少大学，已经有阿拉伯语言的教席，当时的学者像荷兰的雅各·哥留斯（Jacob Golius）和英国的爱德华·波考克（Edward Pococke）打下了古典的东方学的基础。17世纪末，法国人巴泰勒米·赫伯洛（Barthélemi d'Herbelot）完成了《东方丛书事典》（Bibliothèque orientale），这是闻名的、以字母排列的东方百科事典。他当时可以引用的资料，就有拉丁文以及几种欧洲语言的、公开的学术资料，有的讯息来自逃回的、或赎身的战俘，有的是来自外交或贸易人士。但后来，就开始仰赖新的学者世代，他们精通伊斯兰的语言和文献，使得欧洲人在古籍和天经的考据及研究方法上精益求精。他们的成就相对于穆斯林而言，是望尘莫及的。穆斯林的学界，不管是语言学或别的学问，都执著在自己的信仰、教法和经籍等的不朽典范。

所以说，阿提布·伽勒比批评得很有道理，之前学界对西方的理解，不过是"谎言和童话"，我们不妨在此一探究竟。

有关欧洲的介绍

以阿拉伯文写的、有关西欧的第一批严谨的介绍，就目前所知，是出自9世纪。它们主要取材自古希腊，尤其是托勒密（Ptolemy）的《地理学》。这似乎已数度被译成阿拉伯文。现存的文字是9世纪初的改编本，由知名的中亚数学家、哲学家穆罕默德·伊本·穆萨·花剌子密（Muh ammad ibn Mūsā al-Khwarezmī）所作[2]。

中世纪欧洲人所讲的十进位，据说就是来自他的名字。花剌子密并不以翻译托勒密为满足，他也把当时波斯人和阿拉伯人所能获得的地理知识整合进去，做了不少修正和补充。其中有关西欧的简短介绍，是相当正确的，只不过讲的比其他地方少了许多。更可惜的是，在仅存的手抄本中，欧洲的地名遭到严重改动，有的甚至无法辨别。

穆斯林学者从这本书，以及（或许）从叙利亚或希腊的译本，可以抓到有关西欧的地理轮廓，甚至一些地名。他们很快就开始有了自己的地理著作，虽然他们多半把西欧当作偏僻地方而着墨不多，却还是显示出知识的逐步延伸[3]。

有作品流传下来的第一位穆斯林地理学者，名字叫做伊本·胡拉达贝（Ibn Khurradāddhbeh），是位波斯人，作品是在 9 世纪中叶以阿拉伯文写下的。他是国家邮政机构的资深官吏，负责邮件、情报交换和驿站等工作，他的书就跟中世纪伊斯兰的许多地理文献一样，部分因应了该机构档案的一定需求和资讯。内容自然以伊斯兰的版图为主，但其中也有注意到拜占庭帝国，因两国的邮政单位有所联系，甚至还有关于欧洲偏僻地方的简介。

伊本·胡拉达贝说："人居世界可分成四个部分，即欧洲、利比亚（Libya）、埃塞俄比亚（Ethiopia）和西徐亚（Scythia）*"，这种区分方法，早期出现在少数的阿拉伯文献中，加注着希腊的出处，随即就从伊斯兰的地理文献消失。伊本·胡拉达贝的欧洲拼成 Urūfa，有点令人惊讶地涵盖了"安达卢西亚和斯拉夫人、罗马人和法兰克人的国家，以及从（摩洛哥）丹吉尔港（Tangier）到埃及国界的那个国家"[4]。

作者在穆斯林西班牙，亦即伊斯兰之地的一部分这方面，知道得不少。有关穆斯林国界之外的国家，他是这样讲的：

> 安达卢西亚北方，有罗马、（法国）勃艮第，以及斯拉夫人和（欧洲南部）阿瓦尔人（Avars）的领土。
>
> 来自西洋的东西，有斯拉夫尼亚（Slavonic）、希腊、法兰克和伦巴底奴隶，希腊和安达卢西亚女奴，狸皮和其他毛皮，香水，安息香，药品，乳香等。在法兰克人领土的海岸边，他们在海底培养了 bussadh，一般称作珊瑚（marjān）。斯拉夫人的领土再过去，海上有座叫 Tūliya** 的城市，大小船只都去不了那里，

---

* 为古代欧洲东南部以黑海北岸为中心的一个地区。——译者注
** Thule，图勒，在挪威、冰岛等极北地区内。——译者注

第五章　穆斯林学者看西洋

也没有什么能从那边过来[5]。

　　有犹太商人……他们讲阿拉伯语、波斯语、希腊语、法兰克语、安达卢西亚语和斯拉夫语。他们在东西方之间通商，走陆路，也走海路。他们从西方带来阉人、男女童奴、织锦、狸皮、动物胶质、貂皮和刀剑等。[6]

作者所提到的犹太商人，引起当时学界的注意，并考据他们的身份和所在，评估他们的重要性。他们似乎是来自中东，而不是西洋。

有关欧洲的地理知识

类似的文字，也见于当时另外两位穆斯林地理学者的著作。其中一位是伊本·法其赫 (Ibn al-Faqīh, 903 年去世)，他用了前辈的资料，但加了这样的话：

　　在第六气候区，有法兰克国和其他民族。那里的女人有一项习俗，就是趁乳房还小的时候，就割掉并加以烧灼，以防止增长。[7]

另一位是伊本·鲁斯特 (Ibn Rusteh, 910 年去世)，也讲了不少类似的故事，且还加了新的、奇特的细节：

　　在大洋的北边有十二座岛，叫做不列颠群岛。再过去，就离开了有人住的土地，没人知道那边的状况。[8]

以上三个学者，都提到了罗马这个名字，也都讲了一些奇怪的故事。

到了 10 世纪，穆斯林读者就有相当丰富的资讯了。当时最卓越的地理学者是马斯悟迪 (Mas'ūdī, 956 年去世)。他对欧洲民族的介绍，呼应了古希腊的地理观，但也加了些有趣的东西：

> 说到在北方象限的人，当初这些人来到北方时，太阳离天顶还很远，这些人包括了斯拉夫人、法兰克人和周边的民族。由于太阳离得很远，所以施加在他们那里的力量也就微小；这些地方寒气和湿气很重，冰和雪不断交替出现。他们身上缺乏温暖的体液，身材高大，性情粗野，行为冷酷，理解力差，舌头迟钝。他们的肤色苍白到看起来像是蓝的；皮肤很嫩，但肌肉很粗。眼睛跟脸色很搭，是蓝的；由于湿气的关系，头发笔直，发色微红。他们的宗教信仰缺少强韧性，这是由于他们冷的性情和缺少热情。越偏北的人也就越笨、越粗野，这些特质越往北越明显……从这个纬度再过去六十多英里住着歌革（Gog）和玛各（Magog）*。他们处在第六气候区，被看成野兽。9

这位学者在另一部著作中指出：

> 我们所提到的民族，即法兰克人、斯拉夫人、伦巴底人、歌革人、玛各人、突厥人、(北高加索的)哈札尔人（Khazars）、保加利亚人、(黑海东北部的)阿兰人（Alans）、(中欧的)加利西亚人（Galicians）等等，占据了摩羯宫的地带，亦即北方，有些教法学界的权威指出，他们都是奴海（即挪亚）之子雅弗（Japhet）的后代……在这些民族里头，以法兰克人最勇敢，装备最完善，防御力最强，有着最大的版图和最大的城市，组织最好，对国王最忠诚——不过加利西亚人比法兰克人还勇猛，一个加利西亚人就可以对付好几个法兰克人。
>
> 法兰克人都忠于一个国王，他们在这方面并没有起争论或分派系。目前他们的首都名字叫做巴黎，这是座大城市。他们除了

---

* 《圣经》中预言将跟着恶魔为非作歹的民族。——译者注

市镇和村落,还有一百五十个城市。[10]

欧洲的民族和肤色

从当时这些阿拉伯和波斯的地理著作,或许可以重新建构出,在穆斯林心目中有关欧洲情形的某种意象。在穆斯林安达卢西亚的文明国度北边,在北西班牙的山区和比利牛斯山的山脚下,有着信仰基督教的原住民,叫做加利西亚人和巴斯克人(Basques);在意大利这里,穆斯林领土以北,是罗马的领地,由一位叫教皇的人统治。再过去就是蛮族的地方,那里的人叫做伦巴底人。在地中海地区的东边,穆斯林边境的北边,就是鲁姆(罗马)帝国,希腊的基督帝国,更过去就是斯拉夫人的大片土地,这是涵盖许多部族的大民族,其中一些,对穆斯林商人和旅客来讲已相当熟悉。斯拉夫人以西,直到阿尔卑斯山和比利牛斯山的北部隘路,都是法兰克人的土地。当中也有个优秀的民族,叫做勃艮第人(Burjān)。法兰克人再往北边过去,是拜火的 Magians,这本来是古代波斯人用来称呼斯堪的纳维亚人的,却被阿拉伯人随便用在这里[11]。在伊斯兰著作里,会出现少许北方偏远的地名,像不列颠、爱尔兰,甚至斯堪的纳维亚。

穆斯林学者有时会拿"鲁姆"一词泛指中欧和西欧,亦即基督教国家的同义词,但一般来讲,西欧人有着几种不同的称呼。最常见的是法兰克人,阿拉伯人拼作 Ifranj 或 Firanj。这个名字可能是由拜占庭传到穆斯林的,原先指的是西方查理曼帝国的人。后来就用在通称欧洲人,它在中世纪的用法里,通常不会用在西班牙基督徒、斯拉夫人或斯堪的纳维亚人,而是大略指欧洲大陆或英国。法兰克人的领土,阿拉伯人叫做 Franja 或 Ifranja,波斯文和后来的土耳其文叫做 Frangistan。

中世纪文献里用来指欧洲人的称呼,有时叫做 Banu'l-Aṣfar,意思是"黄种人的子孙"。这原先是阿拉伯人指希腊人和罗马人的,后来扩大到西班牙人，最后用来通称欧洲人。穆斯林系谱学者一般认为，这个词里的人名 Aṣfar，是以扫（Esau）的孙子，卢半尔（Rūmīl）的父亲，即希腊人和罗马人（鲁姆）的始祖。有些学者认为，这个词指的是欧洲人的浅肤色，看来像黄色或金黄色，有别于亚洲人或非洲人的棕色和黑色。这种说法不足采信。阿拉伯和波斯的学者，一般会说白种人而不是黄种人，而且他们很少用种族或肤色来讲欧洲人。由于他们察觉到，本身和南方、东方民族深肤色的比较，对于北方民族的浅肤色，也就不觉得那么重要。当然有时候也会以鄙视的口吻，讲到一些北方民族那种病态的浅肤色。例如斯拉夫人、土耳其人、其他草原民族，以及（较不那么频繁的）法兰克人。在奥斯曼时代，Banu'l-Aṣfar 这个词通常是用在中欧和东欧的斯拉夫族，尤其是俄罗斯人，他们的沙皇有时叫做 al-Malik al-Aṣfar，亦即黄种人国王[12]。

有关法兰克国王世系的资讯

穆斯林有关欧洲的资讯，来源是怎样的呢？所用的文献来源主要是希腊文，再加一点古叙利亚文和波斯文。不消说，他们不会从西方的书学到太多。就我们所知，中世纪时期译成阿拉伯文的西洋书，只有一本。

有一两本书，是以辗转的方式才为人所知的。所以马斯悟迪简介了从西元五六世纪的克洛维（Clovis）到路易四世的法兰克王，他说他用的书，是939年法兰克人主教，写给科尔多瓦的王公哈坎（al-Ḥakam）的资讯：

> 伊斯兰教历三三六年（西元947年），在埃及的伏斯泰特（Fustāṭ），我无意间找到一本书，是（西班牙）赫罗纳（Gerona）的主教戈德马（Godmar）所写的。赫罗纳是法兰克人的一座城市，主教是在伊斯兰教历三二八年写给哈坎·伊本·阿布达·拉曼·伊

本·穆罕默德（al-Ḥakam ibn 'Abd al-Ruḥmān ibn Muḥmmad）的，他是他父亲的继承人，父亲当时是安达卢西亚的国君阿布达·拉曼（'Abd al-Raḥmān）……据这本书的说法，法兰克人的第一任国王是克卢迪（Kludieh）。他本来是异教徒，王后叫盖尔塔拉（Ghartala），使他改宗基督教。后来他儿子卢德里克（Ludric）继位，然后是儿子达科席尔特（Dakoshirt）继位，再来是儿子卢德里克继位，然后是兄弟卡尔坦（Kartan）继位，再来是儿子卡尔拉（Karla）继位，跟着是儿子泰宾（Tebin）继位，然后是儿子卡尔拉继位，他在位二十六年，跟安达卢西亚的国君哈坎同一时期，之后儿子们互相斗争，甚至乱到让法兰克人几乎灭亡。之后卡尔拉之子卢德里克成为他们的国君，在位了二十八年又六个月。围攻（巴塞罗那附近）托尔托萨（Tortosa）的就是他。在他之后是卡尔拉继位，然后是卢德里克之子继位，就是他送礼给被奉为伊玛目（al-Imām，即地位最高的宗教领袖）的哈坎·伊本·阿布达·拉曼·伊本·穆罕默德，在位了三十九年又六个月。之后，他儿子在位了六年，后来，法兰克伯爵努萨（Nusa）起来反叛，夺取了法兰克王国，在位了八年。就是他让诺曼人七年回不了国，最后是付了七百拉特尔黄金和六百拉特尔（ratls）白银给法兰克人才了事，之后是塔克外拉（Takwira）之子卡尔拉，在位了四年；再来是另一位卡尔拉，在位了三十一年又三个月；卡尔拉之子卢德里克继位，他就是目前伊斯兰教历三三六年的法兰克王。根据所得到的资讯，他已经在位了十年。[13]

在马斯悟迪所提到的十六个名字里，最后十个可以确定，是从铁锤查理到路易四世，在前六个名字里头，王后克洛维丝就是克洛提尔达（Clotilde），而其曾曾孙子达戈贝尔特（Dagobert）也很容易确认；至于其他的名字就很难在墨洛温（Merovingian）王朝和卡洛林（Carolingian）王朝的混乱中辨认出来。

话说回来，这段文字的趣味，并不在于那一连串的名字，以及有着模糊、错误和省略之处，重点是在有这个东西的存在。伊斯兰世界的古典史学相当庞杂，或许比中世纪欧洲国家的总和还来得多，而且水准也高得多。当中最值得注意的是，尽管从地中海的西班牙到西西里，再到黎凡特的伊斯兰和基督教国家之间，有着长期的对立，穆斯林学者根本一直漠不关心，在国界那边的欧洲发生了什么事。在伊斯兰的第一个千年期间，只留下了三部著作，让穆斯林读者得知有关西欧历史的资讯。马斯悟迪的书，就是其中的第一本。

有关英国和罗马

如果说西欧的历史几乎全被忽略，它的地理却是一直多少受到注意的。穆斯林学界很注重地理学，在这方面做出了既通博、又专精的资料。穆斯林学者以希腊的著作为基础，再由许多游记来加强，做出了更有系统的著述，有的是地理学论文，有的是地理学辞典，里头常有些欧洲的地名。

伊斯兰世界当然是知道鼎鼎大名的罗马的，但却常把它和拜占庭混在一起，亦即管它叫鲁姆，不过还是有些学者知道，意大利也有个罗马。早期有位阿拉伯学者，引用了大段哈伦·伊本·雅赫亚（Hārūn ibn Yaḥyā）的资料，他是个阿拉伯战犯，约在886年，于罗马待了一小段时间。哈伦有点夸张地描述了这座城市和各个教会，接着便讲到了：

> 从这里搭船，直到抵达勃艮第国王的领土，要花上三个月。再从这里翻山越岭到法兰克国，要花一个月，再从那里前进到不列颠的城市，还要再四个月，这是位于大西洋的海岸的一座大城，有过七个国王。城门上有座偶像，外地人想要进去时，偶像就会倒下来，让人进不去，等到城里的人过来抓到他，确认了目的之后，才能进城。他们是基督教民族，这里是鲁姆国的最后一

个国,再过去就是没有人住的地方。[14]

看得出来,从罗马再过去,哈伦并没有探得很远。但有趣的是,他听说过不列颠和盎格鲁—撒克逊人的七国鼎立,甚至还讲到了有关盎格鲁—撒克逊人的民族迁徙,因而可能是伊斯兰史上的首度记载。不过他的资讯有点老旧,因为在三十年前,七国争雄已经结束。

他的有关罗马的资讯,显然有不少是来自关于罗马的故事集,有些例子常见于中世纪文学。有一些被伊本·法其赫(Ibn al-Faqīh)编集起来,穆斯林一位大地理学者亚克特(Yāqūt)有引用过,他在1229年去世。亚克特对其中一些故事相当质疑。在他的《地理学辞典》里头,有关罗马的部分是这样的:

> 鲁米亚(Rūmiya)。这个字的读法是由可靠的权威订定的。艾斯马伊(Al-Aşma'ī,原注:知名的语言学家)说:"这个字跟下面的地名同类,安塔其亚(即安提阿)、(叙利亚的)阿法米亚(Afāmiya)、(小亚细亚的)尼西亚(Nicaea)、(小亚细亚的)塞琉西(Seleucia)和(亚美尼亚的)马拉提亚(Malatiya)。这样的名字,在鲁姆的语言和国家里头很多。"
>
> 有两个罗马,一个在鲁姆,一个在马代恩(Madā'in),这是用建国者取名的。说到在鲁姆国的那一个,它是他们政权和学术的重镇……鲁姆语里头,这个名字叫做Rūmī。这个名字后来有个阿拉伯文,凡是住在那里的人便叫做Rūmī。
>
> 这座城位于君士坦丁堡西北方,相距五十天或以上的路程。它目前是在法兰克人手上,元首叫做阿耳曼(Almān)的国王。里头住着教皇……
>
> 罗马是世界奇观之一,奇在它的建筑、规模和人口数。在我开始讲下去之前,我要事先声明,对于翻开这本书、看我讲解这座城市的人,我概不负责,因为它确实是座非常伟大的城市,超乎寻常、无与伦比。但我看过很多以博学知名的学者,也讲了我

想讲的话。我采用了他们的说法，真主最了解何者为真。[15]

亚克特在这样的小心声明之后，开始多方引用中世纪的记载（其中多半应该是欧洲的学者），来谈罗马的奇观，并下了这样的结论：

> 我在这里对这座城的描述，都是引自阿赫默德·伊本·穆罕默德·哈马丹尼（Aḥmad ibn Muḥammad al-Hamadānī）的书，一般叫做伊本·法其赫。这段讲解中最困难的部分，是这座城非常之大，但它那可以走上几个月的乡村，却生产不出喂饱其人口的食物。但很多人也会以巴格达为例，在规模、土地、人口众多和浴室数方面，也类似于罗马，但这种事情对于只是看书却不曾去见识的人来说，是很难接受的，真主最了解何者为真。就我而言，这就是我之所以没有照抄大家的话，而是有所缩短的缘故。[16]

亚克特这样的观点是可以同情的。

关于爱尔兰和波希米亚

中世纪时穆斯林对西欧的记叙，多半是（直接或间接的）采自10世纪中期的易卜拉欣·伊本·叶尔孤白大使的介绍。在此要举出他的两个例子：

> 爱尔兰：位于第六气候区西北方的一个岛……这是维京人最常驻的大本营。周长有一千英里（一千六百公里），有着穿着传统服装的维京人民。他们穿长斗篷，每件的价钱是一百第纳尔（dinar），贵族穿的长斗篷是有珍珠的。听说他们在海岸猎小鲸鱼（balīna），鲸鱼是种超大型的鱼，他们猎小只的来当大餐。听说小鲸鱼会在九月里出生，十月、十一月、十二月和隔年一月适合捕捉，之后肉就长硬了，不适合吃。至于猎捕的方式是……猎人聚

在船上，手里抓着有着尖齿的大铁钩。钩上有牢固的大环，环上绑着粗大的绳索。在碰到幼鲸时，他们就开始拍手喊叫。听到拍手声的幼鲸，会友善地靠到船边来。这时就有一位水手跳到它身上，用力搔它的头，这让它很快活。随后水手把鱼钩摆在鱼的脑门上，举起铁锤使劲敲三下鱼钩，幼鲸对第一下没感觉，但第二、第三下会让它很慌张，有时它会用尾巴去拍船来破坏它们，水手就这样让它挣扎到没力气为止。这时，大家就帮忙拖着鱼直到靠岸为止。有时母亲会发现幼鲸在挣扎，就尾随着它。水手们早已准备好大量的蒜泥，将它丢到海里，母鲸受不了蒜泥的味道，就会转头离开。随后他们就切分幼鲸的肉，并撒上盐巴。鱼肉白得像雪，鱼皮黑得像墨水。[17]

这段在爱尔兰海捕鲸的介绍，显然有实际根据，并显示有关母鲸和捕鲸的知识。但他是否去过爱尔兰，还是很可怀疑的，他的介绍很可能是第二手的。另一方面，他讲的波希米亚，却显然是亲身经历过的：

波希米亚：这是波伊斯拉夫（Boyslav）国王的版图。从布拉格到（波兰）克拉科夫（Cracow）之间，有三个礼拜路程的距离，这段路程也相当于土耳其人版图的纵长。布拉格城以石头和白垩打造，是各国里头的第一贸易大城。俄罗斯人和斯拉夫人从克拉科夫运货到那里；来自突厥人之国的穆斯林、犹太人和土耳其人，也运货过来做生意；他们带走的是奴隶、镀锡制品和各种毛皮。这里的农村是北方民族里面最好的，盛产各种食品。只要一块硬币，就可以买到吃上一个月的面粉，或是让一头驮兽吃上四十天的大麦，也可以买到十只母鸡。

在布拉格城里，他们制造鞍具、笼头和各式轻巧的皮制护具。在波希米亚国内，他们制作轻巧、精细的方巾，例如绣着没什么实际用途的新月纹章的网眼织物，价钱一直都是十条方巾一块硬币。他们用这个来做生意,或是交换其他东西,像是花瓶。他们把成品当作钱,并用来买最值钱的东西,如小麦、奴隶、马匹、黄金、白银等。值得注意的是,波希米亚人是黑皮肤、黑发的,其中金发的少之又少……[18]

法兰克国和热那亚人

收复失地运动和十字军东征,让穆斯林和西洋人接触较为密切,战时如此,平时也是如此。可想而知,在这段期间内,穆斯林对这些欧洲基督徒,应该有较为详细而精确的知识,亦即比之前含糊的报道、谣言和虚构来得实在的资讯。12 到 14 世纪的穆斯林,对西洋自然懂得比十字军之前的先人们来得多,不过对于他们懂得那么少,甚至那么地不关心,还是令我们感到惊讶。

当时最了不起的地理学者之一,就是波斯人宰凯里亚·伊本·穆罕默德·凯兹维尼 (Zakariyā ibn Muḥammad al-Qazvīnī, 1283 年去世),他主要靠的是伊本·叶尔孤白的欧洲介绍,话说回来,也因为有他的引用,伊本·叶尔孤白的记叙才得以流传下来。有关法兰克人的部分,他只讲了这些话:

> 法兰克国:一个强国,位于基督徒版图中的大国。这里非常寒冷,因此空气也很浓重。这里有很多好东西,有水果和谷物,许多河流、充足的物产、耕地和牛群、果树和蜂蜜。这里有各种竞技比赛,且法兰克国的刀剑,比印度的还要锐利。
>
> 这里的人是基督徒,他们有位国王,国王拥有统治的实权,统治着非常之多的勇敢的人。他在伊斯兰国家的中央,即我国的海岸上拥有两三座城市,且又派兵驻守。只要穆斯林派部队过去,他也会加派部队来防守。他的士兵勇气十足,作战时宁可被打死,也不想退却。[19]

这里有一部分应该是来自之前的作者，很可能就是伊本·叶尔孤白，不过在讲到法兰克人"在伊斯兰国家的中央"拥有领地的部分，以及对法兰克军力的说法，可能是得自十字军东征时期。凯兹维尼的介绍有个优点，就是他会从接触所得的印象再加以反省，截然不同于游记故事、老旧的传说，或是就希腊有关西洋的片段资料所做的整理。

伊斯兰世界中有着较好资讯的地方，是北非和西班牙。由于基督徒的收复失地运动，使得穆斯林和欧洲有较密切但并不情愿的接触。12世纪时有位地理学家，叫做祖贺里（Zuhrī），可能以西班牙文写到威尼斯、阿马尔菲（Amalfi）、比萨和热那亚，并稍微谈到了那里的商人和物产。他在讲到热那亚时指出，它是："在罗马人和法兰克人的城市中，最了不起的城市之一，这里的人可说是罗马人的古来氏。"所谓古来氏（Quraysh）是先知穆罕默德所属的麦加的世族，在阿拉伯人里头最为高贵，所以这算是过度的夸奖。不只这样，祖贺里还说，热那亚人的祖先，是阿拉伯改宗基督教的加萨尼族（Ghassān），在伊斯兰传布之前，住在叙利亚—阿拉伯边境："这些人长得不像罗马人。一般罗马人肤色是白的，但这里的人是深肤色、鬈发、高鼻子的。这就是为什么会有传闻，说他们的祖先是阿拉伯人。"[20]

关于英伦三岛

同一时期，另一位穆斯林西洋人，亦即生活在基督教统治下、诺曼人的西西里岛的学者，写了一本著作，表现了中世纪时穆斯林对欧洲，以及世界各地的高水准地理知识。他叫做阿布·阿布达拉·穆罕默德·沙里夫·伊德里斯（Abū'Abdallah Muhammad al-Sharīf al-Idrīsī），是前摩洛哥王室家族的后代，1099年出生在摩洛哥的修达（Ceuta）港。在他留学科尔多瓦、仔细游历过非洲和中东后，接受了西西里诺曼国王罗杰二世（Roger II）的邀请，并定居（首都）巴勒摩（Palermo）。他在此根据了自己的游历，和其他不知名作者的资讯，编写成一本地理学大作，一般称为《罗杰之书》(*Book of Roger*)，这是在 1154 年完成的。可想而知，这部著作有不少关于意大利的资讯，以及一般西欧国家的细节。从各章来看，作者并不注重之前穆斯林的地理著作，而是直接运用西欧的基督徒作者、甚至地图，在诺曼人的西西里岛上，这应该是很容易拿到的。有关英国，他是这样开讲的：

> 第七气候区的第一块，包括了整个大洋和废弃、无人居住的岛屿……第七气候区的第二块，包含了有着英国 (l'Angleterre) 岛的洋面。这是座大岛，形状像是颗鸵鸟头；其中有着人口多的城市、高山、河流和平地。土地肥沃，人民肯吃苦，有毅力、有活力。那里整年都是冬天，距离最近的陆地是法国的 Wissant，岛屿和大陆之间的海峡，宽十二英里。[21]

之后，伊德里斯继续简介了（英格兰）多尔切斯特 (Dorchester)、韦勒姆 (Wareham)、达特茅斯 (Dartmouth)，以及"这座岛的狭窄处叫做康沃尔 (Cornwall)，形状像是鸟嘴"、索尔兹伯里 (Salisbury)、南安普顿、温切斯特 (Winchester)、肖勒姆 (Shoreham)、黑斯廷斯（"一座地方大、人口多的城市，繁荣、华丽，有着市集、匠人和大商人"）、多佛、伦敦、林肯和达勒姆 (Durham)。再过去有苏格兰，作者是这样讲的：

> 它邻接英格兰岛，是座长形的半岛，连接北边的大岛。这里没有人住，没有市镇或乡村。纵长一百五十英里……[22]

伊德里斯还听说过更偏远的地方：

> 从苏格兰半岛的荒地，到爱尔兰岛的荒地之间，有一段两天西向的航程……《惊奇之书》(*Book of Wonders*)（原注：先前的东方著作）的作者说，那里有三座城，一直都有人居住，商船通

第五章　穆斯林学者看西洋

常停靠在那里，跟当地人买琥珀和彩色的石头。当地人里头有人想当王，就带着手下和别人发生战争，他被大家打败了。然后当中又出了一个这样的人，他后来也被消灭了，有些人就迁到大陆去。于是他们的城市就衰败了，没有人再待在那里。[23]

伊德里斯有关英伦三岛的资讯很少。相较之下，他对欧洲大陆就懂得很多，甚至包括了北方和东方的荒地。他对海岛的描述，像是鸵鸟头、鸟嘴等等，清楚显示他看过地图。或许有不少提到的地名，也是这样看来的。

看待世界地理和世界史的视野

后来的阿拉伯地理学者，就仿效了伊德里斯的先例，也用了他的材料。伊本·阿布达·穆宁（Ibn'Abd al-Mun'im）是位来自伊斯兰西方的某处、年代不详的作者，他编了一本地理学辞典，其中包括了欧洲各部分；伊本·赛义德（Ibn Sa'id，1214—1274）是格拉纳达附近的 Alcala la Real 人，他写的《世界地理》一书，后来成为西方和东方穆斯林学者引用得最多的著作。

伊本·赛义德对西方的介绍，包括了许多新奇有趣的事。他在谈到英国时说："在（12 世纪埃及和叙利亚苏丹）萨拉丁（Saladin）和（巴勒斯坦）亚克战争的历史中，当时这座岛的统治者叫做英吉塔(al-Inkitār)。"[24] 所谓萨拉丁历史中的统治者英吉塔，应该就是狮心王理查(Richard Coeur de Lion) 的名字，一般出现在穆斯林对第三次十字军东征的记载。关于十字军在东方的军事和政治活动，穆斯林官方史家讲得很多；但他们对十字军国内的事务，却明显没什么兴趣，更不用说到各民族之间的差异，或是各国的起源。所以，伊本·赛义德将这些偏远的、神秘的岛民，和叙利亚—巴勒斯坦历史等量齐观，这个做法不太寻常。在平常的穆斯林史家看来，这些法兰克人都是从北方化外之地来的异教徒，他们越早回去越好。法兰克当权者的名字很少被提到,而是挂个模糊的头衔或描述,例如"真主快让他的灵魂下火狱",或类似的话。

说到地理学者、天文学者和游历者的著作中,有关欧洲的少许资讯,史家却很少设法利用有关在叙利亚的法兰克人的知识,来加以补充修正,好像不曾有人,对法兰克人的宗教、哲学、科学或文学发生过兴趣似的。要等到14世纪末,亦即有了贸易、外交关系几百年之后,才有位阿拉伯学者含蓄地表示,欧洲也可能存在着这类事物。可想而知,这便是来自伊斯兰文明中最卓越、最具原创性的人士,尤其他还是位学者。突尼斯大史家兼社会学者伊本·赫尔敦(1332—1406),他著名的《历史绪论》(*Muqaddima*)的地理部分,其中有关西欧的叙述,在伊德里斯或其他穆斯林地理学者的著作中是看不到的。不过到了《历史绪论》的结尾,他所讲的理性科学的起源和发达,却有大胆的说法。作者在讲了希腊、波斯和其他古代民族科学的起源之后,接着谈到了它在伊斯兰的发展,以及向西经过北非传到西班牙,并下了这样的结论:

> 我们最近听说,在法兰克人的国土,亦即在罗马国和在地中海北岸的独立国,哲学研究正发达,这类著作正在复兴,学习课程正在增加,集会讨论得很广泛,老师多、学生也多,但只有真主才最了解其中内情。"真主创造的事物,就是祂所意欲和选择的。"²⁵

结论中引自《古兰经》的最后一句,意思似乎是说,就算法兰克人产生了再杰出的学问,也是不出真主大能的范围云云。

伊本·赫尔敦写的这部世界史,其中知名的《历史绪论》是篇导论。可想而知,当中以北非谈得最多,也谈到了被教会封为圣徒的法王路易九世,他带领着注定失败的十字军攻打突尼斯。这段叙述有很多值得注意的。作者把这位国王叫做 Sanluwīs ibn Luwīs,封号叫做 Rīdā Frans,"在法兰克语里头,表示法国国王"[26]。所以他知道这位国王有圣路易（Saint Louis）的封号——尽管我们不知道这对他有何意义——还有就是，他的父亲也叫做路易。更重要的是，虽然他也像别的穆斯林史家一样，不用"十字军"一词，但他还是把远征突尼斯这段历史，讲成基督教与伊斯兰之间、具有历史意义的斗争，时间长达数百年，事件也从早期的阿拉伯—拜占庭战争，谈到当时在巴勒斯坦与西班牙的冲突。最值得注意的，是他从侵略国的起源开始讲起，却并没有跨出当时可用的地理资讯的有限范围。

此外，他也很少讲到欧洲。第二卷主要讲的是，伊斯兰之前和之外的民族，包括了古阿拉伯、巴比伦、埃及、以色列、波斯、希腊、罗马和拜占庭。欧洲方面只提到了（西元5世纪的）西哥特人——这段简介还是为了带入穆斯林占领西班牙，以及当作西班牙—阿拉伯历史传统的一部分。伊本·赫尔敦的世界史，没有延伸到西班牙北部，也没有到波斯东部。换句话说，这种史观受限于自己的文化和前人，所以和一般晚近西方世界所写、所谓的世界史，并没有两样。

大时代中穆斯林的世界史观

不过，将近一百年前，远在波斯的东边，出现过涵盖所有人居世界、具有世界史意义的事件，当时可说是前无古人、后无来者。该事件的机缘，就是蒙古人的征服所带来的、东亚与西亚史上首度合成一个大帝国，使中国和波斯两大文明彼此接触，并产生成果。

14世纪初，波斯的蒙古人领袖合赞汗（Ghāzān Khan）请拉希德·丁（Rashīd al-Dīn），他是御医兼顾问、改宗伊斯兰的犹太人，编一部全人类的世界史，囊括已知的各个民族和王国。他所做的事，使他称得上是伊斯兰的，甚至全人类的最伟大史家。他以积极有效的方式，着手这项任务。在中国史方面，他请教了两位被延揽到波斯的中国学者，在印度史方面，则是请教从喀什米尔请过来的佛教苦行僧。这部著作的层面之广泛，连西欧的偏远蛮族也有所记载，这些记载更因为与其中几族的外交往来，而更加充实。欧洲方面的顾问，大概是位意大利人，换句话说就是罗马教廷的代表之一。通过这位代表，拉希德·丁认识了位欧洲史家，最近才考证出来，他是13世纪编年史家特罗保的马丁（Martin of Troppau），虽然是捷克裔，但一般称为 Martinus Polonus[27]。

有关法兰克人的部分，拉希德·丁将它分成了两个大段。第一大段包括了对欧洲各国地理和政治的考察。第二大段是各代皇帝和教皇的简单年表。作者显然用到了先前有关欧洲的阿拉伯和波斯著作，但多半的信息仍是第一手的、新的。他所讲的教皇和皇帝之间的关系详细且清楚，应该是得自教廷代表；有关皇帝的加冕，他有很好的资讯；他听说过英格兰的羊毛和绯布，听说过巴黎和博洛尼亚的大学；听说过威尼斯的潟湖；意大利各个共和国；爱尔兰没有蛇等等。这些都显示了知识方面的相当进展。就连他说到，爱尔兰和英格兰两岛的统治者叫做苏格兰，以及它们都是英王的属国时，也有着几分真实[28]。

他的皇帝和教皇年表，以阿尔伯特一世（Albert I）皇帝和本尼狄克十一世（Benedict XI）教皇做结束，这两人当时都在世，且有正确的描述。内容应该是靠特罗保的马丁来更新的。作者对欧洲的描述比较粗浅，甚至不太正确。而处理其他文明古国，例如印度和中国时，却又臭又长，说来有点可惜。不过，在他引用了马斯悟迪的法兰克王名单之后，却出现了难得的尝试，此即勾勒基督教欧洲的历史。第三位有这种心的学者，就要等到16世纪的奥斯曼王朝。伊斯兰在整个中世纪时期，对于地中海北方落后的异教徒，从来是漠不关心的。值得注意的是，就连伊本·赫尔敦这样的大思想家，伊斯兰世界中能直接见识西洋的突尼斯人，也怀有着这种漠不关心。在西洋史中如此重要的十字军大斗争，在伊斯兰世界中却激不起一点好奇。就连十字军之后，对欧的贸易外交大幅增加时，也看不到谁有心探得那边的底细的。

最早的地图和航海图

当受到异族统治的西班牙，和东方的古老伊斯兰国家开始没落时，安纳托利亚朝气蓬勃的小国正在崛起，很快就成为伊斯兰帝国中最后且最大的强国。奥斯曼帝国源自伊斯兰教和基督教的交界地带，这批奥斯曼人大概是皈依伊斯兰的人里最虔诚的，对于基督教欧洲的某些部分，也有着较深刻的认识。对于这些向外扩张的奥斯曼人来讲，法兰克人的欧洲，不再像对中世纪的阿拉伯人和波斯人那样，属于偏远、神秘的化外之地。这是他们的近邻和对手，取代了衰败的拜占庭帝国，成为基督教国家的象征，也是千年来伊斯兰之地的头号大敌。

土耳其人只有在作战技术方面，才有心从欧洲获得资讯甚至指导，尤其在海军方面，他们完全照抄西方，没有再做什么改进。在欧洲海军技术方面，他们取得了欧洲的地图和航海的实用知识，且很快就能拷贝、翻译和运用欧洲人的航海图，并制作自己的海岸线图。奥斯曼第一位知名的绘图专家比里·赖斯（Piri Reis，1550年去世），懂得一些欧洲语言，并善用西方资料。早在1517年，他献给谢利姆一世苏丹一张世界地图，里头还有哥伦布于1498年制作的美洲地图的副本。哥伦布的原稿已经散失，所以这份地图（可能在多次对西、葡两国海战中所得），只有以土耳其文版本保留下来，目前在伊斯坦布尔托普卡珀宫图书馆中可以看到[29]。后来1580年，奥斯曼地理学者穆罕默德·伊本·哈珊·素迪（Muhammad ibn Hasan Su'udi）利用欧洲的材料，编成一份有关发现新大陆的介绍，献给穆拉德三世（Murad III）苏丹[30]。

土耳其人编的地中海航海书，于1521年出版，1525年出修订版，其中包括了航行地中海沿岸的详细资讯。修订版中增加了前言和附录，以韵文的格式，提供盛行在土耳其人之间的一些地理知识和概念。后来1559年的世界地图（mappemonde），大概是由一位叫做哈吉·阿赫默德(Hājji Ahmad)的突尼斯人所绘制,他曾在摩洛哥菲斯(Fez)清真寺大学求学,后来在欧洲,可能在威尼斯被俘虏。可以说,他在这里做好了准备,后来就绘制出涵盖欧洲、亚洲、非洲,和已知的美洲部分的土耳其文地图。他也留下一些有关自己的资料,可以用来判定,准备制作地图的时间,是在一位"有道德和学问的人士"的受俘期间,讲到他的书时,他说:"借助翻译法兰克人的语文和著作,我以穆斯林的语文做了个版本。他们为了换得我的辛劳工作,答应放我走,这种事情是很难用文字来叙述的……我尽可能照着主人的意思,用土耳其文写下(原注:或听写下)这份稿子,因为这种语文是世上的权威。"[31]

地理著作和某些高官的相关知识

奥斯曼人有关一般地理的第一部重要著作,是阿提布·伽勒比的《世界之镜》(*Jihannüma*)。他在前言里头表示,他几乎要放弃编一部世界地理的希望。他了解到,要描述不列颠群岛和冰岛,就要靠欧洲的著作,但手上所有的阿拉伯文、波斯文和土耳其文的资料,都不够完整、正确。他说,他曾通过中间人,查证了16世纪绘图学者奥特利乌斯(Ortelius)的地理学和15世纪绘图学者墨卡托(Mercator)的《地图集》。就在他想找到奥特利乌斯的副本时,"他有幸找到了《小地图集》(*Atlas Minor*),这是《大地图集》(*Atlas Major*)的节选本",同时他也认识了一位叫做薛克·穆罕默德·伊拉西(Sheikh Muhammad Ihlasi)的人,他是"一位改宗伊斯兰的法国教士"。他在这个法国人的协助下,开始翻译《小地图集》,而于1655年完成[32]。

接近17世纪末时,有另一位地理学者阿布·巴克尔·伊本·巴贺兰·迪马西其(Abū Bakr ibn Bahrām al-Dimashqī,1691年去世),他是宰相法佐·阿赫默德(Fazil Ahmed)帕夏的谋士,多次参考了阿提布·伽勒比的《世界之镜》的版本,并补上一些资料。他的重要作品是17世纪绘图学者布劳(John Blaeu)的《大地图集》的译本[33]。

他对布劳的地理学的兴趣，好像大过对他的几何学的兴趣。值得注意的是，他将天文学家第谷（Tycho Brahe）和哥白尼的宇宙观，摘要成"有另外一个学说，太阳是宇宙的中心，地球是绕着太阳转的"[34]。

阿提布·伽勒比和迪马西其开的这种风气，延续到了 18 世纪，好几本地理学的作品，是以"世界之镜"的附录或补篇的形态呈现的。其中有点意思的，是一位亚美尼亚学者贝德罗斯·巴罗尼安（Bedros Baronian）的作品，他担任过低地国（荷兰）的代表团通译，后来成为两西西里王国*的通译。据说他曾将一本由雅各·罗伯斯（Jacques Robbs）写的法文手册，译成土耳其文，法文书书名叫做《地理研究法入门》[35]。

这种资料虽然有趣，但似乎影响有限，也不晓得土耳其的水手和地理学者对地中海另外一边懂得多少。1770 年，俄罗斯舰队绕过西欧，在爱琴海突然碰到奥斯曼人时，奥斯曼政府向威尼斯代表公开抗议，表示威尼斯政府允许了俄罗斯舰队，从波罗的海进到亚得里亚海。在一些中世纪的地图上，这两个海相通，南端有威尼斯。**虽然阿提布·伽勒比及其学生一定比较懂，《世界之镜》也早已出版，但那些官吏显然只有着中世纪的地理概念。

18 世纪的奥斯曼史家瓦瑟夫（Vasif）指出：奥斯曼的大臣们不懂，俄罗斯舰队要怎样从圣彼得堡开到地中海[36]。奥地利的通译兼史学学者约瑟·汉默（Joseph Hammer），讲了个类似的"亲眼见到"的故事：1800 年，宰相优素福·奇亚（Yusuf Ziya）不相信，英国的支援部队可以从印度出发，通过红海。汉默指出："我在会议期间全程担任西德尼·史密斯爵士（Sir Sidney Smith）的通译，他费了极大的工夫，在地图上为宰相说明，在印度洋和红海之间确实可以有航线。"[37]现代的欧洲史和北美史，在政界人士缺乏地理知识方面，也有些精彩的例子。不过话说回来，这种无知有时会出现在统治阶层，但却代表不了政治精

---

* 1130 年西西里和那不勒斯合并建立的王国。——译者注

** 波罗的海算是欧洲北部的内海，而威尼斯位于亚得里亚海的北端，两海不相通。——译者注

英的知识，且通常会被训练有素、消息灵通的行政部门改正过来。

有关欧洲民族和历史的记载

欧洲的人文地理，亦即住在各国的各个民族，稍稍进入了奥斯曼人的视野，有一些资讯留在史料里头。有个有趣的例外，他叫做（土耳其）加利波利半岛的穆斯塔法·阿里（Mustafa Âli of Gallipoli, 1541—1600）。他是那个时代知名的史家、诗人、通才。阿里至少在两个地方考察了欧洲的种族。在著作第五卷里的世界史，并没有包含欧洲，他着重谈了在奥斯曼帝国内外碰到的不同种族。类似的文字也出现在他的另一部著作，其中他谈了不同类型的奴隶和仆役，及其所属民族的种族特征和习俗。有关帝国里的种族，阿里当然懂得很多，也大大反映了奴隶主的一般成见。要求阿尔巴尼亚人的仪态和端庄，或是中东的库尔德族的忠诚，就好像不让孵蛋的母鸡咯咯叫一样，又好比不能叫俄罗斯小女奴不卖淫，或哥萨克男人不酗酒那样。阿里比较重视巴尔干的斯拉夫人。波希尼亚人，尤其是克罗埃西亚人是高尚的种族，至于其他欧洲人，他只提到匈牙利人、法兰克人和日耳曼人。法兰克人和匈牙利人有点相像。他们有爱干净的习惯，包括了饮食、穿着和使用家具等方面。他们也很聪明、机智，不过也很容易变得阴险、狡猾、贪财。在阿里所重视的仪态和教养方面，他们属于中等，还擅长条理清楚地谈话。虽然他们一般有漂亮的外表，但健康的人不多，大部分都患有不同的病。他们的面相是显性的，容易做解读。他们很会经商，且当大家一起吃喝玩乐时，也有一定节制。阿里说，总之，他们是优秀的民族。另一方面，日耳曼人固执、不通人情，手工艺之类很强，但别的方面就较为落后。他们的动作缓慢、口齿迟钝，当中只有少许人改宗伊斯兰，他们执著在自己的谬误和不信道。但他们是很出色的战士，不管骑兵或步兵都是如此[38]。

阿里写的这些，应该都是听来的。50年后，艾佛利亚·伽勒比以亲身观察为根据,在匈牙利人和奥地利人之间做了比较。他指出,在前一个世纪奥斯曼人的征讨下,匈牙利人变弱了,没被征服的人也受到奥地利人的欺压。尽管如此,他认为他们比奥地利人优越,在他看来,这种人不善作战。"他们就像犹太人一样,没有打仗的魄力。"匈牙利人则较为杰出。

> 他们虽然丧失了权力,却还是注重饮食、很好客,也很能在肥沃的土地上耕作。他们就像鞑靼人,不管到哪里都是一队人马,带着五到十把枪,手上一支剑,他们外表看来,确实就像是我国的边塞战士,穿着一样的服装,骑一样的纯种马。他们在饮食起居方面很爱干净,也很好客。他们不会虐待战俘,这跟奥地利人不一样。他们练的剑术跟奥斯曼人很像。总之,虽然两者都是缺少正信的不信道者,匈牙利人却较为干净且值得尊重。他们不像奥地利人那样,早上洗脸用的是自己的尿,而是跟奥斯曼人一样用清水。[39]

要是当时的异教徒还稍稍值得研究,过去的异教徒就更看不上眼了,一般的奥斯曼史家并不关心欧洲的历史。

话说回来,有时还是会出现一点兴趣的。1453年,奥斯曼人拿下具有历史意义的君士坦丁堡,史家对该城的过去稍稍有了兴趣,但这兴趣很容易就满足了。

> 穆罕默德苏丹打下君士坦丁堡之后,他看到了圣索菲亚大教堂(Aya Sofya),感到很惊讶。他问了当地人,问了教士和主教长,问了罗马人和法兰克人,亦即那些知道过去历史的人,他想知道是谁建了这座城,谁统治过这里,谁做过国王(padişah)……他还把知道历史的教士、其他的法兰克人叫过来,并问他们:"谁建了这座城,谁统治过这座城?"他们把从书本、史料和传授下来的讯息,尽可能告知了穆罕默德苏丹。[40]

苏丹询问过的教士、官方史家、法兰克人和希腊人是谁,并没有清楚记载。之前的奥斯曼史家介绍有关这座城的历史,完全没有实际根据,没有谈到它和希腊、罗马或拜占庭历史之间的关系。穆罕默德苏丹的兴趣,也有希腊和意大利学者为证,其中有些人是当时的官吏。像这份兴趣,应该算是难能可贵的,不过在奥斯曼的史料中,并没有更多的记载。

少见的大格局史观

土耳其人有关西欧的第一部历史性的著作,是在 16 世纪后半期写下的。它包含了法国的历史,从传奇性的建国者法拉蒙(Faramund)直到 1560 年。从版权页来看,这本书是在菲利顿·贝伊(Feridun Bey)的授意下,译成土耳其文的。他在 1570 年到 1573 年间,担任国务卿到宰相的职位,执行的人有两位,译者哈珊·伊本·汗札(Hasan ibn Hamza),抄写员阿里·伊本·希南(Ali ibn Sinan),译本在 1572 年完成。由于这是以手抄本孤本保存下来,且是在德国,可见这部著作,并没有在土耳其读者方面引发太大的兴趣。

17 世纪期间,出现了变化的征兆,几位土耳其史家和使者,开始显示对欧洲的兴趣,甚至熟悉起欧洲的资料。一位叫易卜拉欣·姆贺米(Ibrahim Mülhemi, 1650 年去世)的人,据说写了一本有关罗马人和法兰克人国王的历史,之间并没有抄本保留下来。他那较知名的同时代人阿提布·伽勒比,在地理方面的著作中研究了欧洲,亦即写了些历史,并在他的某部著作中,提到了一本"有关异教国王的法兰克史"的译本。这本译本至少有个抄本,保留在土耳其的私人典藏里,且在 1862 年到 1863 年间,于土耳其报纸上以连载的方式出版了一部分。阿提布·伽勒比交代了资料来源,即约翰·卡里翁(Johann Carion, 1499—1537)的拉丁文编年史,他用的是 1548 年的巴黎版本。这是路德派学界的好书,在新教的宣传文字中常被引用,这可能也显示,这位法国作者之前虽然是位教士,但却是新教,而非天主教背景*[41]。

除了译本之外,阿提布·伽勒比也写了有关欧洲的介绍。但目前只有在手抄本上,且只写在该章的开头。他表示他的用意,是要提供有关欧洲民族必要、正确的资讯给穆斯林。用意虽然良好,但他的论文却是(借用 Victor Ménage 教授的说法)"很琐碎,只能当成索引,提供给对欧洲所知不多的奥斯曼学界使用"[42]。

同一时间,也出现了对西洋史的少许兴趣,尽管程度不高。在 17 世纪后半期,某种新的社会在伊斯坦布尔形成时,这种兴趣已有所增加。土耳其学者开始碰到西化的、但操土耳其语的奥斯曼基督徒,甚至是欧洲人,所以就有机会学到些有关西洋学术和科学的东西。其中有位关键人物,他是罗马尼亚亲王迪米崔斯·坎特米尔(Demetrius Cantemir),奥斯曼和欧洲社会他两个都熟,自己也写过奥斯曼帝国的历史,不过影响层面有限,对奥斯曼人就外部世界的一般观感而言,影响也小。个中的例外,是 17 世纪末稍稍知名的史家,叫做胡笙·赫札芬(Hüseyn Hezarfen,1691 年去世),他的作品多半都没有出版。他就和他所赞赏的阿提布·伽勒比一样,具有广泛的好奇精神,对于遥远国度的地理和历史,就像对自己国家的古代历史一样感兴趣。据说,他认识意大利地理学者马西里(Ferdinand Marsigli)伯爵、法国东方学者加朗(Antoine Galland),甚至认识坎特米尔和法国大东方学者克鲁瓦等人物。也许通过这层关系,使他得以了解到欧洲书的内容,并纳入他的著作。

其中一本是 *Tenkih al-Tevarih*,完成于 1673 年。这本历史著作分成九个部分,第六到第九部分,处理了伊斯兰世界之外的历史和先人。这个分量占得很重,值得注意。第六部分谈希腊和罗马的历史,第七部分谈君士坦丁堡的历史,第八部分谈中国、菲律宾、东印度、印度和锡兰(Ceylon,即斯里兰卡),第九部分谈美洲的发现。诡异的

---

* 当时的法国人一般是天主教背景。——译者注

是，作者并没有把欧洲列入研究范围，但他对亚洲和美洲的描述，却几乎全靠欧洲资料，即多半是通过阿提布·伽勒比的《世界之镜》。他描述的希腊、罗马和拜占庭的历史，用的也是欧洲资料，才能补充伊斯兰古籍在这方面的不足[43]。

阿赫默德·伊本·路特富拉（Ahmed ibn Lutfullah），一般称为穆内吉姆巴其（Münejjimbaşi，他是位占星官，1702年去世），他的著作有着世界史的大格局。他的大作，是从亚当开始到1672年的人类世界史，据他表示，该书用了七十种资料。作者以阿拉伯文写了这部著作，除了少数摘录之外，原书还没有出版。不过，18世纪初，土耳其大诗人奈迪姆（Nedim）做了土耳其文译本；1868年，伊斯坦布尔出版了三卷本。可想而知，这本书谈的多半还是伊斯兰历史。但第一卷的主要部分，处理了伊斯兰之前和之外的各国历史。前者的部分，还是一方面包括了波斯人和古阿拉伯人，另一方面包括了以色列人和古埃及人，亦即多少照着传统标准来谈的。

作者的古代史跨出了伊斯兰的一般范围，他有关罗马人和犹太人的叙述，显然得自罗马人和犹太人的资料，但也有一部分引用了伊本·赫尔敦的阿拉伯文版本。但作者的资讯，仍远远多过这位北非大史家，而囊括了亚述、巴比伦、（小亚细亚的）塞琉西（the Seleucids）和（埃及的）托勒密等伊斯兰史学几乎很陌生的王国。

显然，他在这方面用了欧洲史料，这见于他谈欧洲的章节。其中将"法兰克人"分成几块，谈了法国、德国、西班牙和英国的国王。资料来源似乎是得自约翰·卡里翁编年史的土耳其文译本，不过作者还往下谈到法王路易十三、日耳曼的利奥波德（Leopold）皇帝和英王查理一世。在这里，他一定是用了后来的补充资料。他介绍了（17世纪中叶）英国内战和处死查理王之后，说道：

> 从他之后，英国人就不再任命国王；有关他们的内政，我们没有进一步的资料。[44]

官方史家的有限观点

十六七世纪的阿提布·伽勒比、胡笙·赫札芬,和穆内吉姆巴其等人,提供了奥斯曼史学有关西欧的大概。他们的资讯有限,主要在自家的范围内找资料。而别的奥斯曼学者,连最起码的兴趣都没有。奥斯曼的穆斯林多半都认为,欧洲唯一值得注意的成就,就是作战的技术,而这只要借助战俘和背教者来研究所掳获的枪炮和船只,就可以了解。欧洲的语言、文学、艺术和哲学,不管有几分重要性,都进不了他们的眼界,连文艺复兴和宗教改革,也不曾在穆斯林这边得到过回响、甚至回应。

着重探讨欧洲的人民和事情的那些著作,未受重视。它们以少许抄本的形态保存下来,有时只有一本孤本,而大部分著作都没有出版。它们对奥斯曼学界的影响,大概很小。奥斯曼学者对欧洲若有较好的了解和想法,可由奥斯曼的重要史家整理起来,有些人还有帝国史家(Vakanüvis)的职称,有的则没有官职。这些史家共同制作了一系列的编年史,涵盖了帝国历史的始末。一般的编年史很早就出版,大致来讲,这对奥斯曼人对自己的观感、在世界上的地位,以及和别国的相处方式上,有着重大的影响。

奥斯曼的官方史家,就像史上的其他国家一样,只关心自己的事情,就算是牵涉到欧洲的部分,例如战争、贸易、外交等时,也是如此。史料里偶尔也会记载彼此的接触,反映了几百年间的演变。

在15世纪奥斯曼进军欧洲的大时代期间,他们的史学还是有些贫乏,仍然是纯土耳其文的纯叙述,反映了伊斯兰边塞战士的眼光和志向。他们看欧洲人,起初当成敌人,后来则看成提供战利品的对象,对于边疆另一边发生的事懂得不多、也不关心。但他们还是知道,除了基督徒对手之外,还对付着哪些人,像"法兰克人"一词就常常出现在有关敌人的名单上。在早期奥斯曼的著作里,这个词通常用来表示意大利人,尤其是威尼斯人,这是土耳其人在扩张到希腊和地中海东部岛屿时所碰到的人。不消说，法兰克人常常惨败，并给战胜者拿走了可观的战利品。早期奥斯曼史家，在讲 903 年和 1497 年的两次胜仗时，列出了战利品的大清单，包括金币、银币、鼬鼠皮和其他毛皮、丝料、缎料，和有着金线银线的织锦——"在发现并抢夺这么多东西时，也就没人再去管马车、马匹、骡子、骆驼或是战俘了，被带走的战俘多到数不清"。欧鲁奇（Oruç）说，像这种找到辉煌的战利品的征战有过几次，包括（保加利亚）瓦尔纳（Varna，1444 年）、科索沃（Kosova，1389 年）和打下君士坦丁堡（1453 年）等战役——"听说是这样的"。他继续讲，世上最富有的两种人，是教皇和法兰克人，"有着比一般世人更多的宝贝，所以让给正信的战士的战利品，也就非常之多了"[45]。

官方史家对欧洲史的认识

有个令人惊讶、较为精细的欧洲观，不在编年史或史料里，而是在 16 世纪初的一首史诗中，写的是庆幸远征的欧洲海军败给了土耳其人。史诗本身并不长。土耳其军在希腊海岸俘虏了莫登（Modon）和其他威尼斯一线部队。威尼斯人从欧洲各地找来了援军，后来在 1501 年 10 月底，一批以法军为主的远征军，对土耳其占领的（希腊）莱斯沃斯岛（Lesbos）发动反击。远征军被打退，促成这首史诗的写作，宣扬土耳其的胜利。这位诗人很客气地用了菲尔得福西（Firdevsi）的土耳其假名(波斯大诗人叫菲尔达悟西，即 Firdawsi)，表示土耳其拿下莫登，已大大打击了法兰克人，尤其是其领袖 Rin-Pap 的气势（这大概是指罗马的教宗）。诗人说当巴耶塞特苏丹拿下莫登时，法兰克人被他手上那把弯刀吓倒，连第九岛（希腊的爱奥尼亚岛）都像鳄鱼一样，缩到海里。当"伪教的大头目 Rin-Pap"知道这个消息时，他开始号召收复莫登的盟军，传讯给所有异教的法兰克人领袖。诗人在诗中不时穿插介绍这些法兰克领袖，包括法国、匈牙利、波希米亚和波兰的国王，后两国还照着斯拉夫人的成见，说成捷克人

(Czech)。其他的欧洲领袖分别叫做 Kız-khan，亦即女汗王（也就是卡斯提尔的伊莎贝拉），她派出她的 ban（奥斯曼文人用来称呼军事将领的匈牙利文），带着西班牙部队支援海军；doza，亦即威尼斯总督；安达卢西亚和加泰罗尼亚的领袖、罗德岛的骑士，甚至有俄罗斯亲王伊凡三世（Ivan III）[46]。按照史诗的格式，敌军的领袖也可以发表演讲、撰写国书，这就多少显示了，诗人看待法兰克人的信念和立场的观感。不消说，他们所看的和所说的，都被呈现为不信道者。这在斯拉夫亲王的讲话中特别明显：

> 朕是基督的仆人，朕是马可（St. Mark，原注：威尼斯的圣马可区）的偶像的奴隶，跟匈牙利国王比起来，朕更是了不起的以物配主者（偶像崇拜者）和不信道者。[47]

16 世纪期间，奥斯曼帝国国力最强，从史家们就反映出穆斯林的自信、优越与立于不败之地的气势。只有告老还乡的宰相路特菲（Lûtfi）帕夏，忧虑着帝国的未来，提醒着他那不太厚道的君主两大风险，即国内的贪腐和法兰克海军的崛起。大半的史家并没有为此感到忧虑，只要提到法兰克人，要不是当成野蛮的对手，就是看作进贡的藩属。在 16 世纪末 17 世纪期间，有资料显示，当时出现了法兰克人的商人和商船，以及法兰克人的使节团，偶尔来到伊斯坦布尔。奥斯曼史家希兰尼其·慕斯塔法埃芬迪（Selaniki Mustafa Efendi），记载了 1593 年第二位出使伊斯坦布尔的英国大使爱德华·巴尔顿（Edward Barton），以下是作者的话：

> 英国岛国距离伊斯坦布尔的黄金岬角，有三千七百英里的海路路程，英国统治者是位女性，她凭着完全的权力，统治着继承下来的国土，维护着她的国家和主权。她属于路德派的宗教，她派出大使，送去她表示忠诚的国书和礼物。那天有朝廷的会议，大使得到了合法的娱乐和表扬。一艘前所未见的陌生船只，进入

了伊斯坦布尔的港湾。他走了三千七百英里的海路，带来了八十三把枪以及其他武器，这些武器的外形有着令人讨厌的猪的模样。这件天下大奇事，值得记载下来。[48]

作者这样描述英国船只和枪支，似乎有点夸大。但至少他知道，英国有位新教的女王，而且还可能知道，这些沉重的武器是载运过大西洋而来的。

十七八世纪期间，奥斯曼官方史家稍稍注意到了对欧关系。欧洲各国还是被称作"英国不信道者"、"法国不信道者"等等，尽管早期官方史料中的咒骂习俗，已经慢慢减少、减轻。

话说回来，一般的奥斯曼史家虽然开始留意起欧洲边境的事物，但对其内部的事情还是讲得很少。之所以如此，部分是因为奥斯曼官方史家认为，叙述这种事，与其说是个别的陈述，不如说是经常性的流水账，所以就随意地大段抄录。连17世纪的学者阿提布·伽勒比，虽在史地著作中显示了对欧洲的兴趣，但在他官方的一般记载中，还是照着规矩做。例如当三十年战争期间的消息来到土耳其时，他就记得很简短，后来几位作者也几乎照抄，它登载在伊斯兰教历一○五四年的事件的编年史料中。在当年的十月，相当于西元1644年12月，他说，伊斯坦布尔收到"来自（匈牙利的）布达边塞的要人"的汇报，有以下的消息：罗马皇帝斐迪南（Ferdinand），想让七位选帝的国王，同意提名他儿子成为终身的皇位继承人。选帝侯当中有位法王的支持者，皇帝就在征得西班牙国王的认可下，派人下手除掉了他。法国国王很愤怒，就与瑞典结盟，攻打了日耳曼，拿下布拉格古城。这场战争持续到伊斯兰教历一○五七年（西元1647年）签订和约为止。奥地利被迫割地，将亚尔萨斯让给法国，（中北欧）波美拉尼亚（Pomerania）让给瑞典，奥地利势力大为削弱[49]。

这段记载，不管是瑞典军进入布拉格（他们没有拿下这座城），或是西伐利亚（Westphalia）条约，都有一些错误，而且显然忽略了战争的先前阶段，更不用谈到，它在宗教和政治上的复杂关系。在另一个段落里,标题是"法国和瑞典对抗异教的奥地利的战争",作者讲得稍微详细一点。事件被摆在伊斯兰教历一〇四〇年(西元1630—1631年)。他说,法王路易十三想当皇帝。皇帝要由七位选帝侯来推选,其中每位都有自己的封地。据说,法王多出了两票以上。当时的皇帝,是现任斐迪南皇帝(Ferdinand III,1657年去世)的父亲,他设法让他的儿子被推选为终身的继承人。几位选帝侯否决了这项提名,表示这么做并不好,且违背法律。法王便与瑞典王结盟,发动战争,并表示这种终身的任期制,有违异教徒的法律。菲利普四世(Philip IV,1665年去世)"仍然是西班牙国王……是法王的母舅,所以两者之间并没有战争。但一般西班牙的国王就像日耳曼或匈牙利人一样,是属于Dostoria(大概出自意大利文的奥地利)家族的,所以他是站在皇帝那一边"。西伐利亚条约之后,是有关三十年战争的简短评语[50]。

在有关法国的事务方面,阿提布·伽勒比还有一些报道,在伊斯兰教历一〇一八年的部分,他记载着法王亨利派来代表团,要求更改贸易协定[51]。法国大使的名字据说是法兰西斯·萨瓦里(Franciscus Savary)。他指出双方君主先前的友好关系,提到穆罕默德苏丹时代所签订的条约(原注:实际时间比较晚)。这位大使,也就是德·布里佛斯伯爵(count de Brèves,1560—1628),于西元1605年离开伊斯坦布尔,这些协定在1604年5月20日修订。作者指出,除了法国之外,其他签下协定的王国,还有威尼斯、英国、热那亚、葡萄牙和加泰罗尼亚、西西里、(意大利)安科纳(Ancona)、西班牙和佛罗伦萨,其中有很多都是用法国的国旗和法王的名义。作者说,大使还谈到了其他问题,包括了能否到耶路撒冷朝圣,柏柏尔穆斯林海盗的活动和先前的军事合作事项等。

1653年1月,威尼斯的使节团到来,在英国大使的协助下求和,这使得奥斯曼官方史家留下了少见的个人化评语。他说威尼斯大使是"九十岁的、头和手抖个不停的不信道者,但却是老奸巨猾"[52]。这位大使是乔凡尼·卡佩罗(Giovanni Cappello,1584—1662),实际上,当时他六十九岁。

突破框架的另类史家

在 17 世纪的奥斯曼史家中，有个不一样的人，他是易卜拉欣—义·培奎 (Ibrahim-I Peçuy)，一般叫做培伽维 (Peçevi)，他的历史记载，是从 1520 年到 1639 年。他于 1574 年出生在匈牙利的佩奇 (Pecs) 城，城名也就是他的姓。就父方来讲，他来自土耳其家族，几代以来都在苏丹的政府中任职。母亲属于索科洛维契 (Sokolovič) 家族，所以有伊斯兰化的塞尔维亚血统。他除了安纳托利亚的公职之外，大半生大概都花在匈牙利和邻近的帝国行政区。他不关心世界史或世界地理，更不用说撰写或翻译那些异教国王的历史。他主要关心的，就跟一般奥斯曼或欧洲史家一样，是他所属的帝国的历史，尤其是和欧洲对手发生的战争。

在早期阶段上，他大概还是照本宣科；但晚期阶段，他主要用第一手的证据——自己的经历和老兵们的叙述。除了资料来源超出正规之外，他也有个革命性的观念，即请教敌方的史家。他最喜爱的是军事史，尤其是发生在匈牙利平原的几场大战的细节。有时奥斯曼的官方史家缺的就是细节，培伽维则是反其道而行，他说："在我国，能读能写的匈牙利人何其之多（原注：他用的匈牙利字 deak 表示懂拉丁文的人）。"[53] 可见，当时在帝国里有许多匈牙利人，若不是战俘就是改宗者，都是这位史家心目中的读者。他的写作程序大概是这样的，请人将拉丁文的匈牙利官方史料念出来之后，自己译成土耳其文。他把很多段落纳入自己的编年史，其中有莫哈奇 (Mohacs) 的大会战，和其他与匈牙利人有关的战争事件。他虽然没有标示资料来源，但其中有两个被现代学者考证出来了[54]。培伽维大概是史上首位奥斯曼史家，在参考了敌方的说法之后，将两方的史料编制成单一叙述的人，他在这方面可说是前无古人，之后也有很长一段时间是后无来者的。他的编年史包含了欧洲方面数种参考资料，通常是关系到奥斯曼或伊斯兰人的资料。他简短谈到过，1552 年法国和土耳其的联合海军对抗西班牙的军事行动，还谈到了，1568 年到 1570 年间一批改宗基督教的穆斯林出现在西班牙。说到边境的战争，他当然讲得很多，也讲了不少在地中海对抗威尼斯及其盟军的海战。有时，他甚至敢于撇开一般官方史家最为关心的政治和军事事项。例如，他叙述了英国商人将烟草引进土耳其及其结果，甚至简短评估了欧洲在印刷术和火药上的发明[55]。

史家看对欧关系与和平

在一系列的奥斯曼帝国史当中，最出色的大概是奈马的史书（Tarih-i Naima）。它涵盖了从伊斯兰教历一零零零年到一零七零年，相当于西元 1590 年到 1660 年。奈马这位既编又写这段历史的学者，是奥斯曼史家中最了不起的人之一。他有着不同于一般史家写史的概念，而对历史的性质抱持着某种哲学观，且有过深刻的思考。这段历史的重要主题之一，是欧洲的战争，包括了发生在巴尔干半岛和黑海地区的战争。他把事件经过交代得很详细，而且在匈牙利和（罗马尼亚）特兰西瓦尼亚（Transylvania）的地方领袖上，谈得很深入。但哈布斯堡的皇帝多半时候是若隐若现，而西方各王国的国王，几乎不曾出现。讲到在德国的三十年战争，虽说是当时的历史大事，且对奥斯曼人有直接的影响，但奈马只是照抄之前的官方记载，以为西班牙国王菲利普四世"还是当时的西班牙国王"，其实时间相差了一百年。难怪他对更远的事件就更不关心，例如法国的路易十四和黎塞留（Richelieu）主教的活动，或是英国的内战和民生问题。

不过就某方面来讲，奈马也显示了有别于奥斯曼史学的格局。他对更远古的历史感兴趣，而且有心做古今事件的比较，但这在奥斯曼史学当中并非完全没有先例。16 世纪史家肯马帕夏查德（Kemalpaşazade），就将 1521 年苏莱曼大帝与欧洲皇帝开战，拿来和中世纪时日耳曼的十字军入侵小亚细亚作比较。奈马写史的时代，是在 18 世纪初，那时奥斯曼帝国遭到奥地利和俄罗斯的重大打击，所以拿几百年前的光荣事件和十字军的最终失败来寻求慰藉。

> 伊斯兰教历六百年之后（原注：时间上略有错误），由于伊斯兰的国王们之间并不和睦，常常出现纷争，在他们彼此斗争的时候，法国的不信道者和别的不信道者国王，尤其是奥地利大举出兵（原注：设法将当时的奥地利战争联系到十字军，可谓别有用心），并派一大批舰队来到地中海沿岸，加以占领。

作者接着叙述，战胜的法兰克人，一开始如何能在叙利亚和巴勒斯坦沿岸建立政权，甚至威胁到大马士革和埃及。这种威胁被（埃及和叙利亚苏丹）萨拉丁打消了，他牵制住十字军，这最后被后来的苏丹给赶走，"因占领而污染的土地，现在又恢复了纯净"。大概要从这里，奈马才能为当时的奥斯曼人找到凭靠。中世纪时，埃及的苏丹们觉得要做点变通，甚至有人乐于订约，把耶路撒冷让给法兰克人。可见奥斯曼人也遭到一连串的挫败，有心不计条件求和以避免毁灭，好东山再起[56]。

奈马在别的地方讲得更清楚：

> 这是……为这样的目的而写的，指出和不信道的国王们谈和，以及和世上的基督徒保持和平有多重要，这样（奥斯曼）国土才可以维持，人民才得以休养生息。[57]

18 世纪官方史家的眼界

接任奈马的帝国史家职位的，是拉希德埃芬迪（Raşid Efendi）。他从奈马停下的那一年，即伊斯兰教历一零七零年，相当于西元 1660 年，接下去，直到 1720 年。所以他的编年史，涵盖了奥斯曼对欧关系中一系列的重要事件：维也纳之围的二度失败及之后的撤退，1699年的卡尔洛维茨和约*，1710年到1711年间对俄罗斯彼得大帝的战争，及1714年到1718年间对威尼斯和奥地利的战争，以及和瑞典国王查理十二世（Charles XII）复杂且耐人寻味的交涉，包括他有点不受欢迎的访问土耳其的苏丹。这就难怪，拉希德埃芬迪比前辈更注重外交关系，包括了和奥斯曼的直接对手之间的和平谈判，如俄罗斯、奥地利和威尼斯，甚至是离得较远的欧洲国家。拉希德也是首位详谈出使欧洲国家的代表的史家，他的前辈们最多只讲到他们的出国和回国。拉希德用了新的办法，将代表们回国后（有的成为大使）的报告，成段地引用到他的官方记载。话说回来，尽管他注重了对欧的外交关系，但对各国的内部事务还是不加关心，对该历史时期内的主要欧洲事件，仍像他的前辈一样略之不论。

他的同辈和18世纪中期的后辈们也差不多，尽管他们在对欧的外交关系，和有关欧洲统治者方面的细节略有增加，甚至对欧洲事务的兴趣也开始了。奥斯曼史家希利贺达（Sılıhdar），提供了有关1697年才签订的里斯维克和约（Treaty of Ryswick）的详细土耳其文版本[58]*。几位奥斯曼史家都乐于以一两页的篇幅，叙述奥地利战争的始末，和有关国家的名单及其利益考量。除了有关三十年战争的极简短叙述之外，这是第一场受到奥斯曼史家重视的欧洲战争。当时的另一位史家谢姆丹尼查德·苏莱曼埃芬迪（Şem'danizade Süleyman Efendi），以奥斯曼人的用语，讲解了神圣罗马帝国选举制度："这个国度包括了九个王国，其中三个是莱茵河国区（Eyalet）**里头的邦（Sanjaks），即美因兹、科隆和特里尔。这是前三个选帝侯，具有祭司的特征。"其次是捷克、巴伐利亚、萨克森和普鲁士等国区，（德国西南）法耳次和汉诺威等邦。除了这九个邦之外，还有萨伏依邦，目前由萨丁尼亚国王统治；（德国中西部）黑森邦是独立的公国；（德国西

---

* 该和约是法国侵略莱茵地区，遭欧洲联军击退后所签订的。——译者注

** 在土耳其语中该词代表行省，但用于称呼欧洲的区域时容易混淆，酌改为，下面的Sanjaks 也比照处理。——译者注

南部）斯瓦比亚国区则是独立的共和国。谢姆丹尼查德对各个邦有一些说明。他指出，普鲁士邦的统治者叫做 Grandebur，他说这个名字是布兰登堡的讹传，这是邦中的城堡名；正确名字叫做 Fredoricus（腓特烈）。讲到第九个邦，即汉诺威时，作者指出它是"现任英王 Jojo 的世袭封地"[59]。这个词显然是 Giorgio 的讹传，显示是意大利人提供的消息*。有关奥地利的情势和战争的始末，就占了两个印刷页的篇幅，是奥斯曼官方记载中最详细的。作者也简短提到了在欧洲的其他事件，尽管重点放在奥地利和俄罗斯，有时也会顺带提到较遥远、神秘的国家，例如法国、英国、荷兰和瑞典。尽管他们彼此之间也有差异，甚至对立，不过共通点还是对伊斯兰国家的敌意。所以，在 1736 年奥斯曼与俄罗斯之间的危机爆发前，英国和荷兰大使警告奥斯曼政府要当心时，还被看成是跟俄罗斯合作而别有居心[60]。

从瓦瑟夫（Vasif）的编年史，可以看到后续的变化，时间包括了从伊斯兰教历一一六六年（西元 1752 年）到一一八八年（西元 1774 年），所以是处理了危及奥斯曼帝国存亡的时期，在与胜利的俄罗斯签订丧权辱国的凯纳甲湖条约时达到顶点。瓦瑟夫本身活在美国独立和拿破仑战争的时代，亲眼见过例如法国侵略和攻占埃及的历史事件，所以他还另外写了本书。他在编年史中报道了奥斯曼派到维也纳和柏林的特使团，并成段地引用了使节对中欧政治情势的报告。

18 世纪以来的研究状况

在 18 世纪初，当奥斯曼帝国牵涉较多的欧洲事务时，官方史家对这方面的注意显然还是很少。除了战争部分有稍加叙述外，他们对与俄罗斯、奥地利和西欧的关系，还是不及对波斯关系那么留意，更比不上对帝国内权贵们的斗争那么留意。对国外事务的兴趣，虽比以前稍多，但仍是很有限，而官方史家的资讯，似乎局限在外国人、背

---

* Giorgio 可能通英语的 George，即乔治。——译者注

教者和当地非穆斯林等的小范围。18世纪时，奥斯曼人对欧洲国家和民族的了解，相当于19世纪欧洲人对非洲种族和民族的了解——两者都抱持着类似的鄙视。只有危机感才开始改变这种态度，但这也是缓慢、渐进的。

直到18世纪末，奥斯曼人对欧洲的介绍，还是没有什么实质的内涵，但这还是比以前进步了点，尤其相较于完全缺乏波斯文或阿拉伯文资料（除了一些摩洛哥使臣的报告外）时，更是如此。

18世纪时的新情势，即战败和危机感，改变了奥斯曼对欧洲的兴趣之性质。现在主要关心的是防患未然。但分隔两个文明的障碍一旦被突破，就很难再严格管制之间的交通。一方面是军事科学上的兴趣，另一方面是政治和军事情报上的需求，都引起对欧洲最近历史的兴趣。尽管一开始时是零星片段，后来等到土耳其人逐渐了解到，帝国的存亡很可能决定于正确掌握欧洲的时势时，这样的兴趣也就变得更迫切。

土耳其的第一家出版社（印刷社）创于1729年，1742年停社，其间出版了许多有关历史和地理的书。其中包括了穆罕默德埃芬迪出使法国的报道、创社者易卜拉欣·穆特斐里卡（Ibrahim Müteferrika）所写的、有关面对欧洲陆军的战略学论文，以及欧洲人写的战史的波斯文译本。易卜拉欣也出版了一些先前的著作，包括16世纪新世界的发现史和阿提布·伽勒比部分的地理学著作。

能显示对欧洲历史的新兴趣的，除了上述出版社的书之外，还有典藏在伊斯坦布尔的一些手稿。一份记着1722年的手稿，概述了奥地利从800年到1662年的历史，这是由（罗马尼亚）蒂米什瓦拉(Temesvar)的奥斯曼·阿嘉通译官，由德文译出的。还有更关心时势的稿件，这是两份写于1725年的匿名手抄本，提供了有关当时欧洲第一手的、几乎是最新的资讯。

其中一份是有关欧洲事务的简短考察，以至少四件土耳其文手抄本的形态保存下来，显示了一些研究兴趣。它从神职和世俗的各职级的定义来着手，亦即着重以统计学的观点来考察欧洲各国。它先谈神圣罗马帝国的各个领土，次谈意大利的城邦（威尼斯、热那亚等），接着是瑞士、法国、西班牙、葡萄牙、（地中海）马耳他、"英国人的国土"、荷兰、丹麦、瑞典、波兰和俄罗斯。作者在英国方面懂得不多，例如他把在位的君主叫成威廉二世（原注：在写下这篇文章前，威廉三世早已去世于1702年），尽管写得很用心，国外的地名也都很正确，但英国部分却多半有点离谱。他在欧陆方面懂得较多，例如科隆的大主教是巴伐利亚亲王的儿子，（德国）梅克伦堡（Mecklenburg）"这阵子遭到俄罗斯人占领"（原注：其实是在1716年），以及"上一任沙皇"（原注：彼得大帝去世于1725年）占领了瑞典大半的波罗的海国土（原注：借着1721年的条约）等等这类的变化。

另一份手抄本也是保存成好几份的稿件，讲的是世界各地的海军，手抄本上有个说明："来自法国南部图卢兹（Toulouse）的一位有学问的教士，在宰相面前皈依了伊斯兰。他游历过许多地方，通晓各地的事务，这篇论文得自他的见闻。"[61]

这两篇论文显然是由同一位作者写的，作者很可能从法国的那位背教者，取得有关海军事务的讯息。从那些西洋名字的拼写方式来看，作者有匈牙利的血统——说不定就是易卜拉欣·穆特斐里卡本人[62]。

另有一份介绍，记载着1733年到1734年，讲的是"欧洲国家的一些历史形势"。作者是克劳德—亚历山大·德·波纳瓦（Claude-Alexandre de Bonneval），后来叫做阿赫默德帕夏，是位进入奥斯曼政府并皈依伊斯兰的法国贵族。这篇文章讲了奥地利、匈牙利、西班牙和法国的事件，被译成土耳其文，可能是直接译自作者的法文手抄本。还有一位史家阿布达·拉曼·蒙尼夫埃芬迪（Abd al-Rahman Münif Efendi，1742年去世），扼要考察了数个重要的王朝，除了伊斯兰君主外，还有异教君主，如基督教罗马皇帝、拜占庭皇帝、法国国王和奥地利国王等。有一份18世纪末的手稿，标题是"欧洲事务的考察"，它谈到了腓特烈威廉二世的普鲁士和革命政府下的法国，以及1799年一位叫科斯莫·科米达斯（Cosmo Comidas）的伊斯坦布尔基督徒，列了一份土耳其文的参考目录，列出在位的欧洲君主，包括了他们的诞生和登基，首都和封号、继位者和其他有用的资讯[63]。

在阿拉伯国家里头，亦即奥斯曼的领土或属国，除了基督徒少数族群的有限范围之外，一般对西方的兴趣就更小了。在摩洛哥方面，派驻欧洲各国首都的大使的一些汇报，提供了有关政界人士的一些基本讯息。但在历史方面的兴趣，就要等到19世纪才出现。在受奥斯曼统治的阿拉伯东方，只有在18世纪19世纪之交法国人和英国人打进来时，才暂时引起这些人的关心。但当时写下的介绍，数量很少，且几乎只关心到法兰克人在东方的活动，而不是研究其国内的事件，亦即促使他们来到这里的因素。要等到19世纪20年代，埃及才首度出现有关西洋的书，这是力求现代化的统治者穆罕默德·阿里帕夏，在开罗设立的印刷社所出版的西书译本。在伊朗及别的阿拉伯国家，穆斯林对西洋的兴趣出现得晚了许多，这还是西洋势力的直接影响。

第六章
宗　教

以宗教做首要的认同和分别

在穆斯林看来，宗教就是自我认同和认同他人的核心价值。伊斯兰之地就是文明的世界，当中有穆斯林政府的统治，伊斯兰教法的教导，只要非穆斯林接受这样的前提，他们的群体也可以享受到伊斯兰国家和社群的包容。在穆斯林和外部世界之间的基本区别，就是接受伊斯兰教义与否，普通地理，甚至人文地理的习惯性称呼并不是最重要的。我们都知道了，穆斯林了解一项事实，在北方国界那边的人，叫做罗马人、法兰克人、斯拉夫人等等，讲着各种不同的方言。但这件事本身并不重要，在伊斯兰世界内，就有许多人种和民族，尽管穆斯林比较想拿少数几种语文作为政治、文化和贸易的媒介，这种情况，也相当于欧洲大陆各种的地方方言和惯用语。

真正的差异在宗教。信仰伊斯兰的人叫做穆斯林，不管是身处哪个国家、受谁的统治，都是真主的共同体的一分子，不接受伊斯兰的人就是不信道者。它的阿拉伯字就是 kāfır，本义是不信或否认，一般特指不相信伊斯兰教义，并否认它的真理的人。

严格说来，不信道者泛指所有的非穆斯林。不过，就阿拉伯文、波斯文和土耳其文的用法来说，这已经专指基督徒。同样地，战争之地也渐渐被视为有着敌对的信仰的群体，它一开始代表基督教国家，之后则代表欧洲。当然穆斯林也知道，在基督徒之外，也有别的不信道者，有的是相距太远，如亚洲的印度教徒和佛教徒，影响不到中东和地中海的伊斯兰社群的认知和用语；其他像非洲的非穆斯林原住民，和他们的关系比较密切，而被视为、称为多神崇拜者和以物配主者（偶像崇拜者）。在中东只有两种外教比较有名，即祆教（拜火教）和犹太教，但两者势力都不大，影响也小。这两者都已丧失了政权，且不被看成处于与伊斯兰战争的状态。犹太人只被看成"迪米"（协定之民），残余的祆教徒也拥有差不多的地位。kāfır 在奥斯曼时代，甚至在官方用语中，并不包括犹太人。在许多处理非穆斯林群体的税务及其他事项的文献中，官方惯用语是"不信道者和犹太人"，可见后者并不包含在前者之内。这部分证明了基督徒的一定地位，部分也承认了犹太人一神信仰的不容忽视。在奥斯曼以及现代土耳其文当中，kāfır 一词常被 gavur（异教徒）所取代，可泛称一般的不信道者，也可单称基督徒。这个词显然是 kāfır 的错误发音，可能是受到波斯古字 gabr 的影响，这个字本指祆教徒，但有时候也可指基督徒。

在奥斯曼的关税规定上，也可看到同样的区分。它通常规定了三种关税费率，不是决定于商品，而是决定于商人，尤其是商人的宗教。在三种费率中，穆斯林和奥斯曼人的最低；协定之民的费率中等；费率最高的，是来自战争之地的不信道者。耐人寻味的是，犹太人的话，不论其国籍或宗派，都是协定之民的费率，即使他来自欧洲。波斯人也有着同样的原则。在 19 世纪初，他们给俄罗斯人，亦即给俄罗斯的基督徒境外特权，但同样来自俄罗斯的逊尼派穆斯林，却没有这种特权。

所以，标准的不信道者就是基督徒，其所属的国家在穆斯林看来，就是"不信道者的领土"，亦即基督教国家。这种认同与分别的宗教界定，可以说具有普遍性。相对于从欧洲来到伊斯兰世界的人，把自己看成英国人、法国人、意大利人、德国人等等，但穆斯林去到欧洲的却很不一样，不管来自摩洛哥、土耳其或伊朗，他们都把自己看成是到基督教国家的穆斯林，而不去区分彼此的国籍、领土或种族。

他们几乎都把自己的国家称为"伊斯兰国度",称自己的领袖为"伊斯兰君主",或类似的说法。

谈到基督教时的习惯用法

直到将近18世纪末时,奥斯曼出使欧洲的代表,才以奥斯曼称呼自己和自己的国家,而有别于一般的宗教认同方式。不过一般的出国旅行者,还是自称穆斯林,称其社群为伊斯兰,也还是把接待的欧洲主人和其他人都称作不信道者。18世纪时,一位到奥地利的土耳其人回忆时说:"奥地利大使派了三个不信道者来会见我们……"[1] 意思是大使派了三个人来会见他们。"不信道者"一词不仅用在欧洲人的一些民族或政治指称;这个词也常常代替较为基本的词,像个人、人或人类。

欧洲人之所以不同,并不是因为他属于另一个国家,从属另一位统治者,住在另一个地方,或是讲另一种语言。他之所以不同,是因为他信另一种宗教。这样的不同就使得他必然受到敌视或鄙视。难怪现在谈基督教的作家,会运用现代文宣的常见方式,不断强调这些重点。只要是有关欧洲的,不管是国家、团体甚至个人,几乎一律被称为不信道者,也不管是以名词或形容词的形态。不管是在官方交涉或是历史著作中,这个词在区别基督教的不同国家或民族上,常变得很必要。换句话说,就是讲英国不信道者、法国不信道者、俄罗斯不信道者等等。这个意思还常用一些难听的绰号或咒骂来强调,多半还用了押韵的形式。在奥斯曼的用法里,各国都有押韵——Ingiliz dinsiz(没宗教的英国佬)、Fransiz jansiz(没灵魂的法国人)、Engurus menhus(不幸的匈牙利仔)、Rus ma'kus(不开窍的俄国佬)和 Alman biaman(阴狠的德国人)等等。在伊斯兰国家方面,正面的和负面的押韵字都有,可视情况使用。用在 gavur(异教徒)的押韵字都是负面的,想表示善意的话,就不要去用它[2]。在中世纪的著作中,欧洲人个人的名字都附上了咒骂。这些都不是随便说说,而是明显别有含义,且常以强调的语气讲出来的。

把欧洲人叫做不信道者,这个习俗显然是很久远、很普遍的。它甚至出现在表达友好和礼貌的国书,亦即穆斯林君主写给基督教的欧洲君王的国书上头。例如穆拉德三世苏丹在修书给英王伊丽莎白时告诉她,他打赢了"奥地利和匈牙利的不信道者",他的军队挺进了"卑鄙的不信道者的土地",要求女王"赶紧一起来对抗西班牙不信道者,在主的佑助下,陛下将大获全胜",并表示对波兰和葡萄牙不信道者的善意,"这些人是陛下的朋友"。连7世纪中期的阿提布·伽勒比在提到法兰克人时,也总是附上咒骂的惯用语,如"注定被毁灭的"、"命定下火狱的"等等。后来,到了18世纪中期,奥斯曼官吏在报道他和奥地利人协定国界时,还用解放(即恢复)贝尔格勒作开头,从奥地利人的手上解放"吉哈德之地"[3]。欧洲政府或个人的政策和作为,一般都用这些词来形容,如为非作歹、恶搞、耍阴、用诡计、玩花招和其他表示道德败坏的说法。既然这种评价是这么根深柢固,在文字里头也就用得理所当然。这些习惯用法,一直沿用到奥斯曼帝国直接涉入欧洲事务,不管是盟国或敌国的时期,以及奥斯曼的官吏,甚至史家开始注意到这些国际利害关系的时期。直到18世纪末,这些惯用语才消失,但在穆斯林使节的报告里,还是继续使用"不信道者"一词来指他所碰到的人、团体或机构。19世纪期间,这种语言才开始从公文和史学用法中消失,尽管在一般的、口语的用法中还保留得很久。

尽管穆斯林的思考,甚至言谈都以宗教为重,但还是可以发现,他们有留意到西洋世界的宗教。穆斯林的使节和史家多半会谈到宗教事务,但对欧洲的基督教并没有太大兴趣,所提供的介绍也很少。他们都知道欧洲人是基督徒,对大部分人来讲,懂得这些就够了。基督教对他们来讲,毕竟不是新的,它是伊斯兰教直接的前身,在伊斯兰国家之中,仍有一定的少数群体为代表。从穆斯林的观点来看,基督教可以说是被知道、被品评和被驳斥的。

基督教的分裂和对方政界利用新教

中世纪时的穆斯林学者，在基督教的信仰和实践方面，拥有一定规模的阿拉伯文文献，在初期的基督教历史以及基督教会的不同宗派方面，都可以整理出相当详细的知识。但早期这种兴趣并没有持续，而奥斯曼学者谈基督教时，靠的似乎是早期穆斯林的阿拉伯文文章，而不是利用新的考察或消息。例如阿提布·伽勒比有一篇关于欧洲的论文（写于1655年），以讲解基督教做开头，用的却是中世纪的概念。他告诉读者，这个宗教的根据是四福音书，他正确地列举了出来，和伊斯兰很相近，有着五大信条，即洗礼、三位一体、道成肉身、圣餐和忏悔。他在每一条上稍加解说，在"三位一体"一条下，谈到了初期教会在基督方面的争论。在这一点上，阿拉伯文的古籍中，有相当详细的资料。他引用了阿拉伯文版本的（西元4世纪基督教）尼西亚信经（Nicene Creed）的经文（省略了filioque一条），并指出，基督徒从此分成三大"宗派"——他在此所用的词 madhhab（土耳其文mezheb），一般指的是逊尼派的四个教法学派。基督教三个宗派，是雅各比派（Jacobites，叙利亚基督一位论派）、（古叙利亚、埃及等）东仪天主教派（Melkites，一译正宗东方基督教），和聂斯脱里派（Nestorians，即景教），作者讲解了各派在基督的人格和神格上的不同信条。在作者谈到雅各比派时，严格来讲是雅各·巴拉迪俄斯（Jacob Baradeus）的叙利亚教会的教徒时，他像是在强调基督一位论，所以他指出"雅各比教徒多半是亚美尼亚人"。正宗东方基督教徒，就是从社会阶层和教会等级来看，都可证实为正统的宗派的信徒，所以是希腊人和罗马人的宗派。他指出，聂斯脱里派是较晚的宗派，打破了一般所接受的信条，而自成一个宗派。在作者的那个时代，雅各·巴拉迪俄斯和聂斯脱里的宗派，都已经没落，连亚美尼亚和（古埃及）科普特的一位论教会，都安心服从伊斯兰的治理。后来又因为宗派的关系，使正宗东方基督教分裂成希腊正教的东方，和罗马天主教的西方等教会，西方教会后来又因为宗教改革而分出新教教会，这样的史实就奥斯曼的观察家来讲，应该比之前宗派的论争来得重要——但作者却根本未加评论[4]。

天主教和新教之间的差别，虽然没有受到注意，但史家对于发生在中欧的宗教战争，也有他的说明。他告诉读者，有一天奥地利皇帝突然心事重重，眼眶充满泪水，这使得他妻子，亦即西班牙国王的女儿问起了个中原委。他就说，问题就出在他和奥斯曼苏丹之间的差异。每当苏丹传送指令，要属国的亲王们带着部队前去支援，他们就马上出动，没有留下后备部队给他。奥地利皇帝也可以传送这样的讯息给匈牙利的亲王，但他们并不需要为他而出动部队。听到这样的苦衷，皇后就表示：" 奥斯曼属国的战士，都属于苏丹的信仰和宗派，这就是他们乐于效忠的缘故。匈牙利亲王们不肯派兵，是因为他们和陛下不同信仰。" 皇帝恍然大悟，马上派代表和教士到匈牙利亲王那儿，命令他们" 彻底反省自己的伪信"。有些人照办，但很多人不肯，这就造成了不少的苛政和压迫。" 而这就是大能的真主，连不信道者都不肯放弃的真主，之所以派出伊斯兰的武力来制伏他的缘故。"[5] 不久之后，游历过匈牙利和奥地利的艾佛利亚·伽勒比也指出，两者属不同的教会，匈牙利人是路德派，而奥地利人" 服从教皇"。他指出，为了这个缘故，他们彼此敌对得很厉害。但由于两者都是基督徒，就联合起来对付穆斯林，艾佛利亚就引了一句穆斯林传统中的话：" 所有的不信道者，都算同一个宗教。"[6]

就新教和天主教之间的分裂，及其对伊斯兰的重要性和价值而言，奥斯曼的官方可能比学界还要来得警觉。这部分原因可能是，离开西班牙的穆斯林难民会带来消息；还有部分原因是，新教国家的一些使节设法表示，他们和穆斯林同样是一神论者，有别于崇拜偶像、信仰多神的天主教，所以不妨在贸易、政治、其他方面互相往来云云。奥斯曼官方大概没有信以为真，但偶尔会加以验证。1568 年到1570 年间，在西班牙被迫改宗基督教的穆斯林起来反抗，苏丹派出特使团，要他们效法路德派的奋战精神来对抗" 服从教皇及其宗派的人"。他们建议反抗军跟路德派建立秘密联系,当路德军与教皇的军队作战时,反抗军要在自己的地盘上,挖天主教教区和军队的墙脚[7]。谢利姆二世苏丹甚至派出秘密代表,去会见在西属低地国的新教领袖。一封奥斯曼的国书,点出了穆斯林和路德派之间的共同利害,当时的路德派起兵反抗天主教及其偶像崇拜:

> 自从诸位起兵反抗教皇派,并名正言顺杀死他们,我国便开始想方设法来关切你们。在你们的立场,是不要崇拜偶像,废除偶像和肖像,以及教堂的"钟声",并宣布你们的信仰,表示全能的主是独一的,圣耶稣是祂的先知和仆人,现在凭着全副的灵和心,渴求着、追寻着正信;但他们所谓的教皇缺乏正信,并不认他的造物者为独一,把神性归给圣耶稣(求主赐他平安!),并崇拜着从自己手里做出来的偶像和画像,才给主的独一性蒙上多少疑惑,使得多少主的仆人误入伪信的歧途。[8]

后来,奥斯曼与英国伊丽莎白女王的通信,也显示了新教方面类似的利害关系,但不是与之结盟,这不是主的意欲,而是用以有效分化天主教的势力。

对天主教的了解

教皇制也几乎逃不出穆斯林的注意,许多穆斯林学者评论过,这种有关罗马的领袖的怪现象。他们称教士们的最高统治者为 al-Bāb,亦即教皇[*]。伊斯兰既没有祭司职权,也没有教会等级制,而组织严密的基督教会,在穆斯林看来也很难理解。到了奥斯曼时期,他们就近认识了东方教会的等级制之后,才得以触类旁通。第一个谈到教宗的人,是阿拉伯战俘哈伦·伊本·叶赫亚 (Hārūn ibn Yaḥyā),他在

---

[*] 天主教界习称教宗,以下依循此例。——译者注

886年左右到过罗马,他只讲道:"罗马是个由国王统治的城市,这个国王叫做 al-Bāb,即教皇。"他没有说明这个职衔,大概是以为,这是这位君王个人的称号。 有关罗马的报道,在亚克特(Yāqūt)的地理学辞典中比较详细。"罗马目前掌握在法兰克人手中,国王叫做 Almān 国王。里头住着教宗,法兰克人服从他,他的地位相当于我们的伊玛目。要是当中有不服从的人,会被公认为是叛教者、罪人,受到逐出教会、驱逐出境或死刑的惩罚。教宗颁布种种戒律,不管是有关女人、洗礼、饮食等,没有人可以反对。"[9]

这种不太寻常的制度,似乎也有些词语传到了伊斯兰世界的东半部。13世纪时一位波斯诗人哈卡尼(Khāqānī),在一首讽刺诗中谈到了当时的主教长,巴特里克—义·札曼内·巴伯—义·布特鲁斯(Batrīq-i Zamāne Bāb-i But rus),即圣彼得的座位[*10]。看来,他把这个制度和东方教会的主教长制给混淆了,后来一般的穆斯林学者也都犯这个错。

谈到教宗权威的最早记载之一,来自叙利亚史家伊本·瓦须尔(Ibn Wāsil),他在1261年担任使节,访问了意大利本岛南部,并这样讲到了教宗:"他对他们而言,是基督的正统领袖(khalīfa)、代理首长,拥有禁止和批准、决定和撤销的权力。"后来有好几位人士,都有类似的说法。其中有位土耳其文人,他写过叶姆亲王的流亡,指出了更为特别的事情——基督教认为,教宗可以赦免人的罪,教宗的这种权力,总是让来访的穆斯林感到惊讶。穆斯林很熟悉何谓宗教权威——可以说,他们只认一个宗教权威。但伊斯兰并不曾承认过,人类可以拥有宗教权威,他们认为,教宗拥有的这种权力,应该只属于真主。伊本·瓦须尔也说:"他(教宗)可以任命国王、为国王加冕。就他们的教法来说,要是没有经过他,就没有事情可以成立。他是僧侣,一旦他归天,就有另一位具有同等僧侣素质的人来接替他。"[11]

---

* 使徒彼得创立了罗马的教会,所以天主教界把教宗的职位称作"圣彼得的座位"。——译者注

在卡尔卡宣迪（Qalqashandī，1418 年去世）的官方手册上，有一段关于教宗的简短说明：

> 给教宗的致辞格式，他是正宗东方基督教会的主教长，地位相当于我们的哈里发，值得注意的是，Tathqīf（之前的官方手册）的作者说，他的地位相当于鞑靼人的大汗。其实汗王等于鞑靼人伟大的国王，而教宗只拥有宗教事务上的权威，拥有着宣布何者是许可的、何者是禁止的权力……
>
> 致辞给他的格式……如下："愿大能的主加倍赐福给这位大人物，这位受敬爱、圣洁、属灵的、谦卑的、尽心尽力的罗马教宗，这个基督教国的当权者，由耶稣所形成的共同体的典范，基督教国家国王的加冕者……桥梁和运河的保护者……主教长、主教、神甫和修道士的庇护人，福音的继承者，向大家宣告何者许可、何者禁止，国王和苏丹的友人……"

在卡尔卡宣迪所引用的文字里头，Tathqīf 的作者表示：

> 这就是我在档案里头所能找到的，在我任职期内，并没有写给他的书信，我也不知道他之前写了些什么题目……[12]

有关教皇制，在拉希德·丁的《世界史》里头，同时有着历史和当代的报道。这写于 14 世纪初的伊朗，之前提过，资料来源是教宗的使节，及其之前的编年史。叶姆亲王本身接触过罗马教廷，而有关之后新教皇的任命程序，回忆录的作者交代得有点夸张，这件事还伴随了常见的暴力。至于在阿提布·伽勒比有关欧洲的短论文中，有一章专讲教皇制，从使徒彼得谈到保禄三世（Paul III），保禄三世是在 1535 年当教宗的，作者列出了所有教宗的名单，他们的任命和任期的长度等[13]。由于作者并没有提到保禄三世的过世（在 1549 年）及其继位者，可见他所用的资料，是一百多年前的旧资料。所以可以说，取得更新的资料，对穆斯林学者来说并不是那么必要（或许也缺乏机会）。既然作者谈的基督教神学是上千年的老资料，也就难怪他的教宗名单是一百年前的旧资料。

有关教皇制、甚至欧洲基督教较好的报道，是由摩洛哥大使加撒尼（al-Wazīr al-Ghassānī）所提供的，他在17世纪末访问过西班牙。他谈得很多，不仅谈了教宗，还谈了教廷的组织，红衣主教的角色，甚至新教宗的选拔方式。整个制度似乎让他很恼怒，每提一次教宗就咒骂一次。作者接着还谈到了像异端审判、迫害犹太人、宗教改革，和之后在基督教界的纷争等等的情形。他甚至还谈到了英国的宗教改革，当中的成因，他认为是亨利八世（Henry VIII）的婚姻问题，该观点肯定得自他所访问的西班牙。他还谈到不少在西班牙实施的天主教信条，讲到修女和修士、天主教的告解和可能引起的罪恶[14]。后来，去过西班牙的摩洛哥使节在讨论教会制度时，就以他为范例，其中有好几位还特别注重异端审判这个主题。

对遗民、遗物的感触

能让访问欧洲的穆斯林稍感兴趣的少数主题之一，就是和伊斯兰有关的事物。在一些回归基督徒统治的地方，穆斯林设法继续生存，这自然会受到注意。伊本·瓦须尔发现，在意大利本岛南部，还有一批穆斯林受到诺曼人的统治[*]，这让他很感兴趣：

> 在我待的地方，附近有座叫卢切拉（Lucera）的城市，这里的居民都是西西里裔的穆斯林，这里还看得到聚礼日的唤拜，穆斯林的宗教是公开的[**]。这是从曼弗瑞德（Manfred）的父亲（腓特烈二世皇帝）就开始的。曼弗瑞德在那里建了一所科学之家，

---

[*] 伊本·瓦须尔是13世纪的人。——译者注

[**] 穆斯林的聚礼日相当于基督徒的礼拜天，不过时间是在星期五，所谓唤拜是由专人定时叫大家一起来拜。——译者注

促进思辨科学的各门学问。我发现,在帮他办事的好友里头,多半都是穆斯林,在他的辖区里,唤拜和礼拜本身都是公开的。

伊本·瓦须尔指出,教宗"因为曼弗瑞德支持穆斯林,而将他开除教籍"[15]。

后来,穆斯林便被逐出西西里岛和意大利本土。1502年2月11日,卡斯提尔王国下了一道法令,要所有穆斯林在改宗、放逐或死刑之间做选择。后来西班牙王朝的所有其他领土,都颁布了类似的法令。但在这些驱逐令之后,某种秘密的穆斯林社群,设法维持了一段时间,并反抗过好几次,甚至攻占了格拉纳达城。在彻底失败之前和之后,这些西班牙穆斯林曾向奥斯曼求助,它是当时最强的穆斯林国,但效果不大。奥斯曼政府确实和这些被迫改宗的穆斯林谈过,也设法透过各种渠道,提供建议,甚至协助。奥斯曼派出秘密使节团,在西班牙、北非和伊斯坦布尔之间居间协调。但这并没有成功,后来这些人只好像前人一样,到处流亡。

后来,随着奥斯曼人撤出中欧,类似的状况也开始出现。基督徒收复失地之后,多半地方都出现了大批的穆斯林移民。到了19世纪,除了被俄罗斯人征服的鞑靼版图,多半的穆斯林人口都脱离了基督教的统治。后来这些地方,都成了穆斯林访客发思古之幽情的场合。到西班牙的摩洛哥代表,和到中欧和东南欧的奥斯曼代表,常会经过那些被基督徒收复的穆斯林失地,这些使节都显示了同样的情怀。就像欧洲人到东方寻访有着古代和基督教过去的遗迹一样,来到欧洲的穆斯林,也对他们的遗迹很感兴趣,受到穆斯林碑文的感动,话说当年穆斯林的往事,甚至设法寻找能显示穆斯林存在的遗物,有遗民更好。因此,摩洛哥大使葛札尔(al-Ghazzāl)指出,西班牙某个地方的人叫做Villafranca-Palacios,这是"安达卢西亚人"的遗民,意思是说,这就是之前住在西班牙的穆斯林:"他们身上流着阿拉伯人的血,他们的风俗习惯不同于那些洋人('Ajam)。他们倾向穆斯林,有心和我们亲近,告别时的难过,这些都处处显示了,他们是安达卢西亚人的遗民。不过他们误入不信道的歧途,已有很长一段时间,愿真主佑助我们。"葛札尔甚至宣称,他发现了一位秘密的穆斯林,那个人叫做贝拉斯科 (Belasco),是带着女儿一起到当地的,"一位长得很像阿拉伯人的姑娘",她做了几个"秘密的手势",使得大使不需要再确认,就肯定地指出那人确实是穆斯林[16]。奥斯曼的大使们对于他们之前在匈牙利,甚至在波兰南部的人民,也都表示同情。例如,阿兹米埃芬迪于1790年经过匈牙利时指出,匈牙利人对他、他的任务和整个奥斯曼帝国,都表示了高度的友好和善意[17]。其他经过中欧和东南欧之前失地的奥斯曼使节们也宣称,那里的人对之前的主人也显示了怀念之情。更令人讶异的是,直到18世纪时,出使西班牙的摩洛哥大使,还发现得到这种感念。有些摩洛哥大使能很敏锐地发现,在这个国家当中有许多伊斯兰遗民,如今虽然是世俗化,甚至为基督教所利用,但这些代表认为,西班牙的基督教化只停留在表面,穆斯林旧日的忠诚,有朝一日仍会重新出现。

到国外寻访的穆斯林,常因为穆斯林古迹被损坏或亵渎而感到困扰。摩洛哥大使葛札尔在访问格拉纳达期间,曾要求人们将一块刻有阿拉伯文的石碑摆正,这样才方便阅读,也比较美观。据他的说法,当他访问科尔多瓦的清真寺时,曾发现一块刻有阿拉伯文宗教碑文的石碑,被用做铺路的石板,他坚持不能再放在那里。清真寺的唤拜塔 (Minarets) 也很受穆斯林的注意。有一座在西班牙被用做灯塔,另一座在塞尔维亚被用做钟楼,都使到访的穆斯林感到困扰。连穆斯林用来净身的浴室也难免被亵渎,奥地利人占领贝尔格勒之后不久,一位参观过的土耳其人不悦地指出,其中有一些竟被当成住宅[18]。这再次显示不信道者的习惯很不干净云云。

不管是到东欧或西欧的穆斯林失地,穆斯林所留下的文字透露着一种感触:这些是伊斯兰的版图,被占走是一种错误,注定终将恢复。连短期的占领也可以拿来证明这一点。1763年,瑞斯米埃芬迪访问了波兰的卡梅尼茨 (Kameniets) 堡垒,这里曾在1672年到1699年间被奥斯曼人占领,在看到唤拜塔上有着落成的日期和《古兰经》经文时，瑞斯米大受感动："当我诵读这段文字时，从内心里祷告，若将这些地方还给伊斯兰，一定能使造物主喜悦，使正道的话语成为唤拜塔上的回音。"[19]直到1779年，到西班牙的摩洛哥大使穆罕默德·伊本·乌斯曼·米克纳西（Muḥammad ibn 'Uthmān al-Miknāsī），每提到一个地名，就一定跟着这么一句"愿真主把它还给伊斯兰"。[20]

面临历史变局时的观感

一般的穆斯林并不认为，基督教对伊斯兰而言构成宗教上的威胁，即使基督教军在西班牙，以及之后在东南欧的节节胜战，这种威胁仍然被看成是政治和军事上、而不是宗教上的威胁。即使是战败的穆斯林，说到要在真主的启示中，选择一种较早、较不完整的形态，仍然是荒谬、不值一顾的。还有，心悦诚服从伊斯兰改宗基督教的穆斯林，实在是少之又少。在穆斯林的国度中叛教（改宗要有别的穆斯林在场），是大逆不道的。不过就算在基督教国家，朝野也宁可穆斯林照着教法的指导而移民他去，也不要其臣服于基督教的统治，在他们看来，强迫性的改宗算不上诚心诚意。

穆斯林史上首度感到其信仰受到西方的威胁，是在法国大革命时代。在穆斯林看来，革命的宣传并不是以旧宗教的名义，而是本身具有诱惑性的、新的意识形态。奥斯曼人开始感受到这种威胁，这种征兆出现在1798年春，奥斯曼的国务卿写了外交备忘录，用来指导国务会议之用。在说明了近来发生在法国的事件的来历之后，国务卿表示："知名的无神论者伏尔泰、卢梭，和这类的唯物主义者印制、出版了各种作品，里头包含了（愿真主佑助我们），对圣洁的先知和伟大的国王的侮辱和诬蔑，废除所有宗教的主张，以及有关平等和共和的甜言蜜语，用的都是通俗易懂的词句，用老百姓的语言来冷嘲热讽……"[21]

在法国入侵埃及时，造成了更迫切的新威胁，使得奥斯曼帝国投入了今日所谓的心理战。在苏丹发给穆斯林人民的一份文告当中(用了阿拉伯文和土耳其文两种文字)，有关革命党人的邪恶，有如下大段的描述：

> 法国(愿真主摧毁他们的住处，扳倒他们的旗帜，因为他们是残暴的不信道者、抱持异议的罪人)并不认天地之主的独一，也不相信审判日的代理人的使命，还废除了所有宗教，否认了后世及其惩罚。他们不相信复活之日，硬说只有时间的流逝才能毁灭我们，还说世上只有子宫才能生出我们，只有大地才能吞食我们，除此之外并没有什么复活，没有所谓清算，没有审判，没有报应，没有审问，没有答辩……他们断言，先知的天经是明显的伪造，而《古兰经》、《讨拉特》、《引支勒》，不过是谎言和废话，而那些自称先知的人……哄骗了无知的人们……说所有人在人的属性上是平等的，在人的身份上是相似的，没有任何人优于别人，每个人各管各的灵魂，各谋各的生计。他们凭着这种空虚的信念、荒谬的见解，弄出了新的信条和法律，照着恶魔的耳语，建立新的事物，破坏了宗教的基础，一味干着违背天意的事情，放纵自己的七情六欲，随着诱惑落入罪恶而不知，老百姓成了语无伦次的疯子，到处散播对宗教的背叛，在各国国王之间挑拨离间。

文告的作者要大家提防法国的骗术：

> 他们用欺骗的书籍和虚伪的谎言，告诉各个宗派说："我们属于你，属于你的宗教和你的社群。"然后对大家做出空洞的承诺，提出可怕的警告。

法国人搞垮欧洲之后，把目光投向了东方。"于是乎，他们将邪恶的阴谋，转向了穆罕默德的社群……"[22]

这些话讲得不错，伊斯兰面临了有史以来最具威胁性的意识形态和哲学的挑战，威胁到穆斯林的教法和社会的根基。就穆斯林的经历来说，这是前所未见的。伊斯兰在征服和同化中东的古代社会后，曾遭遇过三大文明，即印度、中国和欧洲。其中只有一个，亦即欧洲文明被视为拥有名副其实的宗教，成为可能在政治上和军事上替代伊斯兰势力的方案。但基督教在碰到伊斯兰时，从来都是先撤退，基督教强国顶多只能抵挡穆斯林武力的进犯。诚然，在中世纪的全盛时期，伊斯兰神学曾遭遇到希腊哲学和科学的挑战，但由于这个挑战局限在一定范围，且来自受征服者的文化，所以被克服、打消了。有些希腊文化的遗产被伊斯兰整合了，有些则被摒弃。

但伊斯兰面临的新的挑战——欧洲的世俗主义（secularism），就又是另一回事了。它的层面多、势力大、范围广得许多；再者，这次是来自征服者、而非被征服者的世界。有种不受基督教界定的哲学，在某个富有、强盛且扩张迅速的社会上显示出来。在一些穆斯林看来，该哲学似乎体现了欧洲人的成功秘诀，给逐渐意识到自身的衰弱、贫穷和落后的穆斯林，提供了一个解决办法。在19世纪、20世纪期间，欧洲的世俗主义和由它启发的一系列政治、社会和经济学说，对穆斯林的子孙后代不断散发着吸引力。

图1 霍尔木兹的葡萄牙人抵抗波斯人的攻击

图2 点燃霍尔木兹堡垒

图3 波斯长官接见两名葡萄牙使者

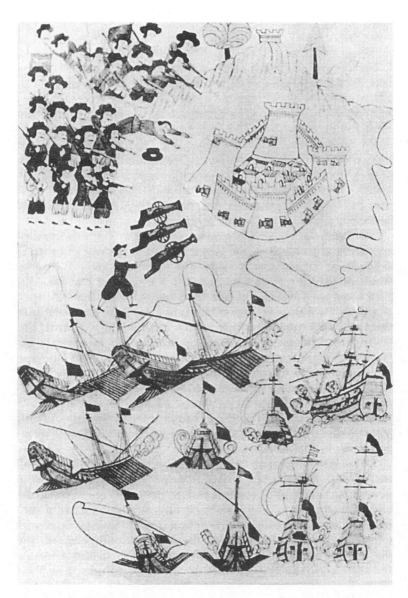

图4 威尼斯人炮轰特内多斯岛

图5 伊斯坦布尔的威尼斯使者队伍及观众

图6 威尼斯使者被洒香水,旁为观众和大维齐尔

图7 使者的听众和大维齐尔

图8 阿里沙王接见外国使团

图 9 穆斯林战士与十字军作战

图 10 波斯王子与随从,其中有一个欧洲人,一个莫卧儿帝国人

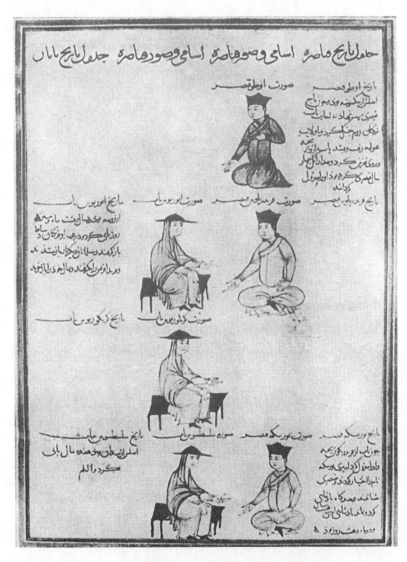

图11 教皇与皇帝

图 12　教皇与皇帝

图 13 伊斯法罕的壁画,到伊朗的欧洲访问者

图 14　伊斯法罕的壁画,到伊朗的欧洲访问者

图15 穿欧洲服装的宫廷侍者

图16 穿欧洲服装的青年男女

图17 端酒杯的欧洲侍者

图18 印度总督沃伦·黑斯廷斯穿欧洲宫廷装

图19 理查德·约翰森穿红衣制服

图20 三个穿17世纪初期服装的人，可能是莫卧儿宫廷的葡萄牙人

图21 卡斯蒂利亚外交使节唐克拉维霍到达帖木儿帝国宫廷

图22 奥斯曼宫廷宴会上的外国使节

图 23 在伊斯坦布尔的年轻欧洲绅士

图24 在伊斯坦布尔的年轻欧洲绅士

图25 在伊斯坦布尔的法兰克妇女

图 26 在伊斯坦布尔的英国妇女

图27　在伊斯坦布尔的法国妇女

图28 在伊斯坦布尔的奥地利妇女

图29 在伊斯坦布尔的荷兰妇女

图30 在伊斯坦布尔的美国妇女

第七章
经济事务：认识与接触

初期人士看西方事物

9世纪时，巴格达有人写了篇短论文，题目叫做《看清贸易》，当中谈到了形成贸易基础的多种商品及其类型、特性和产地。其中有一大段，专讲由"国外"进口到伊拉克的一系列商品和货品。这个"国外"，几乎全是穆斯林帝国在亚、非洲的不同属地。其中只有四个地方不在穆斯林国内：位于欧亚草原上的突厥国哈札尔（Khazars）、印度、中国和拜占庭帝国。哈札尔出口"奴隶、女奴、盔甲和头巾"；来自印度的有"虎、豹、象、豹皮、红宝石、白檀木、乌木和椰子"；从中国进口"香料、丝绸、瓷器、纸、油墨、孔雀、烈马、马鞍、毛毡、肉桂和纯的大黄根"；而来自拜占庭帝国的是"金银器皿、帝国纯金币（第纳尔）、药材、绣花布料、织锦、烈马、女奴、红铜珍品、大锁、里拉琴、水力工程师、农耕专家、大理石工匠和阉人"。当中没有提到欧洲的出口货品，大概是太少、太不重要而不值得一提，不过也有可能，有一些被放在拜占庭帝国的清单中[1]。

中世纪时，穆斯林地理学者所谈到的西欧商品，并不引人注目。经过俄罗斯的斯堪的纳维亚的进口货，看来重要得多。除了文献的记载，这项贸易也留下了许多穆斯林的古钱，这是在斯堪的纳维亚，尤其是瑞典发现的，古钱多半是在中亚铸造的。

中世纪时有关西洋的经济情况，学者留下了些零星的资讯。伊本·叶尔孤白在谈到（荷兰）乌得勒支时，指出：

> 法兰克人拥有大片土地，这是其中一座大城。土壤盐分太高，没有办法种植。人们靠畜牧维持生计，取其乳汁和毛。那里没有木材可供燃烧，但他们有一种土石可供作燃料。情形是这样的：夏天，土地变干时，他们拿着斧头到土地上，把土剁成砖块状。每个人按照需要来挖取，并摆在阳光下晒干。土块变得很轻，可以用火焰点燃，这跟木材一样易燃，并冒出火焰、发出高热，就像吹玻璃时冒出的火焰一样。土砖烧完时会留下灰烬，但不是炭粒。

伊本·叶尔孤白对去过或听过的城市，也有类似的观察。他说（法国）波尔多"盛产木料、谷物和清水。但人们在这座港都的沿岸地带，发现了很好的琥珀"。（法国）鲁昂（Rouen）这座城是"用塞纳河的石块，以对称的方式建造起来的。这里不产葡萄和木材，但盛产小麦。在河里可以捕到他们所谓的鲑鱼，和一种闻起来和吃起来像黄瓜的鱼……到了鲁昂冬天最冷的时候，会出现一种有着红色的蹼和喙的白鹅……这种鸟只会在某无人岛上生蛋，发生船难的人有时到得了这座岛，靠它的蛋或雏鸟，可以维持一两个月。"

讲到（德国）什列斯威（Schleswig）时，他说：

> 这座市镇没有太多美好的事物。他们的主食是鱼，产得很多。当中要是有人不小心生了小孩，他们会把小孩丢到海里，以节省开销。

他对（德国）美因茨（Mainz）比较有印象：

> 很大一座城市，部分用做居住，其余用做耕种。它是法兰

克人的领土之一，傍着一条河，叫莱茵河。这里盛产小麦、大麦、莱姆（酸橙），和一般水果，这里通行迪拉姆（dirhams，货币），铸造于伊斯兰教历三〇一年到三〇二年（西元934年到935年）的（乌兹别克）撒马尔罕（Samarkand），上头有领袖的称号和发行的日期……有一件事较奇特，就是这座城市虽然在较偏远的西边，却能从遥远的东方弄到所需的香料。例如胡椒、姜、丁香、松香、艾橘和高良姜等，这些是从盛产的印度运送过来的。[2]

到了中世纪晚期，穆斯林学者懂得较多，譬如伊德里斯就提供了相当详细的讯息。连像英国这种偏远地方，也开始出现在其中。伊本·赛义德在讲到英国的奇闻时，指出：

这座岛上只有雨水，他们只靠雨水来灌溉作物……岛上有金、银、铜和锡的矿脉。由于严寒，他们没有葡萄园。当地人将这些矿产运到法国，换得葡萄酒。这就是法国统治者之所以有这么多金、银的缘故……[3]

波斯史家拉希德·丁，对英国的这种财富也是印象深刻，说英国有着无数的"金、银、铜、锡、铁等矿藏，以及多种的水果……"他还指出，法兰克商人去到埃及、叙利亚、北非、安纳托利亚和（伊朗）大不里士（Tabriz），他们是从热那亚搭船过去的[4]。

穆斯林国内奴隶的来源

有关中欧和西欧的物产，只有三样吸引了穆斯林的注意，即(中欧和东欧)斯拉夫的奴隶、法兰克的武器和英吉利的羊毛。由于法律规定，在帝国之内的穆斯林或非穆斯林，只要他守法、纳税，就不得充作奴隶。于是要取得奴隶，只能通过两条渠道：出生（不论宗教，父母为奴隶者，子女就是奴隶），或是来自国外。后来，国内奴隶渐渐不敷所需。罗马帝国或其他古国，可以把犯罪或破产的人降为奴隶，来增加劳动人口，但这在穆斯林帝国行不通。所以新的奴隶要从国外输入，方式有进贡、俘虏，甚至购买。

这使得伊斯兰帝国和以往的帝国有所不同。在古代，除了战争胜利和经济衰退时期，奴隶多半出自本地。但在伊斯兰帝国，大多数奴隶都来自国外，而这也大大促进了伊斯兰的邻国的奴隶买卖，以供应日渐扩大的需求。

伊斯兰奴隶有两个主要来源，一个是北方欧亚草原的白种人，多半是土耳其人，主要是军事用途；另一个是热带非洲的黑人，他们被俘虏后，被运送到国内充作一般劳力。不过，还有次级的来源地，欧洲就是其中之一。在伊斯兰版图中的西方国家，尤其是穆斯林西班牙，欧裔奴隶当然较优秀。由于身处边疆的战区，他们起初是因为战争才成为奴隶的。把在战场上俘虏的敌军异教徒，拿来充作奴隶是合法的，而这在一定时期内也还够用。

随着伊斯兰的进攻、拉锯战和逐渐的撤退，战俘日渐短缺，因战俘可以通过对方的赎金或交换而恢复自由。后来逐渐出现奴隶的买卖，这类买卖包括男奴和女奴，它逐渐兴盛，以因应穆斯林西班牙和北非的需求。这种穆斯林西方的白种奴隶，整体来讲叫做Saqāliba，是阿拉伯文Saqlabī或Slav的复数。在欧洲语言里头，Slav一词即奴隶，似乎牵涉到某种具有社会含义的种族。在地理学者的著作中，Saqāliba（以下暂译斯拉夫奴）一词指的是中欧和东欧的几种斯拉夫族。它在穆斯林西班牙的官方史中，成为科尔多瓦的倭马亚(Umayyad)哈里发的奴隶禁卫军的特殊名词，相当于东方哈里发国里的突厥马穆鲁克。西班牙第一批斯拉夫奴，大概是日耳曼人到东欧打劫时所俘虏，并卖给西班牙穆斯林的奴隶。后来这个词的意义有所延伸，涵盖了在军队或家庭中做事的白种洋奴。10世纪时，阿拉伯人伊本·郝卡尔（Ibn Hawqal）曾游历穆斯林西班牙，他指出，他在此碰到的欧洲奴隶，除了来自东欧，还有法国、意大利和西班牙北部。一部分还是要靠俘虏，但现在主要不是战区的战俘，而是海上的俘虏。陆路的奴隶买卖，持续来自法国，借用荷兰史家多济(Reinhart Dozy)的话，凡尔登（Verdun）是当时重要的"阉人的制造场"[5]。

奴隶的社会机会及其后来买卖的变迁

由于伊斯兰社会的特殊结构，奴隶也可以爬到高位、握有权势，于是穆斯林西班牙的斯拉夫奴就成为西班牙—阿拉伯社会的重要分子。他们可以担任文、武官员，拥有财富，甚至自己的地产和奴仆。在精通阿拉伯语文的同时，他们之中还出现了不少重要的学者、诗人和科学家，其中有一位是希沙姆二世（Hishām II, 976—1013）时的人，他甚至写了本书，专谈安达卢西亚斯拉夫奴的优点和成就，但并没有抄本保留下来。

当法蒂玛王朝（the Fatimids）在突尼斯建立政权，在10世纪初、以及之后一两百年向东占领埃及期间，斯拉夫奴扮演了一定的角色。一位带兵征服埃及，并成了开罗的建城者之一的贾华尔(Jawahr)，就曾是个奴隶[6]。

当时有很多欧洲人，把奴隶输出到伊斯兰世界。当中有基督徒、犹太人、意大利人、法国的商业都会市民，以及往来于地中海东部的希腊奴隶贩子。威尼斯人在此很重要，早在8世纪时，他们就开始和希腊人在这方面竞争。

欧洲人好像没有什么顾忌，把基督徒奴隶卖给西班牙、北非，甚至埃及的穆斯林，尽管查理曼大帝禁止过，之后的撒迦利亚（Zachary）和哈德良一世（Hadrian I）两位教皇也设法阻止过。威尼斯人不屈不挠，甚至还在罗马城买男、女奴隶[7]。且威尼斯人还是阉人的主要供应商，同时提供给伊斯兰和拜占庭的宫廷。这项贸易后来引起公愤、遭到禁止，但既然是在威尼斯总督的管辖下，禁令显然不太有效。

这些禁令和指摘，并不足以遏止这项高获利的买卖。威尼斯处在斯拉夫尼亚人土地的边缘，与穆斯林国之间的海路交通便利，这样的地理条件有利于威尼斯商人。后来，亚得里亚海的普拉岛（Pola）成了威尼斯人的地盘，亦即主要的奴隶市场。

当时还有别的供应来源。来自西班牙、西西里岛和北非的穆斯林海盗，出没于地中海的基督教港湾，尤其在10—12世纪期间，掳走了大批的俘虏。928年时，据说在打劫过亚得里亚海之后，带回到突尼斯的马赫迪耶（al-Mahdiyya）港的俘虏，达一万两千人之多。海盗头子叫沙比尔（Sabir），是前西西里总督的奴隶，经常在意大利和（南斯拉夫）达尔马提亚海岸拦路打劫。

这项通商经过了中世纪，到了15世纪尚未消失。此时开始有所转变的因素之一，是穆斯林商人开始寻求斯拉夫奴，就像西洋人寻求香料一样，现在取得了直通供应来源的渠道。地中海的中间商遭到两端的包夹。当时葡萄牙人绕航非洲，从印度运回香料；而土耳其人进占巴尔干和黑海地区之后，就能直接从中欧和东欧输入奴隶，先前的欧洲商人，从欧洲将斯拉夫奴运到中东和北非，这项服务也就大受影响。15世纪、16世纪期间，主要来源在东南欧。奥斯曼的扩张带来了各种奴隶的持续供应，其中包括了阿尔巴尼亚、斯拉夫、（罗马尼亚）瓦拉几亚（Wallachian）、匈牙利等的基督徒奴隶。部分是由有名的征童使（devshirme）征集的，亦即从帝国的属地征集基督徒男童；其他则是作战时俘虏的。17世纪期间，征童使就逐渐消失。在这期间，奥斯曼帝国和哈布斯堡王朝之间的拉锯战，使奴隶的供应时断时续，无法供应奥斯曼社会的需求。

替代的渠道出现了。克里米亚的鞑靼汗国，是个独立性强的伊斯兰国家，为奥斯曼的属国，发展出抓、卖奴隶的大规模机制。鞑靼人从俄罗斯、波兰和乌克兰掳人，带到克里米亚半岛来卖，奴隶船运到伊斯坦布尔，进而配送到奥斯曼帝国的各市场。鞑靼人称这种活动为"草原民族的收成"，这种定期、大型的、男女奴隶的供应，持续到18

世纪后半期,即俄罗斯人并吞克里米亚半岛为止[8]。

奴仆的地位和功用

有不少人知道,通过征童使进入奥斯曼机构的巴尔干基督教少年,后来扮演了怎样的角色。其中有大批人进入了奥斯曼的军方和官方,之后,奥斯曼的国家和穆斯林信仰受到这批新人的左右。这些巴尔干欧洲人在权力结构中的优势,是受到注意的。当时有其他成员的不少怨言,例如身为主要对手的高加索奴仆,而旧的自由身的穆斯林更不愉快,他们因为这些新的改宗者受宠,而觉得受到冷落。诗人费希(Veysi)在17世纪初写出了其中的委屈和纠葛:"令人不解啊!享有权位的,全是阿尔巴尼亚人和波希尼亚人,而真主、先知的子民们(原注:即旧的穆斯林,也可能是阿拉伯人)却遭到忽略。"[9]

这些人的影响确实很大。许多人在奥斯曼国中爬到了高位,有的成为学者、诗人,甚至成为穆斯林教法学家或神学家的。至于那些欧洲农民,在被鞑靼人掳获并运送过黑海之后,地位较差、生活较难挨。他们不像一些童奴那样,常能进入统治阶层,而是担任较低贱的工作。但这些工作并不像一般所认为的那样,只局限在王室或后宫,而是常被运用在经济用途。据中世纪的资料指出,奴隶曾被运用在垦荒和开矿,尽管这些产业在当时尚未兴盛。但到了奥斯曼时代,奴隶常投入大规模的垦殖,这主要不是自耕农的方式,而是以官办的方式进行。

有不少伊斯兰文献指出,利用不同种族的奴隶来工作,有着一定的重要性。文献包括了阿拉伯文、波斯文和土耳其文,时间从中世纪初期到18世纪,都强调不同种族的奴隶适用于不同的用途。早期的著作几乎只谈了亚洲的奴隶,更特别的是,还谈到了非洲裔的奴隶。其中也有留意到斯拉夫奴和别的奴隶,但除了少数例外,并没有提到西欧的奴隶[10]。

进入后宫的女俘虏

到后来,伊斯兰世界的西欧奴隶,只有靠柏柏尔穆斯林海盗来供应，他们不断俘虏船只，有时就在基督教国家沿海下手。当17世纪初范围扩及英伦三岛和冰岛的时候，这些活动就进入了新的密集阶段。这时的俘虏，与其说是有实际用途的商品，不如说是作为勒索之用。

其中有些俘虏（自愿或非自愿的），留在穆斯林俘虏者身旁。这种人一开始主要是男性，他们皈依伊斯兰，在穆斯林海盗手下工作。他们跟之前的（17世纪初的）欧洲海盗一样，成为私掠者，也为新的主人贡献了新的技术，如造船、铸炮和航海等。他们也常常提供内幕消息，在西欧一些较偏远、防备较差的港湾下手，夺得丰厚的战利品。不过没有证据显示，这些投机者对于原先所属的国家，有过较大的影响。

还有另一种俘虏，是由于穆斯林海盗而（非自愿的）长久居留在伊斯兰国家的。她们是稍有姿色的女性，被留在海盗身边做妾，或是以卖或送的方式，进入中东的后宫。最出色的女人常会留在伊斯坦布尔的后宫，成为苏丹或其他权贵的妻妾，度过后半辈子。奥斯曼苏丹的父亲，都很知名且有文献记载，但其母亲却不然。她们多半是后宫的人，其身份、血统，甚至名字都遭到王室的刻意隐瞒。有不少人猜测起一些贵妇的出身，她们在进宫时是卑微的女奴，后来却拥有权势，成为在位苏丹的母亲。这方面有过很多故事，其中有的指出，有些人具有欧洲血统。最知名的就是娜克熙迪尔（Nakşidil），她是锐意改革的马哈茂德二世苏丹的母亲，这个名字是当初后宫的人为她取的。据一般传闻，她是法属马提尼克（Martinique）岛的法国贵妇艾米·杜·布克·德·里弗芮（Aimée du Buc de Rivery），拿破仑的爱人约瑟芬（Josephine）的侄女，只是这个说法并没有可靠的证据。较确切的例子是努儿·芭努（Nur Banu），她是谢利姆二世的妾，继位者穆拉德三世的母亲，曾是位具有贵族血统的威尼斯贵妇。据一些资料指出，她的本名叫做塞西莉亚·芬妮儿·巴弗（Cecilia Venier-Baffo），（希腊）科孚岛（Corfu）的威尼斯人总督的女儿。十二岁时被土耳其人掳走，后来被送给苏莱曼大帝，他再转送儿子谢利姆。后来她和之后的皇太后，亦即穆罕默德三世的母亲莎菲耶（Safiye），成为对威尼斯，甚至英国的居间协调者[11]。

这些贵妇在穆斯林，甚至自己儿子的洋知识方面，谈不上贡献良多，她们本身在年纪还小时就进了后宫。就穆斯林社会的性质而言，只要来到宫廷之外，这些人的冲击和影响就变小了。

作战物资的供应

武器的贸易并不像奴隶买卖，它呈现的是持续的成长。根据阿拉伯史料，早在十字军之前，阿拉伯人就称赞过，法兰克人和其他欧洲人的刀剑的品质。到了十字军东征时期，这成为重要的出口商品，有助于平衡欧洲和伊斯兰国家之间的贸易逆差。武器的输入有时还多过基督教奴仆的输入，引起了宗教界，甚至政治界的指摘，但效果很小。

觉得法兰克武器有用的不只是穆斯林，制造并使用的人本身也这么觉得。埃及的官方史家指出，在法蒂玛朝代，法兰克人供职于开罗的机关，为海军和其他单位造武器[12]。从西班牙到黎凡特和小亚细亚，穆斯林部队中的法兰克军人很受重用。根据传闻，早期有些安纳托利亚的土耳其领袖，用了数千位基督徒佣兵，其中包括西洋人。也有传闻，中东的统治者，尤其是蒙古的官方，用了热那亚水手和其他欧洲人[13]。

到了奥斯曼时期，武器的买卖盛行，甚至涵盖了主要的原料。1527 年，克雷芒七世（Clement VII）教皇颁布了谕令，宣布了逐出教会和放逐等刑罚，禁止"所有给阿拉伯人、土耳其人等基督教的敌人，提供马匹、武器、铁、铁链、锡、铜、红铜、硫黄、硝石，和其他适用于制造火炮、器具、武器等的材料，以及可以用来对抗基督徒的攻击用具，如绳索、木材，及其他海事用品和违禁品等等"。一百年之后，教皇乌尔班八世（Urban VIII）也颁布了类似的禁令，这次违禁的作战物资清单还长了点，凡是给土耳其人和其他基督教的敌人提供救援、帮助或情报者，不管以直接或间接方式，都处以逐出教会和放逐的惩罚[14]。

关心这项通商的，不只是梵蒂冈而已，欧洲各国政府也经常抱怨，欧洲各国给土耳其人提供了作战物资和军事技术。16世纪末17世纪初期间，天主教强国常指摘清教徒，特别是英国，提供了多种作战物资，特别是锡。"土耳其人为了锡，积极向英国人示好，近几年来一直有这样的买卖，这对土耳其人有极大价值，因为他们要有这个才能铸枪，而英国人单在这项上就有很大的获利，他们就靠这个和黎凡特维持贸易。"一艘朝土耳其航行的英国商船，在希腊米洛斯(Melos)岛遭到截获，经过搜查，它载运了"两百捆呢绒、英吉利毛料、七百桶火药、一千根火绳枪管、五百支火绳枪成品、两千支刀身、一整桶纯金金块、两万枚金币、大量银币，及其他有价物。另外还发现了一张羊皮纸，上头写着土耳其文，为苏丹批准的许可证"[15]。

这种高获利的买卖，是很难被有关的谴责或重罚遏止的。由基督教强国提供给奥斯曼和其他伊斯兰国家的武器和作战物资不断增加，后来达到了很大的比例。

有关英国布料的说法

除了奴隶和战争物资，欧洲能让穆斯林买家感兴趣的东西就很少了。但还有项商品是常被穆斯林人士提及的，那就是英国布料，这早在中世纪全盛时期，已闻名于西方世界。10世纪时到过西洋的伊本·叶尔孤白在谈到 Shāshīn 的岛，即盎格鲁—撒克逊英国时，就指出过：

> 这里有种非常出色的羊毛，是其他各国找不到的。他们说，这是因为当地妇女用猪油润过这些羊毛，来提高品质。它的颜色是白的或青绿的，非常的出色。[16]

后来的地理学者伊本·赛义德的文中多了点资讯：

> 在那里（原注：英国）有精致的绯布（scarlet, ishkarlat, 一译鲜红布）。这座岛上养着绵羊，羊毛像丝一般柔软。他们给绵羊披上衣物，以防日晒、雨淋和灰尘。[17]

这段话也常被后来的地理学者引用。拉希德·丁在谈到法兰克人的欧洲时，提供过第一手的说法，他指出：

> 这两座岛上（原注：爱尔兰和英格兰）养着母羊，用它们的毛可以制造毛料，和细致的绯布。[18]

scarlet 一词的来源有争议，尽管较可能是由西文转成阿拉伯文和波斯文，而不是相反的方向。有关这个字指的是布料的颜色还是特殊质料，在 13 世纪有过不少争论。比较有可能的是后者。但无论如何，绯布都是 13 世纪时英国的特产之一，而那遥远的东方对这项英国贸易的反应，是颇有趣的。前引的资料显示了，绯布是种由传闻得知的东西，只有在远方欧洲才有。但根据奥斯曼史料，到了 15 世纪，英国布料便成了进口奥斯曼国的商品[19]。

贸易性质的改变与嗜好品的流行

到了 18 世纪后半期，欧洲开始取得贸易的优势，这不利于中东和北非的伊斯兰国家。该过程起于欧洲产业和贸易的兴盛，时间在中世纪末期、近代初期。到中东的海路开通和发达，甚至波斯丝绸的贸易，原本是土耳其的原料以及岁入的重要来源，如今却被西欧商人掌控。欧洲商人在中东有三项优势条件：在新世界的欧洲殖民地、东方的通商据点和欧洲新工业本身的产能。

伊斯兰国家和基督教国家之间的贸易，在性质上已有所逆转。以往，欧洲从中东进口布料，现在它进口原料、出口布料。这种通商关系的改变，可以用中东一般的嗜好品，即一杯咖啡来表征。咖啡和砂糖这两样东西，原先是由中东引进欧洲的。原产于红海南端的咖啡，原产地可能是埃塞俄比亚，16世纪期间传到地中海东部国家，然后再从这里传到欧洲。到了17世纪最后二三十年，咖啡成了中东出口欧洲的重要商品。后来18世纪20年代，荷兰人为了欧洲市场，在爪哇大量种植咖啡，法国人则在西印度群岛的殖民地种咖啡，甚至能出口到土耳其。根据资料指出，到了1739年，西印度群岛的咖啡，已经可与土耳其东部的埃尔祖鲁姆（Erzurum）的相提并论，西洋商人的殖民地咖啡比红海地带的来得便宜，占去很大的市场。

砂糖原本也是源自东方，蔗糖先在印度和伊朗提炼，欧洲人从埃及、叙利亚和北非进口，阿拉伯人将甘蔗移植到西西里岛和西班牙。它在这里又被移植到大西洋中部的群岛，之后还到了新世界。西印度群岛的殖民地，在此又提供了商机，后来还有所发展。1671年，法国人在马赛建了炼糖厂，将产自殖民地的糖从这里出口到土耳其。或许由于西印度群岛咖啡豆的苦味，土耳其人的糖消耗量日渐增加。他们之前主要是用埃及的糖，但西印度群岛的糖价格便宜，很快就盛行于中东的市场。到了18世纪末，在土耳其人和阿拉伯人喝的咖啡里头，咖啡和砂糖都是长自中美洲，并由法国和英国商人进口的，现在只剩热开水是当地土产。

在这新的贸易中，烟草是新的重要商品。这对伊斯兰世界来说崭新的事物，是英国商人从美洲殖民地带来的。史家培伽维在1635年左右讲到了这个东西，他称之为"臭的、恶心的烟草味之出现"。他表示："英国的不信道者在伊斯兰教历一零零九年（西元1601年）带来这样东西，当做药材，以治疗因湿气而产生的疾病。"但烟草的使用很快就跨出了药用范围。它被许多"贪图享乐者"，甚至"大学者和权贵们"使用。作者用生动的文字描绘了这种新恶习的流行及影响："由于烟客们不停地抽，茶馆内弥漫着蓝色的烟雾，甚至还到了里头的人看不见彼此的地步。"这种瘾头还污染了公共场所的空气："他们的烟管子一刻不曾离手,把烟吹到对方的脸和眼睛上,弄得街上和市集里臭烘烘的。"但尽管有着种种的不良影响,"到了伊斯兰教历一零四五年(西元1635年到1636年)年初,它的流行和声名已是笔墨所难以形容"[20]。

所观察到的欧洲经济

到了18世纪末,中东的经济弱势越发明显,而欧洲在这方面的优势,也促成了后一世纪政治、军事的优势。但穆斯林仍然少有觉醒者,有关西洋经济的资料,穆斯林读者仍然都不知道。直到19世纪,还没有一本经济书被译成阿拉伯文、波斯文或土耳其文。连有关欧洲的有限的报道,仍侧重在政治、军事上,关于欧洲各国的经济,讲得很少。当中的例外,大概是1690年到1691年去过马德里的摩洛哥大使加撒尼(Ghassānī)。他所谈的西班牙在美洲的扩张及其效应,显示了他的敏锐度,并呼应了伊本·赫尔敦的社会哲学:

> 西班牙人在西印度群岛,仍然握有许多属地和大片领土,每年从中所获取的,使得他们日渐富有。西班牙借着征服这些土地、剥削那里的富人,如今拥有了最大的财富,成为基督徒中岁入最多的国家。但他们已沉迷于文明的奢侈和舒适,这个国家已很少有人从事贸易,或出国四处通商,像别的基督教民族,如荷兰、英国、法国、热那亚等民族那样。而且,这个民族还鄙视起低阶层和老百姓从事的手工业,自认为优于别的基督教民族。在西班牙从事手工业的,大都是法国人,这是因为他们在自己的国家谋不到好生计。他们整批进入西班牙找工作、赚钱,没多久就发了财……[21]

于1787年到1788年间在西班牙待过的奥斯曼大使瓦瑟夫(Vasif),也指出了美洲贵重金属的一些经济效应:"西班牙人每隔三年,就带着五六千人来到新大陆的矿场。这是不得不然的，因为工人多半都受不了这里的气候而死。金矿和银矿送到了马德里的铸币厂，但这里的人口不多，农业不发达，迫使西班牙人从摩洛哥进口粮食。这就是为什么他们要与摩洛哥统治者交好。他以高价提供粮食，马德里为他铸造一定数量的金币、银币，模版是他提供的，上头有他自己的币面文字。"[22]

加撒尼在经济方面也谈得不少。穆罕默德埃芬迪也谈到了些，其中印象最深刻的，是他参观制造花毯和玻璃品的工厂[23]。

到 18 世纪后半期时，像瑞斯米和阿兹米等使臣，就常常提到所访问国家的贸易和产业。瑞斯米在 1777 年到过柏林，游历过罗马尼亚和波兰，并有不少记叙。他指出："在波兰王国，除了波兰人，还有俄罗斯人和犹太人两个民族。俄罗斯人从事农业和其他粗活，而市镇中的犹太人，则做小麦的买卖和其他高获利的生意；但最大的利润，仍掌握在已很富有的波兰人手中，他们穿着滚金边、宽袖口的大衣，戴一顶小羊皮便帽。"在普鲁士，他看了糖厂和布厂，指出这些工厂用机器进行生产，且这在柏林城内也有。他还指出，普鲁士人爱好瓷器，他们之前从中国和印度进口，直到懂得自行制造为止。这最早出现在萨克森，后来在柏林也出现了[24]。阿兹米接掌他的职务，在 1790 年去过柏林，他注重军事和政治，但是也谈到普鲁士人用心建立工业，及其所带来的力量[25]。

有关西方经济的见识

在 19 世纪之前，在奥斯曼的纯文学中，谈到欧洲的非常之少。文学作品中的例子，有诗人哈希米特 (Hashmet)，描写 1757 年穆斯塔法三世 (Mustafa III) 苏丹的即位。诗人为了烘托这种尊荣，以文学手法虚构了一场梦，各国国王都来此，向这位伊斯兰君王宣誓效忠。国王们纷纷向这位新苏丹请求，赐给他们在朝中效力的大权。国王们一个接着一个来到诗人这里，说明自己的来意和条件，以争取适当的任命。每位国王都讲了本国的长处，并向新苏丹要求相应的职位。中国皇帝想保管宫中的瓷器，叶门的伊玛目（宗教兼政治领袖）想掌管咖啡的生产。接着，依顺序出现了六位欧洲领袖：俄罗斯沙皇想掌管毛皮加工；奥地利皇帝夸示本国在玻璃、水晶和镜子等方面的制造技术，要求这方面的执掌；而"威尼斯共和国的首长"，想负责贵重金属的鉴定；英王夸示本国盛产火药和武器，要求掌管军火；荷兰的"国王"，以郁金香等花卉自豪，想做这方面的管理者；最后是法王，他说本国生产阔幅布、缎子等布料，要求当这方面的官吏。关于欧洲的领袖就这些了[26]。

哈希米特的见解，在经济史上或许还有点用处，但这还代表了，18世纪时的奥斯曼人，是如何看待欧洲国家及其产品的。

18世纪末到过英国的阿布·塔利布·汗（Abū Ṭālib Khan）*在书中花了一整章篇幅，描述了当时所能看到的工业的起步。他在机器的数量和完善上，看到了促成英国的财富和优越的重要因素。就是这一点，让英国人得以将势力延伸到许多遥远的地方，而使拥有力量和勇气的法国人，对付不了这个厉害的邻国。作者介绍了好几种机器，从最简单的，亦即碾磨玉米粉的工厂讲起，后来谈到了铸铁的大工厂"用蒸汽产生动力"。他谈到了大炮、金属板和针头的工厂，并羡慕纺纱机的效率。他谈到它的运转方式，并指出，靠着这个办法，就能以超快的速度和极少的人力来生产布料。不过他觉得产品质地并不怎样，认为逊色于印度的手工布料。他也参观了酒厂、纸厂和其他设施，还谈了很多关于伦敦的抽水站。他甚至听过有关厨房用具的发明。他认为："这个王国的人对于耗费时间的琐事很反感、没耐性"，所以就发明了厨房用具，来取代像是烤鸡、绞肉和切洋葱等等的劳务[27]。

阿布·塔利布去了英国各地，看了不少工厂。这些见闻令他印象深刻，他对于这些构成政治和军事实力的经济基础，有很坦白的评价。不久之后，亦即1803年到1806年间来到巴黎的奥斯曼大使哈莱

---

* 波斯—土耳其裔印度人，英国地方官府的税吏，参阅本书第四章。——译者注

特埃芬迪（Halet Efendi），把这几方面的关联性看得更清楚、交代得更详尽。他是极端的保守派，瞧不起法国人等欧洲人，反对在任何大方面仿效他们。他所知的解决办法，是简单明了的：

> 真主知道的，我的意见是这样：每三年以紧急措施的方式，筹出两万五千袋小钱币，用来设立五家工厂，即鼻烟、纸、水晶、布料和瓷器等工厂，以及一所教语言和地理的学校。不出五年的时间，就可以让洋人喝西北风了，因为目前他们贸易的基础，都在这五种商品里头。愿真主降赐心力给我们的当权者，诚心所愿。[28]

哈莱特提到了改进教育，这是18世纪的改革者所注重的。他看出欧洲工厂是实力的来源之一，虽然失之简化，对中东人来说，却算是提出了一个新颖而重要的议题。在19世纪期间，这一点成了一般的共识。而土耳其、埃及等国有心改革的当权者，还将科学和工业视为法力无边的巫师，能把神秘的西方拥有的各种宝贝，一下全给变出来。

第八章
政府及正义

初期穆斯林眼中的伊斯兰

在初期的穆斯林看来,他所属的社群就是世界的中心,并由真主指示的正路和教法所允许的范围来界定。在这个世界中,基本上只有一个国家,即哈里发国,以及一位君主,即哈里发,他是伊斯兰之地的正统领袖,穆斯林政体的最高首长。

就伊斯兰历史的头一百年而言,这个概念是符合事实的。当时的伊斯兰确实是一个社群、一个政治实体;它的扩张迅速、一往无前,而它带给当时人的观感,就是这种气势、这种征服与改宗的同步进程,不用多久就能将全人类纳入伊斯兰世界。

在西元8世纪期间,阿拉伯人的伊斯兰达到极限,并逐渐承认,在穆斯林王国和信仰的必然壮大当中,也会有停顿。攻取君士坦丁堡的大业停摆了,要等到好几百年之后,才有奥斯曼土耳其人来接续。新一波的伊斯兰扩张,后来又在中欧陷入胶着。久而久之,穆斯林接受了一个观念,即伊斯兰也有它的疆界,疆界之外还有着别的社会和政体。普及全人类的、独一的伊斯兰概念,仍得以保留,但其成功则有待于未来的救世主。

伊斯兰的领土和领袖

在严酷的现实世界中，伊斯兰政体的单一和普及，在私底下遭到否弃。在伊斯兰帝国之内的君主们，有时候也会起争端，后来顶多是象征性地承认哈里发的宗主权。之后，还出现了势均力敌的哈里发国，而自从1258年蒙古军破坏了哈里发国以后，伊斯兰在理论上的政治统一，也告一段落。即使如此，穆斯林心中仍有着单一的伊斯兰共同体的理想，这见之于后哈里发时期伊斯兰君主的称号。从中世纪直到19世纪，伊斯兰国家的最大特色就是，不曾有过一成不变的领土或种族，甚至君主称号。而欧洲呢，很早就有所谓法国国王、英国国王和丹麦国王等等称号。

在伊斯兰中东，并没有这样的东西。这部分反映了，中世纪时这个国度的剧烈变化和不稳定，因为很少有连续两位统治者统治着同一块领土的。但即使在后蒙古时期，王国大致稳定的时候，伊斯兰王室的称号仍保有这个特色。到了1500年，重要的中东国家只有三个，土耳其、伊朗和埃及。在埃及被奥斯曼人征服之后，就剩两个。而所谓土耳其苏丹、波斯沙王或埃及苏丹这些称呼，都是外人或对手在用的，而不是他们的自称。欧洲人的这种用法，纯粹是描述性的。这种领土性的称呼，用在各个统治者身上，意在表示，他们的主权是地方性的、有限的。当埃及、土耳其、波斯等的统治者讲到自己时，他们自称为伊斯兰君主、伊斯兰民族或伊斯兰领土，而从不用土耳其、波斯或埃及等词。

其他方面也一样，看待自己的方式，也就反映了看别人的方式，这在穆斯林或基督徒皆然。既然伊斯兰自视为单一的实体，自然而然就有所谓的战争家族。划分那些不信道者，尤其是伊斯兰境外的那些人，并没有意义，也不重要。

就史家来看，其中具有历史意义的重要部分就是：真主自己的共同体的事情，及其所任命的统治者。尽管伊斯兰国家统治者，不屑于了解境外不信道的蛮人的纷纷扰扰,却不得不和这些蛮人打交道,并搜集相关的情报。

对境外统治者的称呼和致辞格式

与异教的政体交涉时,先要对不同的统治者进行命名和区分。这件事本身引起一些耐人寻味的问题。最早的穆斯林传统,亦即伊斯兰还局限在阿拉伯半岛的部分时,给三个主要的邻国取了名字——Kisrā、Qaysar 和 Najāshī。《古兰经》中并没有直接指出这些名字,但在偶尔约略提到的部分,得到了学者的进一步解释。这些都是进到阿拉伯文的借用字,或许源自(古叙利亚)阿拉米文(Aramaic)。Kisrā 源自 Chosroes 或 Khusraw,这是伊朗萨珊(Sasanid)王朝最伟大的末代统治者之一;Qaysar 当然是皇帝,而 Najāshī 是埃塞俄比亚的尼格斯(Negus,皇帝之谓)。在初期穆斯林看来,这三个与其说是称号,不如说是人名——给当时已知的三个重要国家统治者的命名。据说,穆罕默德曾以先知的口吻说过:"如果 Kisrā 死了,他之后不会再有 Kisrā。如果 Qaysar 死了,他之后不会再有 Qaysar。我的灵魂安息在主的臂弯里,你们将以真主之道,花用他们的财宝。"[1]

Kisrā 死了之后,就真的没有继位者。萨珊王朝被推翻之后,并入伊斯兰之地,袄教皇帝的世系到此告一段落。埃塞俄比亚的基督教君主国存留了下来,但受到包围,成为小国。只剩东罗马帝国,还保持着伊斯兰邻国和对手的地位。但 Qaysar 的名称,却很少用来指拜占庭的皇帝们。有时候倒是骂名较广为人知。常见的是 ṭāghiya,亦即暴君,之后也用在欧洲的君主,这是北非文人的常用字。还有一个典型的致辞格式,出现在哈伦·拉希德(Hārūn al-Rashīd)哈里发修给拜占庭皇帝奈基佛拉斯(Nikephoras)的一封知名国书中,他是这样起头的:"信士的领袖哈伦,给罗马人的狗奈基佛拉斯致敬。"[2]

但用来指称拜占庭皇帝,以及别的基督教国家的统治者,最常用的名字就是 malik,即国王。在《古兰经》和传统中的阿拉伯字

malik，就像《旧约》中的希伯来同义字 melekh 一样，用在人类统治者身上，意味着世俗的、非宗教的权威。它在穆斯林早期的世纪和国土之中，被当成谴责的用语，表示某世俗君主不虔诚的、不正当的统治，而不是哈里发那种神授的统治。直到波斯王朝出现，其政治传统中的君主概念和术语，才开始在穆斯林方面博得一些敬意。但在当时，这还是有着几分负面的含义。例如用来指称基督教国家君主的 mulūk al-kuffār，表示不信道者的国王，以及 mulūk al-kufr，表示伪信的国王。

甚至有一种统治者，还配不上国王一词。十字军在从穆斯林拿下的领土所建立的基督教小公国，甚至被看成，缺乏欧洲统治者的正当条件。在埃及的官方手册中条列出的致辞格式，在称呼塞普勒斯和小亚美尼亚的国王时，malik 一词还被换成 mutamallik，亦即表示表面上是国王，实际上却不是国王的阿拉伯字。而法兰克的亲王，非洲的部落酋长，拜占庭、印度和中国的皇帝，以及欧洲的君主，一概称为 malik。

在和这些君王通信时，是有必要精确一点的。伊斯兰方面最早的例子，是先知穆罕默德和邻邦三位统治者之间的国书。虽然这些文献的真实性还受到争议，但这确实是源自很早的时期，可以考据出，其与非穆斯林统治者间的外交。在这些国书中，先称呼对方君王的名字，接着是称号，通常叫国王，有时称作陛下（ṣāḥib）或大王（'azīm），有时则用所统治的地名或族名来称呼。于是，拜占庭皇帝被称作罗马人的 malik、ṣāḥib 或 'azīm，埃塞俄比亚的尼格斯称作 najāshī 或国王等等。但给穆斯林君主的，就不同于这些致辞格式。伊斯兰君主在修书给另一位君主时，他用的标准格式是"愿陛下平安"。给非伊斯兰君主致辞时，就换成"愿所有走上正路者平安"。这句稍带言外之意的致辞，后来成了与非伊斯兰统治者通信的标准格式。摩洛哥大使加撒尼在参加西班牙国王的观礼时，就用这句话来委婉致意。加撒尼指出，那位西班牙暴君对这种前所未有的致辞方式感到惊讶，但还是勉强接受了，因为他知道大使是故意挑这句话来讲的[3]。几百年之后,叶姆亲王回忆录的作者指出,遭软禁的亲王起初拒绝吻教皇的手、足甚至膝,后来才同意按东方的礼节而吻了他的肩膀。

奥斯曼官方对欧洲君主的称谓

说到和非伊斯兰强国的外交通信,在前几个世纪里付之阙如,至于哈伦·拉希德所谓的"罗马人的狗",很可能是写在战争爆发的前夕,但这也只能说是例外,而不是通则。我们在中世纪伊斯兰里所能找到的最好资料,是得自埃及和非伊斯兰君主,即10世纪时对拜占庭皇帝交换国书的最早报道[4]。之后,在埃及官方文献以及许多文件中,可以找到很好的报道,这些主要都保存在欧洲的档案室中。

要等到奥斯曼时期,才有丰富的资料,除了官方史料,还出现了许多文献。从官方史料来看,奥斯曼政府并不关心正确的欧洲名称。例如苏莱曼大帝时的史家肯马帕夏查德(Kemalpa Şazade),就把法国、西班牙和(德国)阿拉曼(Alaman)的君主叫做总督,这是奥斯曼帝国中一省首长的称呼。基于同样的用意,这些欧洲君王所统治的领土,通常也被用行省(vilayet)一词来称呼(即使在国书里头也是),这个词通常用在奥斯曼帝国的属地。

更常见的,是拿 kiral 一词来指欧洲的君主,显示了有心用欧洲人自己界定的称号向他们致辞,而不是加进穆斯林的基本立场。例如给英国女王伊丽莎白一世的信函,是这样开头的:"笃信耶稣的信徒之光辉,基督教共同体中备受敬爱的女长者,拿撒勒人(Nazarene)的宗派事务之仲裁者,集尊容与敬仰于一身的英国领土的女王,愿陛下临终时得到极乐。"[5]这样的致辞格式(intitulatio),常见于给基督教欧洲君主的信函,显示了奥斯曼官方所认知的宗教区分。在提到英国之前,伊丽莎白女王的基督徒身份,就被提了不下三次。女王是基督教国家的领袖之一。她在这个大的共同体之内,统治着英国的行省。就像上述先知的说法一样,最后一句的祝福也表示了,她若肯在死前成为穆斯林,才能求得永生的极乐。

在伊丽莎白时代,很少有土耳其人知道,英国这个国家及其统治者的权能。在他们较了解中欧的情况下,难怪他们能以较近似的称号和同样的格式,向维也纳的皇帝及其之后的普鲁士国王致辞。

宗主国的措辞和居高临下的态度

奥斯曼官方在基督教统治者方面,曾有很长一段时间拒绝使用比国王更大的称号。相对于摩洛哥苏丹,习于用苏丹来称呼其他穆斯林君主,甚至基督教统治者,奥斯曼官方则限用在自身身上,只愿用较小的称号来称呼别的伊斯兰君主,至于欧洲的君主就更不用说了。连神圣罗马帝国的皇帝,通常只被称作维也纳国王,这是种把对方降格的外交策略。第一位得到较尊严的称号的欧洲君主,是法国的法兰西斯一世(Francis I)。他在一份法国—奥斯曼的条约中,被称作 padi-shah,这原先是个波斯字,意指最高的领袖,有时还用在奥斯曼苏丹本身。所以拿这个来称呼法王,算是相当地礼让。要等到后一个世纪(17世纪),才有较尊贵的称号用在奥地利、俄罗斯等等的欧洲君主身上。这时的一般惯例,就是照他们自己的称号来称呼他们。奥地利皇帝通常被称作 çasar,亦即皇帝,俄罗斯的则称为沙皇(czar)。

在1774年的凯纳甲湖和约中,俄罗斯人很重视这个称号,要战败的奥斯曼照他们的意思做,于是在和约的第十三条,就有"高门承诺,在所有的公开场合和书信中,采用全俄罗斯人的女皇的尊称,即使在土耳其文里头,亦称作 Temamen Roussielerin Padischag"。在该条约里纳入土耳其的译词是很值得的。当时俄方为条约所写的备忘录指出了这点,除了经济、战略和政治上的斩获之外,称号也是该条约的成就之一。在奥斯曼人来讲,不乐于采用洋人首领的称号,并不只是官方礼仪的事情而已,这深深植根于奥斯曼穆斯林对尊卑的感觉。这点可见于一位土耳其官吏的书面报告,1719年陪同大使易卜拉欣帕夏来到维也纳的作者,不是外交官或幕僚,而是写得一手简单明了的土耳其文的军人，他把奥地利皇帝称作"皇帝"，用的是土耳其词语。他为了说明这个陌生的字眼，便指出"这在德语里头表示 *padiŞah*"。为了避免显得不伦不类，他加了个惯用语 *la-teŞbih*，意思就类似英文里头的"上帝保守这个称号"。[6]

奥斯曼人刻意在自己的伊斯兰君主，和欧洲的较低位君主之间做区隔，也见于信件开头的格式。1583 年，穆拉德三世苏丹修书给伊丽莎白女王："高门对于所有表示忠诚的人，总愿施以爱护与恩德。对于归顺的人，朕总怀抱着欣慰之情……阁下的使节，就像他国国王的使节一样……给吾国高耸的梁柱和光辉的门槛，带来忠实与喜悦……将会受到细心的保护……故望阁下恪尽职守，维持与天朝的忠诚和友好……坚定走上奉献与忠诚的正路，时刻不离友好与忠实的大道……"[7] 奥斯曼君主与欧洲君主的这些通信格式，以及更为强势的措辞，反映了稍嫌过高的期待，强求欧洲人默许这种关系。

难怪，伊斯兰大使只注重经过认可的君主，而忽视地位不够高的要人。他们所提到的，通常是其会谈的内容和互换的事物。加撒尼谈到了有关封号的世袭这奇特现象，甚至谈到了妇女的家世，以及西班牙人的汲汲于追求封号，不管是靠功勋或婚姻[8]。穆罕默德埃芬迪为读者简短说明了法国的政府体制：

> 他们有好几位被称为"ministres"的大臣，地位仅次于亲王和元帅。每位大臣全权职掌某项特殊事务，各大臣彼此不相干涉，在各个得到授权的职务上可独当一面。上述者（原注：Cambrai 大主教）有权处理宣战和媾和等事务，管理一切通商事项，与国外派来的大使交涉，对于派至忠诚的门槛（原注：即伊斯坦布尔）的法国大使，有任命或罢免权。[9]

仿效普鲁士的改革建议

要到 18 世纪后半期，来到欧洲的伊斯兰使节和访问者，才开始注意其政府结构及较低的官吏。其中最有意思的，自然是阿兹米埃芬迪，他是1790年到1792年奥斯曼派驻柏林的大使。他也像同时期的土耳其访问者和文人一样，对欧洲人的观感和态度已有所改变，不再把他们看作未开化的异教徒，有着奇特的风俗和事物。相反地，他们已被看作是先进的强势对手，需要加以研究，甚至进而仿效才能够对付的。阿兹米的报道从例行的记叙开始。较有意思的是报道的第二部分，其中他以各种题目来谈普鲁士王国：该国的行政组织、居民、政府的高级机关、财政状况、人口、官府的粮仓、军队、兵工厂和弹药库等。令阿兹米印象深刻的是，该国政府的组织，尤其是国家机关的效率和官吏的本职学能，亦即没有无能的冗员，以及叙薪和升迁的制度。他谈到普鲁士设法建立工业，也谈到普鲁士国内的安定。他最称道的，是他们的财政。他所谈的普鲁士陆军及其培训制度，成为奥斯曼官吏改造军事组织的重要参考。阿兹米觉得意犹未尽，还在报道的末段，将普鲁士经验，转成改革自己国家的一系列建议。这些建议如下：

一、腐败是暴政的起因，国内的乱源，务必加以铲除。

二、国家机关需要加以精简，只任用贤能的人。

三、照着各个官吏的工作性质，规定一定的薪俸。

四、只要官吏不违法乱纪，不得任意解除其职位。

五、不适任者不应留在其职位上。

六、可提供有心向学、力争上游的低层人员进修。

七、武装部队，尤其是炮兵和海军，须施以适当训练，以备冬、夏不时之需。若能确实做到，奥斯曼的军力和士气即可大增，击败对手。此为奥斯曼克敌制胜之道[10]。

对欧洲女王的观感和政制之认知

穆斯林学者有时会谈到，西欧君主制中的特殊现象。其中之一就是女王的统治。在一个以一夫多妻制为常态，尤其是由君主所示范的社会中，女性君主是很难出现的。他们当然有过少数几位女性，设法在这种不利的情况下掌握大权，但都为期不长。但女王在伊斯兰世界中并不是全然陌生的。他们知道邻国拜占庭有过女王，大概也了解到其中的道理。之后不久的穆斯林史家，在谈到797年到822年在位的女皇艾琳（Irene）时指出："之所以由女性来统治罗马人，是因为她当时是其皇族中仅存的人。"[11]

穆斯林史家曾经记载，906年使节团曾来到巴格达，他们是意大利的伦巴底君王贝尔塔（Bertha），即洛泰尔（Lothar）之女派来的，但并没有交代有关她及其国家的事情。在卡尔卡宣迪的官方手册里，关于君主的部分，还谈到"那不勒斯的女性统治者"。他在引用之前的资料时指出，她的名字是乔安娜（Joanna），伊斯兰教历七七三年（西元1371年）末有一封给她的国书，开头是这样的："致集爱戴、敬仰、荣誉、尊贵、光辉和伟大于一身的女王，深具宗教素养，治国公正无私，拿撒勒人的宗教的伟人，基督教共同体的维护人，疆域的保护者，国王和苏丹的友人。"作者接着还表示："如果她的王位由男性来继任，那么致辞时的称号应该换成男性的格式，或是基于男优于女的考量，使用较高的称号。"[12]

至于从英国的伊丽莎白到奥地利的玛丽亚·德雷莎（Maria Theresa）等欧洲女王，奥斯曼人都相当熟悉。耐人寻味的是，相对于访欧的穆斯林经常抱怨女性在基督教社会中的较高地位，奥斯曼人对女性君主倒是不太介意。

有好几位穆斯林学者谈过教皇的世俗权力，其中波斯史家拉希德·丁在他14世纪初的世界史中，甚至设法界定在教皇、皇帝和一般国王之间的关系：

> 法兰克人的君主制度如下：首先是教皇（Pāp），意思是众神父的父亲，地位可说是基督徒的哈里发。再来是皇帝（Chasar），法兰克人称作 Āmperūr，意思相当于众苏丹的苏丹。再来是 Rēdā Frans，意思是国王中的国王。皇帝的权力，从登基之日起到去世

时为止。他们从许多适当的人选中挑出能力与操守最佳者,并为他加冕。皇帝的皇位是以父传子,在位时位高权重。在他之下有十二位君主,每位君主之下有三位国王。接着是 Rē,意思是亲王或爵士。

教皇的职权很高、很大。每当他们想选出一位新皇帝时,七位负责选帝的王侯就要聚会商讨,其中有三位侯爵、三位亲王和一位君主。他们从法兰克人的所有贵族当中选出十位,然后从中仔细检视,找出具备虔诚、威望、能力和正直的人,且在信仰、忠诚、毅力、品格、性情、出身和道德各方面皆出色的人。他们在阿勒曼尼亚(Allemania)为他戴上银质皇冠,法兰克人认为这是块占了世上三分之一的大领土。他们接着来到伦巴底国,为他戴上钢质皇冠,之后再来到罗马,即教皇的都市。教皇站在他身旁,捧起金皇冠为他戴上,之后他趴在地上,手握马镫,让教皇踩在他的头和脖子上,越过他上到马背。于是乎,他就有了皇帝的称号,法兰克人的君主们都要听令于他,他的权力及于法兰克人陆上和海上的疆域。[13]

作者的资讯很道地,显然是得自教皇的资料。接着,他概述了到当时为止的教皇的历史。

关于共和制的认识

穆斯林在欧洲碰到的统治类型,还有比女性和教士更奇特的,有时可见之于穆斯林的著作。就中世纪穆斯林而言,共和的概念是很陌生的。在有关希腊政治著作的阿拉伯文译本和著述中,会出现希腊文 politeia(拉丁文是 res publica),亦即政治体制或公共福利,在阿拉伯文是 madīna。柏拉图所说的"民主制度",在阿拉伯文古籍中是 madīna jamā'iyya。就伊斯兰共同体本身来说,逊尼派教法学家所形成的共识是,哈里发的职位并不是世袭的,是经过选拔、在教法之下而非在之上的。

在伊斯兰最初四十年和前四位哈里发之后，其实就像当时世界上大部分地方一样，难免几乎全是君主制。来自希腊哲学的共和概念，除了一小圈哲学学者和读者之外，也没有太大影响。后来在界定欧洲政府的共和形态时所用的新术语，并没有运用或引用这些古代哲学典籍，可见其影响之小。

政府的共和形态，显然引起了一些理解上的问题。这方面较早的说法，得自于1340年前后乌玛里写的报道。

> 威尼斯人没有国王，但他们有自治区（commune）的治理形态。意思是说，他们在一致同意下，选出一个人来治理他们。这些威尼斯人被称作Finisin。他们的国徽是有着一张脸的人形，这个人叫做马可（Mark）。这位治理者来自他们之中的一个望族……

作者在指出拥有同样行政系统的，还有比萨人、托斯卡纳人、安科纳人（Anconitans）和佛罗伦萨人之后，还详谈了热那亚，情报是由来自当地的背教者提供的：

> 热那亚人的政府形态是自治区，他们以往不曾有、以后也不要国王。目前他们由两个家族治理，一个是多里亚家族（Doria），这是我的消息提供者巴尔班（Balban）的家族，另一个是斯皮诺拉家族（Spinola）。巴尔班还说，在这两个家族之后还有格里马尔迪（Grimaldi）、马洛诺（Mallono）、迪马里（de Mari）、圣托托瑞（San Tortore）和菲契（Fieschi）等家族。不管由谁来治理，这些家族的成员都是指导的顾问……[14]

卡尔卡宣迪按照官方手册Tathqīf，指示在与热那亚和威尼斯通信时的注意事项。讲到热那亚时，他说：

致辞给热那亚统治者时的格式：他们是一组不同职位的人，包括市长 (podestà)、将领和长老们。根据 Tathqīf，给他们的信函应该用四开的纸，并使用以下的格式："敬启者，各位受尊重、爱戴、敬仰和荣耀的、高尚的市长和将领，某某和某某，以及卓越而荣耀的长老 (sheikh)，裁判与咨询的主事者，热那亚自治区的管理者，基督教共同体之光，拿撒勒人宗教的典范，国王与苏丹之友人，愿全能的主引导他们走上正路，让他们的事业兴隆，使他们决策合乎明智……"

Tathqīf 还说明：

伊斯兰教历七六七年（西元 1365 年到 1366 年）年初，他们自己停用了这种给市长和将领的致辞格式，而以总督的致辞格式取代之。

关于威尼斯，卡尔卡宣迪写道：

给威尼斯统治者的致辞格式；Tathqīf 的作者说：现成的格式被采纳的时间，是在伊斯兰教历七六七年他收到回函时。当时对方的名字是马可·科尔纳罗 (Marco Cornaro) ……我们已经收到阁下的信函，这位受到爱戴和敬仰、勇敢、高尚、伟大的总督，基督教共同体的骄傲，十字架的宗派的光荣，威尼斯和达尔马提亚的总督……洗礼之子的宗教的维护者，国王和苏丹的友人……

卡尔卡宣迪引用其他例子之后，加了自己的评语：

之所以采用这个格式，是因为总督不同于国王。在第一个和第二个例子里，致辞格式大致相同，但在第三个例子中的职位，是低于前两个的……假使总督即国王，那么致辞格式会根据一些状况而有所差别，或是根据信函用途上的一些差异，或是因为缺乏有关收信者职位的资讯，诸如因为公务繁忙而产生的疏失等等的明显因素。15

在更东方，(波斯)拉希德·丁似乎也听说过意大利的共和国。他说：

> 在这些城市中没有世袭的国王。望族和要人们一同选出一位虔诚的善人，请他治理一年，当一年到期时，有位探问者大喊："这一年之间，有谁受到不公正待遇的，请他出来讲讲自己的委屈。"所有受到委屈的人都把话讲了出来，于是结束他的任期。然后他们再找另一位来当治理者……该国再过去（热那亚的邻国），有个地方叫博洛尼亚(Bologna)，它的首都是座大城……再过去的海岸旁，有座叫威尼斯的都市，他们的建筑物多半是盖在海的上方。这里的治理者也拥有三百艘船。这里领袖的权位，也一样不是靠武力和世袭得来的。该地商人一同选出一位虔诚的好人，延请他当治理者，等他过世，他们再选举、延请另一位。16

到了奥斯曼时代，共和制度较为人熟悉，甚至了解。奥斯曼帝国继续和达尔马提亚海岸的拉古萨诸共和国，即威尼斯、热那亚等的意大利城邦，以及后来低地国的联邦，维持密切的关系。但致辞格式多半还是个人式的。拉古萨的共和国的首长，用的称号是"治理长"(Rector)，在奥斯曼的文献中用的是斯拉夫文 knez，有时致辞格式是"致拉古萨的首长和骑士"，或"致拉古萨的首长和商人"。同样地，奥斯曼在去函给威尼斯或谈到威尼斯的事时，通常直接称作总督或大人(signoria)，而不是叫做共和国的总督或大人。

对三种政治制度的认识

在阿提布·伽勒比于 1655 年写书时，甚至能区别威尼斯的寡头共和，和低地国与克伦威尔英国的民主共和之间的不同，以及概述各自的选举程序。

讲到政府组织，他指出，欧洲的国家分成三个类别，每一类各由一位大贤人所创；所谓的 monarchia 由柏拉图所创，aristocratia 由亚里士多德所创，而所谓的 democratia 则由德谟克利特（Democritus）所创。君主制表示所有人民服从一位贤能、公正的统治者。欧洲的统治者多半采用这个体制。在贵族政治里，政府的作为操在贵族手中，人们在一般事务上是独立自主的，但从自己的贵族里选出一人当领袖。威尼斯的城邦就是靠这个政府组织的。至于民主制，就是政府的作为操在人民（reaya）手上，如此一来就可以预防暴政。他们的办法是靠选举，每个村镇的人选出一两位贤能的人，来到政府所在地，组成一个委员会，从中推选出领导人。荷兰人和英国人就是采用这种体制。

阿提布·伽勒比简介了威尼斯的各种委员会（Divan），甚至提到选举程序。每位委员会的成员手上都有两颗金属小球，一颗白的，一颗黑的。它们称作 ballotta。结束委员会的讨论之后，里头的委员们便照着自己的意思，投下黑球或白球[17]。

18 世纪初一位谈到欧洲事务的人士，还设法说明共和国（jumhūr）一词，这个词本是用在威尼斯、荷兰等共和国的。他说："在这样的国家里，没有唯一的领袖，所有事情要经过主事者们的同意才定案；而这些主事者，都是由人民选举出来的。"他把瑞士界定为"联合的共和国"，每个州都是个分立的邦国。他说共和国这个词也适用于荷兰，只是体制稍有不同，它可以说是个 stadt，做决定的是一批主事者，但其中有一人得到授权，负责执行这个决定。他举例说明，像波兰同时就是王国和共和国[18]。

普遍敌视共和思想

到了 18 世纪，去过欧洲的奥斯曼人，都会提到这类令人好奇的制度以及自由的尝试。穆罕默德埃芬迪在前往巴黎时，经过了图卢兹

(Toulouse)和波尔多,就说这是两座自由的(Serbest)城市,有着当地的守备部队,以及有着议会(Parlement)和议长(President)的政治制度。这两个法文字都转成了土耳其—阿拉伯译词[19]。18世纪初,考察过欧洲的人也同样用了"自由"一词,来形容但泽港,它不必接受帝国的法令和课税。另一位18世纪的文人,谈到神圣罗马帝国的组织时,用了"自由"甚至"共和"的词汇,来形容像史瓦本(Swabia)这样的特殊自治区[20]。有些去过匈牙利的奥斯曼人,甚至谈到当地人抱怨失去自由之后的情形。

在法国大革命之后,有关共和制的概念进入了新的阶段。奥斯曼帝国不只要应付法国的新共和国,还要应付其他的共和国,像土耳其就有些邻国,是照着法国模式建立的。既然法国和土耳其之间在打仗,从法国而来的思潮就多少受到了阻碍。另一方面,法国人以不到三万人的部队打下了埃及,并占领了三年多,这令人印象深刻。而法国地方政府的厚道和公正也是如此。埃及史家贾巴尔蒂曾提过这些,他有好几部历史著作,记录了法军占领埃及时期当地学者有关的就近观察。

到了1802年,和约签订之后,法军撤出埃及和爱奥尼亚岛,新的奥斯曼大使哈莱特埃芬迪出使巴黎,并留到1806年。他的话很有启发性:

> 既然法国人不需要国王,大概也就不需要政府。而且在这样的空窗期之中,多半的高位是由人渣而非贵族所把持,权势仍掌握在贱民的手上。因此想要组成什么共和,就很难了。既然这不过是革命分子的乌合之众,或用土耳其话讲白一点,是狐群狗党,那么各国就无法从这些人身上期待什么忠诚或友好。拿破仑是疯狗,总想把各国弄得跟他可恶的国家一样凌乱不堪……(外交大臣)塔列朗(Talleyrand)是被宠坏的教士……其他人不过是匪类……[21]

1807年5月29日,第一位实行改革的伟大苏丹谢利姆三世

(Selim III) 遭到罢黜,反动派大杀改革派。事件之后一两年,帝国史家艾哈迈德·阿西姆埃芬迪,写了1791年到1808年的编年史,概述了对改革运动的印象,尤其是法国思潮的影响。阿西姆大致上同情改革,他希望国家能整军经武、抵抗外敌。在引人入胜的段落中,他举俄罗斯为例,表示该国就是因实行了西方的科技,才摆脱了落后与衰弱,进而成为强国。但他采行西法的立场,并没有使他放下反对基督徒的态度,而仍将基督教强国视为伊斯兰的敌人。他认为,与这些强国谈和是大恶不赦的。他尤其敌视法国人,认为土耳其的亲法分子愚蠢之至。有关法国国内的事,他嗤之以鼻而没有多谈。他认为法国共和不过是"像闹肚子时的大惊小怪"。共和的信条包括了"摒弃宗教和相信贫、富的平等"[22]。

有关西方的立法与司法

西洋制度中最令穆斯林观察家不解的,是人民代表的会议。如上所述,阿提布·伽勒比在共和制和民主制上着墨不多,他的相关资讯很少,有关欧洲的论述也不太有人知道。一般的奥斯曼文人在这方面谈得更少,偶尔会提到意大利、法国和荷兰的人民代表,或只显示了少许的兴趣或了解。

第一位做出详细叙述的,是18世纪末到过英国的阿布·塔利布·汗。在他以较长篇幅和友好、翔实的态度谈英国的政治制度时,讲到了该国的惯例及其功能,但却只有在两个地方简短谈到下议院,这是他在英国友人的陪同下访问到的。

在第一个段落中,他不客气地指出,那些讲个不停的议员们,像是一群印度的鹦鹉。他看出,议员们有三种职权:帮国家课税、防止契约人出错,并监督君主和大臣们及一般事项[23]。在第二个段落中,作者概略叙述了下议院议员,亦即其选举方式、责任范围和特定的职能。他在此有些惊讶地指出,执法机关和刑罚大小的订定,在这里是必要的,他们不像穆斯林拥有神意法,所以制定法律的依据,是顺应时代和状况、事情的性质和法官的经验[24]。

就作者指出了议会的立法功能来讲，他点到了基督教和伊斯兰之间的众多差异之一。在穆斯林看来，人是没有立法的权能的。真主是唯一的法源，借助降示启示来立下法令。神意法（一译教法）规范了人类生活的各个方面。世俗的种种权力，没有资格废除，甚至修正这些教法。他们的职责就是加以维护和执行，这才是本分。其中留给人的余裕，基本上就是加以诠释，而这是由有资格的诠释者，亦即教法说明官的职责。不过，实际情况与理论稍有不同。教法的规定，若不是在私底下，就是在公开的重新诠释中大大遭到漠视。因而种种情况的改变，使得教法变得不太适用，实际上还要靠习惯法，甚至统治者的意志加以补充或修正。但这些都是实际而非理论。就原则来说，真主是唯一的立法者。人世的权威所能做的，不过是加以诠释、调整和执行。

早期有些穆斯林文献在谈到基督教时，也从类似的观点来看，甚至还讲"基督徒的教法"，仿佛这就等同于穆斯林的教法一样。后来大家才逐渐了解到，基督教世界对法的性质有着不同的概念，对于公义仍有不同的观点和实施办法。

这就难怪，早期穆斯林在谈到欧洲的审判程序时，抱持着鄙视。例如中世纪时有位穆斯林到过中欧，描述过几种不同的裁判方式：

> 他们的习俗很奇怪。例如某当事人想控告对方诈欺，则两造都要接受武力的测试。程序是这样的：原告和被告两人带来自己的兄弟和辩护人，每个人都发给两把剑，一把握在手上，另一把佩在腰上。然后被告在大家面前发誓，他没有犯下被控告的那项恶事；原告则发誓，所说的话都属实。然后两人隔着一小段距离、朝着东方跪下。随后，两人站起来开始比武，直到有一方被杀或受重伤为止。
>
> 另一项怪风俗，是利用火的神明裁判。有人被指控谋财或害命，他们就拿一块铁在火中加热，复诵《讨拉特》（《旧约》）和《引支勒》（《新约》）的经文来施加法力。然后他们在地上竖立两

根桩子，用火钳取出铁块，放在两根桩子上头。然后被告就过来洗净双手，取下铁块走上三步。随后他放下铁块，留下烙印并缠上纱布，接受一夜又一天的看管。到了第三天，如果在手上发现冒脓液的水疱，他就是有罪；如果没有水疱，他就是无罪。

另一项风俗，是用水的神明裁判，这指的是，被告的手脚被缚住，身上还牵着条绳子。要是他漂在水上，便是有罪；要是沉到水里，便是无罪，因为大家认为，这是水接纳了他。

只有奴隶才以水、火来裁判。至于自由民，假使他们的案子，在财物上的价值少于5第纳尔，两造就直接以棍棒和盾牌互斗，直到有一方受重伤为止。假使其中有一造是女性、残障或犹太人，这人就要花5第纳尔请一位代打者。假如被告输了，他就一定得接受苦刑，并没收所有财产。原告则可从中取10第纳尔。[25]

以上引文是凯兹维尼（Qazvīnī）引自乌德里（'Udhrī），所以也可能部分得自易卜拉欣·伊本·叶尔孤白的报道。

关于欧洲人执法的其他记载

十字军时期，一位叙利亚人乌沙迈·伊本·蒙奇德，留下了在巴勒斯坦十字军占领的纳布卢斯（Nabulus）城的亲身经历：

> 有一天，我在纳布卢斯看到他们用格斗做裁判。事情的原委是这样的：一些穆斯林强盗抢了纳布卢斯的一个村镇，大家控告其中一位农民作了内应，让强盗进入村庄。这个人逃走了，但国王扣押了他的子女，因此他回过头来表示："请为我主持公道，我要挑战那个说我做了强盗内应的人。"国王把这件事告诉了该村的领主："找人来跟他格斗吧。"于是领主来到村里，找到一位铁匠，要他参加格斗：因为领主想要保护自己的农民，避免有人受到杀害，或是自己的产业受到损害。

我看到了这个铁匠。他年轻力壮,不过却少了格斗的斗志,他走了不过一段路,就坐下来讨饮料喝。挑战者是个老人,却是斗志高昂、信心十足,郡长(viscount)过来担任这个场合的监督,给两人各发一根棍子和一张盾牌,带到围观的人墙里头。随即打斗开始,老人压制了铁匠,逼得他退到观众圈边,这时才再回到中央。他们打来打去,直到浑身是血。过了段时间,郡长喊出了"赶快!"来催促他们。铁匠有着挥榔头的经验,占了上风,老人逐渐败退。这时铁匠砸下一棍,对方倒在地上,棍子落在背后。铁匠将膝盖压在他身上,想把手指头插到他眼睛里,但因为老人眼睛已血流如注而作罢。于是站起来拿棍子敲击他的头,直到他断气为止。然后他拿绳子绑住尸体的脖子,拖走并吊挂起来。领主走了过来,把自己的披风赏给了他,帮他坐上自己的坐马,让他骑走。

这就是个例子,显示了他们的审判方式和执法程序,愿真主责罚他们。[26]

开化的穆斯林习惯的是教法法庭的和平程序等,所以那种蔑视是可以理解的。但欧洲人的法律程序,并不只到这类格斗裁判的水准,后来有机会就近观察的穆斯林,在评价上就较为正面。早在12世纪,到过叙利亚的西班牙穆斯林伊本·祖拜尔就曾经指出,法兰克人对于被征服的穆斯林人民,处理得很公道,他还因此感到很困扰。18世纪末的埃及史家贾巴尔蒂,也表达过类似的感受。他叙述了法军占领了他的国家,称赞他们对当地人民很厚道,还尊重执法的权威和程序,而有别于自己国家的专制独裁。最令他印象深刻的,就是法国军方审判了暗杀克莱贝尔(Kléber)将军的穆斯林,这位将军继任了拿破仑,在埃及担任法军总司令。

他说,法国人在刊行有关审判的全程报道时,就用了三种语文,法文、土耳其文和阿拉伯文。他本来想略之不论,因为报道太长,阿拉伯文版本又很粗劣,但因为顾及到有许多读者想要了解,所以他不只提供了整个事件的经过，也透露了法方的审理方式，即"官方是由民方授权的，他们没有皈依的宗教，是借助理性来统治与裁判的。"他指出，这个案子很有启发性："一位来自远方、躁进的外国人，大逆不道地攻击并杀害了他们的领袖，并当场遭到逮捕。尽管他们逮捕他时，他手上还握着凶器，并滴着领袖的鲜血，他们却没有马上杀掉他，或他后来所供出的人。相反地，他们设立了特别法庭，开始了审理程序，亦即传唤凶手，以口头和刑求的方式加以讯问。之后他们传唤他所招认的人，并以分开和一起的方式加以讯问。后来，他们照着法定的程序给出判决，并释放了书法家穆斯塔法埃芬迪·布尔沙利（Muṣṭafā Efendi al-Bursali），因为缺乏确切的事证。"贾巴尔蒂显然大受感动，法国人坚守法律的正当程序，即愿意在证据不足的情况下，释放任何一位嫌犯。他还痛苦地指出："后来，我们看到残暴的军人所犯下的罪行，他们自称穆斯林，冒充圣战战士，却只为了逞其兽欲，杀害和蹂躏人民。"[27]

对英、法法律制度的观感

并不是所有的穆斯林观察家，都称赞西方的司法程序。阿布·塔利布·汗曾经因为10先令被伦敦的裁缝告过，除了被判处如数赔偿之外，还因为传唤不到另罚6先令，所以他的观点就不那么认同。他并没有看重这种陪审团制度，因为陪审团很容易受到法官的左右，不得不采纳他的看法，或是重新审视大家的裁定。不只是这样。假如裁定都不被采纳，法官有权让陪审团闭关，且不提供食物，法官和律师却可以在法院大楼的另一处，以公家的费用大肆饮食。比陪审团更令阿布·塔利布莫名其妙的，是伊斯兰司法程序中所没有的辩护律师。他承认英国的法官"值得敬佩、敬畏上主，防范律师的诡计多端"，但也指出这种法律诉讼太耗时间与金钱，因而经常致使原告不能认同这种公义的渠道。即使再好心的法官，也可能让律师模糊了焦点，威胁了证人。阿布·塔利布发现，法治常会违反自然正义的规律，而即使是敬畏神的法官,在做下公平的裁定时,也常会抵触到这种人为的法律[28]。

话说回来,肯花工夫考察欧洲司法和立法程序的穆斯林,大致都加以认同。于1826年到1831年间待过巴黎的埃及学者里发教长,甚至投注心力,翻译了法国宪法的全文。

他并不相信法国人的平等学说,并指出该学说不适用于经济事务:"法国人的平等只存在于他们的言行之中,而不在他们的财产上。假使朋友要求的只是借贷,而不是赠与,甚至确定可以归还的话,他们的确是不会拒绝这样的请求的。"此外他还指出,法国人"比较像是贪心而不是慷慨……慷慨其实属于阿拉伯人"。然而,他对于法国人的"法律之前人人平等"的准则还是印象深刻,并认为这是"一项最明白的证据,证明他们达到了较高的正义,在文明上有较大的进展。他们奋力争取所谓的自由,相当于我们所说的正义和公平,因为所谓自由的治理,便意味着法律之前的平等之机制……"他特别留意成文法的存在,也注意到宪法保障法律之前的自由和平等,以及拥有立法职权的议会制度等等的重要性[29]。

欧洲的宪政和议会制度,越来越受穆斯林访问者的瞩目,大致来讲,这在一开始时,甚至还重要过经济的发展。当中有许多人,想在这里找到那把钥匙,来打开西方先进国的密室,并享有其财富和强盛。

第九章
科学与技术

中世纪时看欧洲医学

　　古典穆斯林科学的大时代，开始于翻译和改编波斯、印度，尤其是希腊的科学著作。翻译运动虽然在 7 世纪末告一段落，但伊斯兰科学却持续了好一段时间。穆斯林科学家为这些流传而得的资料，增加许多新的东西，靠的是自己的研究、实地的实验和对各个不同领域，如医学、农学、地理学和战争学等的考察。经由译本或其他方式的外来影响，对伊斯兰科学的发展有过贡献的，以希腊人最为重要。至于其他文化，有些也很可观。印度的数学和天文学，尤其是位置计数法，即所谓阿拉伯数字（其实是印度数字），特别地重要。此外，蒙古的侵略首度给伊斯兰世界带来与中国的直接关系，而远东的文化和科学的一些要素，也开始影响穆斯林的实践，甚至多少影响到他们的思想。

　　在这段时期里，西洋的影响微乎其微——很可能是因为，西洋能提供的本来就很少。目前为人所知的，只有一部以西欧手抄本为基础的阿拉伯文科学著作。这是个犹太—阿拉伯文版本，亦即以阿拉伯文表现的希伯来文，其中包含了一系列星象图，呈现了行星的运行，这显然出自西元 1327 年问世的、意大利诺瓦拉（Novara）某书中的图表[1]。这本书虽然是用阿拉伯文写的，但显然是提供给犹太科学家使用，不懂希伯来文的穆斯林阿拉伯人，是读不通的。这预示了个普遍的现象，即中世纪末、近代初期时，犹太科学家，尤其是医学家形成了一个唯一的渠道，使西洋的科学知识渗透到伊斯兰世界。

12世纪的叙利亚文人乌沙迈·伊本·蒙奇德，对于中世纪欧洲的医学实践给穆斯林造成的印象，提供了生动的描述：

> 穆纳提拉（Munaytira）男爵（原注：附近的十字军男爵）写信给我叔父，请他派一位内科大夫，去治疗他的一位生病的伙伴，他给他派去一位名叫塔比特（Thābit）的（叙利亚）基督徒大夫。他这么一趟来回不到十天，我们就对他说："你这么快就医好病人了？"他就回答说："他们带了两位病人来找我，一位是脚上有脓肿的骑士，一位是患有心病的女士。我给骑士上了膏药，脓流出来之后，他就觉得好多了。我让女士按规定进食，使她的体液保持湿润。然后，有位法兰克大夫过来告诉他们：'这个人根本不懂怎么治疗他们！'并随即对骑士说：'剩一条腿活着，或保有两条腿死去，你选哪一样？'骑士回答：'剩一条腿活着。'大夫就说：'给我找一位强壮的骑士，和锐利的斧头。'他们就给他找来了，这段时间我都站在旁边，他就把病人的腿摆在一块木头上，告诉骑士：'拿斧头砍掉这条腿，要一次搞定！'我在旁边看的时候，他砍了第一下，但没有砍断；他随即砍了第二下，腿的骨髓溅了出来，病人马上就死了。
>
> 大夫接着诊疗那位女士，并说：'这位女士头脑里有个恶魔，已经爱上她了，给她剃头。'他们就给她理发，并开始回到之前的一般饮食，亦即加大蒜和芥末等的饮食。她的病情更加严重，大夫就说：'恶魔已经深入她的脑髓。'于是他拿了把剃刀，在她头上划开十字，翻开中间的头皮，直到头骨出现为止；他在这里抹上盐巴，女士很快就死了。
>
> 这时，我问他们：'你们还需要我帮什么忙吗？'他们说没有，我也就回家，从他们那里懂得一些之前不懂的事情。"[2]

乌沙迈的叔父当然宁可派一位基督徒医师，而不会要穆斯林到法兰克人那儿冒险。这位叙利亚基督徒，也和传承自古希腊大医家盖伦（Galen）和希波克拉底（Hippocrates）的穆斯林一样，会觉得法兰克医师的诊疗是落伍和蛮干的。乌沙迈还举了不少例子，检视法兰克人的诊疗方式。其中一个例子是淋巴结结核的处方，乌沙迈观察到，法兰克医师会先要求病人以基督徒的身份发誓，不会为了钱而将处方告知他人。大致看来，他对法兰克人的观感显然是负面的。

不敢小看西方的军事技术

就十字军的成就而言，中世纪穆斯林会稍加重视的，只在一个方面，那就是作战技术。穆斯林在武器研发，甚至防御工事方面，接受了法兰克人的影响，一方面是通过实行法兰克人的办法，另一方面是任用法兰克战俘。

到了奥斯曼时代，奥斯曼人越来越感觉到掌握法兰克作战技术的重要性，尤其是在炮术和航海方面。虽然中国早在几百年前就发明了火药，但真正发挥其功用的却是基督教欧洲人。起初，穆斯林各国还不愿实行这个新技术。（叙利亚）阿勒坡在遭到蒙古族帖木儿包围时，似乎用过火枪，但一般来讲，埃及和叙利亚的马穆鲁克拒绝使用武器，他们觉得这不合尚武精神，也可能破坏他们的社会秩序。奥斯曼人则较快就懂得欣赏火器的价值，这主要是因为他们用了火枪和火炮，使得他们打败了两个头号大敌，即埃及苏丹和波斯沙王。火炮的妙用，显示在1453年奥斯曼人占领君士坦丁堡，和打赢欧洲及其他的穆斯林对手上。他们的铸炮工匠和炮手，显然主要是欧洲的背教者或投机分子。虽然奥斯曼人擅长运用这些新武器，但在这方面的科学，甚至制造技术上，还是继续仰赖外人。在炮兵团和工兵团方面，也有类似的情况。结果一定就是，奥斯曼人的火炮逐渐落在他们的欧洲对手后头。

在奥斯曼人对火炮和地雷感兴趣的同时，他们也有心赶上欧洲人的造船和航海技术。当一艘威尼斯战舰搁浅在土耳其领海中时，奥斯曼的海军技师兴致勃勃巡视了一番，希望将它的构造和装备上的几个特点，运用在自己的船舰上。这件事的可行与否，呈交给首都的教法说明官：在这方面若是采用不信道者的办法，是否还合乎教法？答复是，为了击败不信道者，仿效他们的武器是允许的。

从教法来看军事

这个问题关系重大。就穆斯林的传统而言，除非新措施能证明本身是好的，否则会被认定是坏的。bid'a 一词，即新措施或新事物代表了一种背离，换言之，由先知、追随者，和初期穆斯林流传下来的圣训和圣行的传统是好的，其中记载着真主降赐给人们的信息，所以背离传统是不好的，当时穆斯林所谓的 bid'a，也就相当于基督教所谓的异端 (heresy)。

bid'a 中最令人厌弃的，便是仿效不信道者的办法。据说，先知有句格言："凡仿效异族者，将成为其中一分子。"一般认为，这句话的意思是，采行或仿效不信道者的办法，本身便是不信道的行为，因此也就背叛了伊斯兰。穆斯林的宗教权威常提出这样的教义和见解，来反对任何的仿效西法，并认定这是和伪信妥协。这句话在宗教保守派手上，成了有力的论据，常用在阻挠采行西法，例如技术、印刷，甚至欧式医学上。

不过其中还是有个重大的例外，那就是战争。对抗不信道者的吉哈德是穆斯林国家和共同体的集体义务之一。如果战争是防御性的，这就成了每位穆斯林的个人职责。于是乎，加强穆斯林的武力，更有效地打击不信道者，这件事本身就成了宗教上的优点，甚至职责了。为了对抗不信道者，或许有必要从他们身上学习。奥斯曼的教法学者和文人，在这件事情上常诉诸一项所谓的 al-muqābala bi'l-mithl 原则，即以子之矛、攻子之盾，也就是用对手的武器和措施来打击他们[3]。赞同在军事上采行西法的人，可以在历史甚至天经中找到先例。他们指出，先知自己和初期的穆斯林战士，都乐于采用当时最先进的作战技术，亦即向拜火教的波斯人和基督教的拜占庭人学习，以便更有效地对抗他们。后来，哈里发的军队从拜占庭人那儿引进了希腊火炮，所以，日后从基督教那儿采用了火药和火器，也就理所当然。甚至在《古兰经》中，也可以找到依据，指示了信众们应有的作为："以物配主的人群起而进攻你们，你们也就应当群起而抵抗他们。"[4] 这句话还被诠释为，穆斯林应该运用所有的武器，包括异教徒的武器，来打败他们。

军事上采行西法的情况

大致来讲，奥斯曼人在战争方面乐于采用欧洲办法，尤其在炮兵和海军方面，在这点上，宗教方面也没有什么反对意见。他们在采矿方面，也用了西洋技术。在奥斯曼人东南欧的疆域里，有着铁矿，甚至银矿等重要矿藏。这些矿脉的开采作业，主要操在德国专家手上，他们是由奥斯曼政府以分红的条件招聘过来的。开采的技术类似于他们在德国的技术，连管理矿场的办法，用的都是萨克森有关采矿的法令。这个管理法的土耳其文版本存留至今，名字叫做 Kanun-i Sas，即萨克森法[5]。

基于有关的目的，奥斯曼人乐于任用相当数量的欧洲专家，在朝廷中形成一个公认的团体，叫做 Taife-i Efrenjiyan，即法兰克团。奥斯曼的苏丹和大臣们，很懂得欧洲科技的重要性，并四处招募欧洲人，为他们服务。但宗教保守派在这点上总有反对意见，虽然不足以阻挠这种借用和一些仿效，但却足以阻挠有活力的本地科技的出现。苏丹们有不少权力和手段，来雇用海外的科技人员，却没有力量从这种由教法学家主导的教育体系中，造就出自己的科技人员。

尽管奥斯曼人也有自己的问题，但他们的处境，比其他伊斯兰国家好得多。奥斯曼的君臣们，起码知道西洋技术的重要性，甚至在一定时间内，能推动技术革新的一些办法。在奥斯曼的强盛时期，他们不仅跟得上最先进的欧洲武器,自己还能够有所研发和改良。十六七世纪时,一些欧洲观察家指出过,奥斯曼人采用,甚至改良欧洲武器和军火时的效率。就连在 1683 年,土耳其人再度包围维也纳时,一些奥地利观察家还指出,土耳其人的火枪就跟奥地利人的一样好,甚至在某些方面,例如在射程上还更加优越。但长期依赖国外的技术和专家,是要付出代价的。奥斯曼人发现,越来越难追赶上西洋科技的日新月异。到了 18 世纪期间,身为伊斯兰世界先进国家的奥斯曼帝国,在战争技术各方面便远远落后于欧洲[6]。

西欧海盗的助力

最清楚显示这种变化的,就是穆斯林和欧洲战舰之间的对照。只要奥斯曼海军的活动范围还局限在地中海,他们就没法追赶欧洲人的造船和航海技术。17 世纪初,奥斯曼的势力和影响,拓展到地中海西部,便和大西洋的海军武力,有了更直接的接触。由于西欧的某个重大变化,使得奥斯曼人在这方面得到很大的助力。1603 年,英国伊丽莎白女王驾崩之后,新王詹姆斯一世(James I)与西班牙媾和,1604 年签订和约,使得两国之间的长期海战告一段落。大约同一时期,西班牙和低地国的战争也结束,于 1609 年承认了荷兰的独立。英国和荷兰的许多海盗,之前在对西班牙作战时曾扮演重要角色,如今不只变得多余,且还有所危害。而英国、荷兰和西方各国政府,一改之前的容忍,开始大力扫荡本国的海盗,其中有许多人觉得,时势不利于他们继续操持这样的生计,就不再坚持,而逃到(北非)柏柏尔海岸,受到当地人的欢迎。西欧的海盗熟悉使用横帆船,以及配置在船舷上的武装,这时便向东道主们介绍了这种船只的构造和用途。穆斯林海盗们很快就了解到,将武器配置在船舷上的优势,并随即精通这种新船只的航海技术和作战方式。于是乎,发自北非的船,开始航经直布罗陀海峡,远达北大西洋马德拉(Madeira)群岛、英伦三岛等海域。

穆斯林的舰队曾经相当于，甚至优于基督徒舰队。但这项优势逐渐消失了，在缺少大批难民和背教者来修复和维持的情况下，他们开始落后。十七八世纪时，奥斯曼和北非的造船技术，已经赶不上欧洲的进展。到了18世纪末，以往能供应国内船只武装之需求的奥斯曼人，已不得不向国外的造船厂下订单了。这是个影响深远的变化。

医学——由先进到落后

除了武器和航海外，欧洲还有另一项实用技术被看成值得采纳，那就是医学。以往十字军需要求助穆斯林、东方基督徒，或犹太的医师等的事项，到了十五六世纪，出现了很大的变化。这时欧洲超前，而伊斯兰落后了。这项服务具有医师的亲切、个人的特质，给医学的进步增添了魅力，而这是其他较为大众、非个人的欧洲科技部门所缺乏的。就医学来讲，病患们认为这事关重大，这不仅关乎个人的福祉，甚至还关乎生死存亡。不管古今中外，找到最有益自己的好医师，往往胜过任何最偏激的成见。话说回来，这种心思并不是所向无敌的，它有时也会败给传统医学上较为保守的业者。

说到欧洲医学渗透到奥斯曼国家，在一开始即使不算全面的，至少也是大规模地进入非穆斯林之间——主要是犹太人，有时是基督徒。15世纪期间，穆罕默德大帝任用了一位来自意大利的犹太内科医师吉阿科莫·迪·加耶塔（Giacomo di Gaeta），他后来改宗伊斯兰，成为叶尔孤白帕夏（Yagub Pasha）。到了16世纪，犹太医师在奥斯曼帝国中变得很普遍，其中多半来自西班牙、葡萄牙和意大利。不只是苏丹们，还有很多臣民也向这些医师求诊，他们被公认为拥有较高水准的医学知识。对于这些犹太医师所扮演的角色，尤其是在奥斯曼朝廷的影响力，当时来自西洋的访问者们通常不表认同。其中有些人还取笑这些犹太医师，说他们懂得太少拉丁文和希腊文，以及跟不上西洋的医学，却拥有很好的待遇[7]。有些人则指出，还是有些医师"精通理论、经验丰富"[8]，并熟悉希腊文、阿拉伯文、希伯来文的普通医学和相关的文献。

有些犹太医师甚至能撰写论文，或译成土耳其文，提供王室或一般患者使用。有一本这样的小书，书名叫做《老者的依靠》（*Asa-i Piran*），讨论老人容易染患的疾病，提供预防和治疗的建议。作者大概是位叫做曼努埃尔·布鲁多（Manuel Brudo），有时叫做布鲁多斯·卢西坦努斯（Brudus Lusitanus），亦即葡萄牙人布鲁多，是位不愿公开身份的犹太人，于16世纪30年代离开葡萄牙，先待在伦敦，之后搬到（比利时）安特卫普，后又换到意大利，最后定居在土耳其，并公开恢复到犹太教信仰。这本书除了医疗咨询之外，还有许多观察的结果，得自作者在欧洲各国的实地经验。例如他指出，英国人烹调鸡蛋和鱼的方式，以及伦敦人在冬天烧何种木柴来除湿。他谈到英国人和德国人吃鲜奶油和鸡蛋当作早餐的习惯，以及饭前吃煮过的李子当作通便剂的习俗。他不同意基督徒中午用餐的习惯，并称赞穆斯林清晨用早餐的智慧。他的书似乎是写给苏莱曼大帝的[9]。

欧洲的犹太医师在苏丹政府担任公职的很多，布鲁多只是其中之一。后来他们变得动见观瞻，据奥斯曼的皇家档案，当时御医分成两派，一派是穆斯林，一派是犹太人。可以说，穆斯林御医严守中世纪的医学传统，而犹太人多多少少照着欧洲传统，但可能还逐渐失去和先前的国家与欧洲科学的接触。当时的犹太御医的著作，包括了一篇有关牙科的土耳其文短论文，作者是摩西·哈蒙（Moses Hamon），为安达卢西亚犹太人、苏莱曼大帝任用的首席犹太御医[10]。这大概是第一部有关牙科的土耳其文著作，也可能是第一批普遍问世的著作之一。当时的另一本著作，是有关用药的短论文，为一位自称穆萨·贾利努兹·易斯拉仪（Musa Jalinus al-Isra'ili），亦即犹太的盖伦摩西（Moses the Jewish Galen）的意思，作者以此表示，这篇论文有穆斯林、法兰克、希腊和犹太著作为依据。

在这些犹太御医里头，有好几位扮演了具有某种重要性的政治角色。一方面他们和达官贵人的关系良好，另一方面也懂得欧洲的语言和状况，这使得他们不管在土耳其统治者或是国外使节方面，都很有用处，有些人因而获取了极大的权势。还有些人甚至担任过出使国外的外交使节。

到了 17 世纪，奥斯曼医师不得不开始留意欧洲的医学技术。有种原先大家不知道的病，来自西方，后来散布到许多伊斯兰国家，于是有了这样的名字——法兰克病（Firengi）。第一篇谈到梅毒的土耳其文论文，出现在 1655 年，献给穆罕默德四世（Mehmed IV）苏丹的医学论文集中，主要根据（意大利）维罗纳的弗拉卡斯托罗（Girolamo Fracastro，1483—1553）的知名著作，也用了些让·费内尔（Jean Fernel，1558 年去世）有关这种病的治疗方式。这部著作在谈到其他疾病时，还引用了 16 世纪好几位知名欧洲医师的资料。这本书显示了作者相当熟悉欧洲医学，他甚至很可能懂得拉丁文，或至少请人为他翻译。但其中还是有着明显的差距。这本论文集献给苏丹的时间是 1655 年，但所引用的欧洲著作却都是 16 世纪的[11]。那些在 16 世纪来自欧洲的犹太医师，代表了当时欧洲医学的最高水准。17 世纪的奥斯曼犹太医师所代表的，却仍然只是 16 世纪欧洲医学的最高水准。自 17 世纪中期开始，奥斯曼的希腊医师，到意大利的学院受训等等的交流，似乎并没有使这样的关系产生根本的改变。奥斯曼的科学著作的缓慢步调，加大了西洋和奥斯曼科学之间的时间差。这种差距后来更为加大[*]。

医学革新的步调

由这种引用资料的情况来看，奥斯曼学界显然没有思考到研究的进展、观念的变化和知识的逐渐成长。基本概念的形成、检验，以及必要时放弃假说，对这样的社会来说是很陌生的：即把知识视为永恒真理的材料，而能够加以获得、累积、传授、诠释和实践，但却不能加以修正和改善的社会。他们有关医学或其他科学的著作，多半是针

---

[*] 根据注释 11 中的资料，有位叫巴哈·道拉（Bahā al-Dawla，1510 年去世）的波斯医师，在他《经验的精髓》一书中以几页的篇幅谈到了梅毒。作者认为这种病起源于欧洲，之后传到伊斯坦布尔和近东。1498 年出现在阿塞拜疆，后来蔓延到伊拉克和伊朗。——译者注

对伊斯兰古典学问的编纂、改编或诠释，即以波斯文，尤其是阿拉伯文保存的学问。有时会以西方科学著作的材料加以补充，但只局限在以类似方法处理的题材。在此看不到跟上新发现的努力，甚至意识到这种进展的也很少。当时发生在解剖学和生理学上的大变化，在此并不受注意、不为人知。

在初期伊斯兰里头，穆斯林有所谓 *ijtihād* 的原则，即独立判断的行使。借着这个办法，穆斯林的学者、神学家和教法学者，便得以在天经和传统未提供明确答案之处，解决神学和教法的疑难。在穆斯林的神学和法学中，有很多部分就是这么形成的。不过一旦所有问题得到解答，这个过程也就告一段落。根据传统的说法，这就是"*ijtihād* 的大门关上了"，于是乎，就再也不需要或允许这种独立判断的行使了。所有的答案都在那里了，需要的只是加以顺从和遵守。穆斯林科学的发展中，确实也有个平行现象，即初期独立判断的行使，造就了大规模的科学活动和发现，但等到后来 *ijtihād* 的大门关上时，穆斯林科学也就进入了一段漫长的、几乎只有编纂和重复的时期。

来自欧洲的犹太难民，在奥斯曼医学界似乎曾开创过新的局面。但其实他们所带来的，是给这个知识库增添一些新的细节和资讯，等到他们失去对欧洲的联系，成为中东社会的一分子时，这些人与其他的穆斯林之间，就不再有什么明显的区别了。

后来，奥斯曼希腊人相当程度上取代了他们，并开始有所发展。第一批在帕多瓦大学学医的奥斯曼希腊人，有位叫帕拿吉欧提斯·尼古西亚斯（Panagiotis Nicoussias）的，在1650年左右学成。在他回到伊斯坦布尔之后，成为相当成功的医师。后来还担任宰相穆罕默德·柯普律吕（Mehmed Köprülü）的私人医师。就像之前的犹太医师受到重用一样，这位受过西式教育的希腊医师，他对欧洲情况的知识，也受到宰相的倚重。尼古西亚斯成为高门的通译总领，或许还是史上第一位执掌这个重大职务的人。直到他于1673年去世后，才由另一位留学帕多瓦的希腊医师丘提·亚历山大·马福罗科尔达托（Chiote Alexander Mavrocordato）继任。尼古西亚斯发表过一篇论文，讲肺脏在血液循环上的功能。但他是以拉丁文出版的，因此，他的著作属于欧洲人的历史，而非奥斯曼人的医学。正是身为高门的通译总领，才使他赢得奥斯曼史上的地位的。

18世纪初，出现了一些变化。1704年，一位叫约玛·西发仪（Ömer Şifai）的内科医师写了本小书，谈化学在医疗中的用途，内容像是帕拉塞尔苏斯的翻译。同一时期，另一位奥斯曼医师，即改宗伊斯兰的克里特岛希腊人努赫·伊本·阿布杜勒曼南（Nuh ibn Abdulmennan），翻译了另一本有关医疗的书。当时的第三位大医师夏班·西发仪（Şaban Şifai），为苏莱曼清真寺附属医学院的教师，他写了篇论文，谈孕妇的胎儿和接生，及其产前、产后的照护。这些著作都反映了新类型的医学，以及医疗的新措施。

这类的革新，难免也引起极大的阻力。1704年，颁布了一项新法令，禁止"某些自大的医师的新医学（Tibb-i Jedid）"。这项法令还谈到"某些法兰克社群的假医师，摒弃了以往医师的方法，并借着新医学的名义，使用了某些药物……"这项法令要求土耳其医师们接受检验，并禁止洋医师的执业。但这并没有阻止约玛·西发仪继续他的著作，他以八卷的篇幅，写成了所谓新医学的论文。尽管奥斯曼官方继续支持盖伦和伊斯兰医学家阿维森纳（Avicenna）的医学，但帕拉切尔苏斯的支持者也开始形成一股力量[12]。

看待西洋新科技的态度

在访问过欧洲国家的大使里头，有好几位对技术，甚至科学感兴趣。穆罕默德埃芬迪一再谈到法国的交通系统，亦即在他取道南部海岸，到达巴黎之间的运河、水闸、道路、桥梁和隧道等设施。观测站的观测范围和其他仪器也使他感到惊奇，他似乎也很明了这些器材的用途。他谈到"种种机器"，例如观测各星体、"轻易举起沉重的东西、预测何时会满月、把水从低处往上抽，以及其他令人惊叹不已的事物"。他还看到了凹透镜"大得跟我们大马士革的金属大餐盘一样",能够聚集热能,来燃烧木片或熔化铅块。他较详细地谈到了天文观测仪器,尤其是对望远镜大加赞赏[13]。

其他大使就不那么感兴趣了。对于科学及其装置的另一种态度,可以拿穆斯塔法·哈第埃芬迪(Mustafa Hatti Efendi)的使节报告为例。他在1748年出使过维也纳,当他抵达之后,一行人应邀参观观测站,一睹当今科学的精妙。他并没有受到感动。

应皇帝之邀,我们参观了观测站,见识一些放在那里的陌生的装置和奇妙的东西。几天以后,我们应邀参观了一栋有七八层楼高的建筑物。在顶楼有个开口的穹顶,我们看到种种的观测仪器,和观测太阳、月亮和行星的大大小小望远镜。

示范给我们的装置之一,是这样的:有两个紧邻的房间,其中一间有个转轮,轮上有两颗巨大的水晶球。两球之间接着一根比竿子还细小的管子,并透过一条长链,连到另一间房。当转轮被拉动时,一股强大的力量沿着长链进到另一间房,这条链子由地面升上来,要是有人碰了它,那股力量会震动他的手指,甚至整个身体。更奇妙的是,如果这个人还牵着另一个人的手,另一人再牵下个人的手,如此接成二三十人的圆圈,每个人在手指和身体上感到的震动,会和第一个人一样强烈。我们亲自试验过。既然他们对我们的问题给不出合理的答复,既然整件事不过是次展示,我们就不觉得有什么值得再进一步探问的了。

他们展示给我们的另一项装置,有两个铜杯,各摆在相距约三厄尔(ell,一厄尔相当于一米)的椅子上。在点燃其中一个杯子时,另一个杯子也会产生同样的效果,尽管之间有着这样的距离,它的爆炸力量相当于七八把火枪。

第三项装置有几个小玻璃瓶,那些人拿去敲石头和木头,也敲不破。然后他们把打火石的碎粒放入瓶中,这些有着指头厚度的、禁得起石头撞击的瓶子,却裂解成像面粉一样的粉末。当我们问这是怎么回事时,他们说把被火烘热的玻璃,直接置入冷水降温，就会变成这样。我们认为，这个笨答案属于他们法兰克人的花招。

另一项装置是个盒子，里头有面镜子，外边有两个木柄。转动木柄时，盒子里的纸卷，就卷出了一串纸，每张各显示着不同的花园、宫殿，及其他画在上头的奇景。

在展示过这些玩意儿之后，示范的天文学者获赠了一件作为奖励的礼服，观测站的人员得到了礼金。[14]

大家或许可以怀疑，18 世纪的欧洲绅士和使节，在面对科学的奇妙事物时，会比土耳其同仁们来得更有反应。其中的重大区别，就是土耳其人的反应，显示了所属社会的态度，而欧洲人则不然。

奥斯曼人也跟其他伊斯兰民族一样，瞧不起位于他们西边的野蛮的不信道者，但对于他们聪明的发明，奥斯曼人倒是很乐于学习和利用，在不危害自己生活方式的情况下，用在特定用途上。出使伊斯坦布尔的神圣罗马帝国大使基斯林·德·布斯别克（Ghiselin de Busbecq），在 1650 年的一封信中，也指出了这点：

……在采用异族有用的发明方面，没有哪个民族抱持着比他们更少的反感了；例如他们为了自己的用途，采用了大大小小的火炮，和我们许多其他的发现。话说回来，他们从来就办不到，印行书籍和设置公共的时钟。他们守着他们的《古兰经》，也就是所谓的天经，他们认为要是用印的，就不再是天经了；而要是他们设置了公共钟，他们认为这样会减损唤拜人及其古老教仪的权威性。[15]

钟表的使用和研发

后来，奥斯曼人在这两点上让步了。前面说过，印刷术在 18 世纪时，为土耳其人和阿拉伯人采用，而引进时钟的时间则更早，后来甚至还装设在大帝王清真寺（Great Imperial Mosques）上。

有关计量时间的设施，在伊斯兰并不新奇。恰恰相反，穆斯林自古就有日晷仪和水钟，所以他们能在这方面发展出精巧的装置。奥斯曼人感兴趣的欧洲机械钟，在时间上很早，即14世纪的西洋产物。到了16世纪，欧洲的钟表已在奥斯曼帝国内流行，当地甚至出现了仿制者。其中一位最有名的是位叫做塔奇·丁（Taqīal-Dīn，1525—1585）的叙利亚人，他的论文谈到利用重量和发条来传动的时钟，著作时间在16世纪中期，在科学史上具有重要地位。

奥斯曼帝国内的钟表，不尽然都从欧洲进口。在1630年到1700年间，伊斯坦布尔嘎拉塔区（Galata）有过钟表匠的行会，其成品的水准，直追瑞士和英国的专业水准。但这些人并非当地的穆斯林，而是欧洲移民。但是到了17世纪末时，就连他们也经营不下去了。其中有好几个因素，一是取得必要零件的日渐困难，这一点，更因西洋的政府和制造商的重商政策而恶化，亦即其钟表的制造，刻意迎合土耳其人的品位和市场。他们的办法是出口钟表的成品；他们也不再像以前一样，愿意为当地的钟表匠提供可替换的零件。另一项因素，自然就是欧洲在摆钟和发条表上的持续改良，使得伊斯坦布尔的钟表匠日渐落后。到了18世纪初，土耳其的钟表制作，已然告一段落。来到土耳其的最后一批西洋钟表匠之一，是以撒·卢梭（Isaac Rousseau），即哲学家卢梭的父亲，卢梭在《忏悔录》中指出："在我唯一的弟弟出生之后，父亲就动身前往君士坦丁堡，应聘为宫廷的钟表师。"

事有凑巧，伏尔泰也跟土耳其的手表市场扯上关系。他身为费尔奈（Ferney）庄园的地主，设法帮了自己领地中的人，包括一批来自日内瓦的大约五十位宗教难民。这些人恰好是钟表匠，于是伏尔泰开始为他们找新市场。1771年，他在一封致腓特烈大帝的信中指出*，土耳其是最合乎条件的市场："他们从日内瓦进口手表已经有六十

---

* 启蒙时期，腓特烈大帝曾延揽伏尔泰，以提升国内文化。——译者注

年,但他们还没办法自行制造,甚至加以调校。"[16]

除了钟表以外,能让某些中东人觉得实用的,还有另一种欧洲产品。地点远在伊朗,时间早在1480年,某位诗人感叹年老的开始,指出一些衰老的迹象:

> 我的眼睛现在根本就派不上用场,除非靠法兰克眼镜(Firangī shīsha)使之变成两双。

这种欧洲制造的眼镜,在此似乎一直都有少量的进口,相关的购买和使用,有时也会留下记录[17]。

开始采用的西法

那种把可能威胁到传统生活方式的事物排除掉的制度,在防范观念的渗透上,也相当有效——亦即西洋有关研究、发现、实验和变革等的观念,但正是这些观念,造就了西洋的科学和技术。西方科技的产品,或许会在一定的考量下得到认同;西方科学所达到的知识,在一些情况下会得到采用;但这已经是这类制度的极限。

到了18世纪,这个问题以迫切的形态出现,当时一连串战场上的失利,使奥斯曼的领导精英认定,帝国的基督徒对手,在作战技术上多少是占有优势,奥斯曼若想整军经武,就一定要有所改变。这种感触,在1774年俄罗斯人大败奥斯曼人之后,尤其显示在亚尼克利·阿里(Janikli Ali)帕夏的备忘录中。他讲了两个自己非常在意的问题:为何曾经如此强盛的帝国,现在变得这么衰弱?要如何才能重振声威呢?他指出土耳其军人仍像往常一样勇敢,人口不曾减少,疆域不曾缩小,而帝国的资源也还是很丰富。然而,以往都是伊斯兰军迫使对手撤退,如今却是对手迫使穆斯林撤退[18]。

帕夏的办法非常保守,即回归往常的正路。但当时也有人认为,问题出在西洋的军事优势,而办法则是军事改革。其中的重要观点,就是建立现代军事的培训中心。

18世纪时，陆、海军工程学院的设立，促成了采行西洋科技的（至少）一些观点。1734年设立的（伊斯坦布尔）于斯屈达尔工程学院的一位教官，叫做穆罕默德·赛义德（Mehmed Said），为安纳托利亚教法说明官之子，据说他设计了两段式的测炮象限仪（quadrant），提供炮手使用，并有附图的论文加以解说。当时还有其他人的著作，包括了有关三角学的土耳其文论文，根据的显然是西方的资料，即(17世纪)伟大的意大利军人蒙特库科利（Montecuccoli）伯爵有关军事科学的知名论文译本，以及一些医学著作[19]。

当时创立的第一所陆军工程学院，遭到禁卫军的极力反对，并迫使事情停摆。但在军事上采用西法的宗旨，并未曾放弃。1773年，海军工程学院设立，在这所新学校里，有许多欧洲教官。学生群似乎以之前被停校的学生为主，以及一些现役军人。一位促成创校的西洋炮官，还提到过他那"胡子花白的军官们"，"六十岁的学生们"[20]。

办校的经过

这次，保守势力可关不了这所学校，它反而有所成长，成为陆军工程和医学等其他学院，以及由谢利姆三世苏丹及其继位者创办的设施的模范。一位叫吉安巴提斯塔·托德里尼（Gianbatista Toderini）的威尼斯教士，1781年到1786年间在伊斯坦布尔待过，曾详细描述过这所学校。他看到了许多航海仪器，以及地图和欧洲航海图、土耳其文版的《小地图集》，有着土耳其文标示的天球仪（学校教授的作品），"巴黎制的金属浑天仪、一些阿拉伯文的星盘、一些土耳其和法兰克的日晷仪、由约翰·哈德里（John Hadley，18世纪英国数学家、发明家）制作得非常精良的英文八分仪、各种可调校的土耳其文罗盘"和其他航海装置。

在第二间房间里，人家向托德里尼展示了"一张亚洲地图"，印在丝布上，有着"土耳其文的大段说法"指出，这是在伊斯兰教历一一四一年,即西元 1728 年到 1729 年间,由易卜拉欣·穆特斐里卡翻译的,以及三个不同大小的地球仪,一个来自巴黎的相当精良的经纬仪,一个象限仪,以及各种三角法的表格。托德里尼指出,他看不懂由托特(Tott)引进的、装卸船上桅杆的机械模型。他在许多欧洲书中,发现了德拉朗德(de la Lande)先生的天文学表格,及其土耳其文译本。他对导览人指出,这些东西不是最近的,并建议他搜集最新的版本。导览人也为他展示了,由西书译过来的有关弹道学的土耳其文表格,以及有关星盘、日晷仪、罗盘和几何学等教学用的手抄本。

托德里尼的导览人,是学校的主要教官,也是学养丰富的阿尔及利亚人,会讲意大利语、法语和西班牙语,并告诉他说,来到伊斯坦布尔之前,他还航行过地中海、大西洋、印度海岸,甚至到过美洲。他也是熟练的舵手和领航员,爱好英国的器材和法国的地图。

根据这位教官所说,该校的学生人数超过五十人,都是"海军军官和土耳其士绅的子弟",但勤奋向学的只有少数几位[21]。

在俄罗斯于 1783 年并吞克里米亚之后,大家变得比较用心,这个事件给奥斯曼人历来所遭遇到的威胁,增添了迫切性。1784 年在宰相哈利尔·哈米特(Halil Hamid)帕夏的倡导和法国使节团的协助下,由两位法国工程官担任教官,和亚美尼亚通译合作,开始了新的培训计划。但在 1787 年,奥斯曼和奥地利、俄罗斯之间发生战争时,这个计划就停摆了。法国教官的存在被看成违反了中立,遭到撤职。教官的离开和战事的持续,阻挠了计划的推展,直到 1792 年,帝国与敌国签订和约时,新的苏丹谢利姆三世才继续推广。苏丹再度求助于法国,1793 年秋,他派人送一份需求清单到巴黎,明列了他想延揽的军官和技师。1795 年,赖斯·埃芬迪·拉提布(Reis Efendi Ratib)寄了份类似但较长的清单,给巴黎的公共安全委员会(Committee of Public Safety)。这时已经没有法国国王,而是共和制,由他们接受委托、派任人员,这些事似乎完全没有困扰到苏丹。1796 年,新的法国大使上任,即奥伯特·杜·巴耶特(Aubert du Bayet)将军,他是经历过美国和法国革命的老将,带着一批法国的军事专家来到伊斯坦布尔[22]。这次,有好几所学校兴办了,那些陆军和海军军官,在炮术、防御工事、航海和辅助科学方面提供训练。法国军官在此依约担任教官,并教授已成为必修科目的法文。培训用的图书室,有着四百本左右的欧洲书,其中多半为法文。其中还有一部《大百科全书》(Grande Encyclopédie)。

在美国独立革命和拿破仑战争期间,这些学校再度陷入困境,有些因为反动势力而停校。当马哈茂德二世(Mahmud II)于1826年开始改革时,只剩下两所,亦即陆军和海军工程学院。在新的学校成立、加入之后,使这两所学校有了新气象,值得注意的有1827年的医学院和1834年的军事科学学校,该校有心成为奥斯曼的桑德赫斯特(Sandhurst)*,或圣西尔学院(Saint Cyr)**。在所有这些学校里,洋人很受重视,而外语,通常为法语知识,成为学生们必备的条件。

译介西学的两位学者

就穆斯林而言,熟悉欧洲语言确实是迫切的任务——学习西洋的科学,翻译或撰写土耳其文教科书等等,若要为土耳其语文增添所需的现代科技语汇,这些都是必备的条件。

在这方面,有两人扮演了重要角色,一位是阿陶拉·穆罕默德(Ataullah Mehmed),一般称为夏尼查德(Şanizade, 1769—1826),自1819年到去世这段期间,担任帝国史家的职务。他虽是学者世家出身,却精通至少一种欧洲语言,并研究过欧洲医学和其他科学。除了在职期间的官方史之外,他最重要的作品,是一本奥地利医学教科书的译本,这有可能是由意大利文版本转译的。夏尼查德在书中加进了自己有关生理学和解剖学的见解,后来,在另一本奥地利医书的译本

---

* 知名的英国陆军军官学校。——译者注
** 法国军校,全名为圣西尔特种军事学院。——译者注

里，则加进了有关接种疫苗的知识。这本土耳其文教科书的出现，在土耳其医学界标志着新时代的开始。到目前为止，尽管有时例外地采行了西法，但奥斯曼医学界所遵循的，主要还是古典伊斯兰和古希腊传统，即盖伦和阿维森纳的医学，哲学和科学则遵照亚里士多德和托勒密的路线，宗教则重视先知、《古兰经》和一般传统。对奥斯曼人而言，不管是帕拉塞尔苏斯、哥白尼、开普勒，或是伽利略的发现，都不过像路德或开尔文的新教义一样的陌生、无关紧要。

如今是史无前例地，夏尼查德在土耳其的语文里，创立了现代医学的语汇（直到近年来，这在语言革新运动中还很有用），也给土耳其的医学生提供了一本综合现代医学的教科书，成为全新的医学资料和实践的起跑点。

赫亚·易斯哈格埃芬迪（Hoja Ishak Efendi，1834 年去世）给数学和物理学带来的贡献，就相当于夏尼查德为医学所做的。身为犹太裔希腊人，他曾改宗伊斯兰，在军事工程学院担任教职，后来成为主要教官。据说他精通的语文有法文、拉丁文、希腊文、希伯来文以及土耳其文，还有两种古典伊斯兰语文，即波斯文和阿拉伯文。他有很多作品，多半是译本，最重要的，是四卷有关数学和物理科学的概要，他首度为土耳其学生提供了西洋有关这方面的知识之梗概。他也像夏尼查德一样，不得不创造新字，在 19 世纪土耳其的科学词汇中，他是主要的造字者，直到共和国在进行语言革新时还很受用。就像欧洲文人使用拉丁文和希腊文一样，当时的奥斯曼学者以阿拉伯文为主，波斯文为辅，来创造新的用语，其中有些词汇在现代阿拉伯国家中还在使用。赫亚·易斯哈格埃芬迪的其他著作，主要在军事科学和工程方面[23]。

随着这两人译述的出版，新成立的学校也都把它们用做教科书。最重要的是，派到欧洲学科学的留学生人数逐渐增加，而以往的科学如医学、数学、物理学和化学则告一段落。这些旧式科学在伊斯兰的偏远国家中，还维持了一段时间，但自此之后，所谓科学指的就是现代的西洋科学，再没别的定义了。

第十章
文化生活

奥斯曼艺术之受影响

在伊斯坦布尔的大市集入口旁,坐落着努鲁斯曼尼叶(Nuruosmaniye)清真寺,它落成于1755年,由建筑师伽勒比·穆斯塔法(Çelebi Mustafa)和基督徒工匠师傅西蒙(Simon)监造,它标志着伊斯兰文化革新的转捩点。清真寺的穹顶和侧边,有着穆罕默德大帝以来的大帝王清真寺的传统,为伊斯坦布尔都城生色不少。但在一些细部上,却有着明显的变化,反映了意大利巴洛克装饰风格的影响[1]。

在早期帝王宫殿(Imperial Palace)的装饰上,已可看出这类的影响。帝王清真寺的建筑,显示了奥斯曼伊斯兰的重要事物受到欧洲的影响——基督教对手重挫奥斯曼国之后,奥斯曼人的自信开始动摇。这种缺乏自信的感受,也发生在奥斯曼大使穆罕默德埃芬迪,在巴黎看到特里阿农(Trianon)宫时的感叹:"这个世界是信道者的牢笼,不信道者的乐园。"[2]

第一波文化影响的征兆,见于18世纪前半期努鲁斯曼尼叶清真寺的巴洛克装饰风格,即奥斯曼史上所谓的郁金香时期(Lale Devri, the Age of Tulips)。该时期始于1718年,与奥地利签订帕萨洛维茨和约期间,名称则来自当时,奥斯曼社会陷入对郁金香的热爱。这是段和平时期。阿赫默德三世苏丹和宰相达马德·易卜拉欣(Damad Ibrahim）帕夏，密切注意着帝国北方新的威胁，并借着签订和约而得以安定好一段日子。他们在这段期间内有两个目标——避免战争和寻求友邦。1699年，卡尔洛维茨和约的交涉，也是其中的办法。在中、东欧邻邦的威胁下，他们朝着西欧寻求支持，首度开始形成较密切的关系。

在奥斯曼史上，该时期被视为和平、文化发达和采行新法的时期。可想而知，奥斯曼人首度取用外来资源，以丰富自己的文化，并推行了翻译计划，将一些主要的阿拉伯和波斯典籍译成土耳其文。

对几种欧洲艺术的观感

其中更为明显的，是兴趣延伸到了西洋的著作。之前几年，也就是1716年，宰相达马德·阿里帕夏战死在彼得瓦甸（Peterwardein）战役中，留下了可观的藏书。帝国教法说明官阿布·易斯哈格·易司玛仪（Abu Ishak Ismail）埃芬迪发布一项法令，禁止这批藏书成为宗教赠书（waqf），因为里头包含了有关哲学、历史、天文和诗学（有些可能还是欧洲语言）的书。于是，这些书就进了帝王宫殿[3]。

这种对西学的兴趣，仍是有所局限、偏重实用的。兴趣的用意在于巩固帝国，有效对抗外敌。这种由西洋找来的指南，或确切地说是资讯，以军事为主，并以可能有关的政治事务为辅。但到后来，就延伸到军事、政治之外的事情。例如穆罕默德埃芬迪于1721年前往法国时，上头指示他"探访堡垒和工厂，对其开化与教育的手段进行通盘研究，并提出加以应用的办法"[4]。

穆罕默德埃芬迪的出使，在双方的文化和社会生活上造成一些波动。在巴黎土耳其大使及其服饰的出现，引发了一阵土耳其风（turquerie），吹到妇女的服饰、建筑和音乐上头，大使访问的其他欧洲首都，也有类似的现象。法国的时尚在伊斯坦布尔造成的波动，就小了许多。其影响主要见于，郁金香时期的君臣们所建造的宫殿，尤其是庭园。穆罕默德埃芬迪在使节报告中，详谈了凡尔赛和其他地方的庭园造景，这些是他赞赏不已的事物[5]。一般的法式庭园，有着大理石的水池，以及以对称方式设置的步道和花圃，其影响相当明显。土耳其宫殿也引进了前所未见的西式家具，看来主要是提供西方的贵宾使用。

穆罕默德埃芬迪对这些事物的感触，颇具启发性：

> 当地人的风俗，是国王送给大使们自己的肖像，边框镶有钻石，但由于穆斯林不许持有图画，我获赠的是一条镶钻的腰带、两条巴黎毛皮地毯、一面大镜子、一支长枪和几支手枪、一个镶黄铜的珠宝盒、镶黄铜的桌钟、两支有着镶黄铜把手的厚重瓷瓶和一个糖钵。[6]

穆罕默德埃芬迪明显反对肖像画，或至少希望被看成反对。他对图画的缺少兴趣，可以从有关的简短记叙得到证实，人家在宫中为他展示了一批图画：

> 然后我们开始细看，会议室中所悬挂的那些美妙的图画，国王亲自为我们解说画中的人们是谁。[7]

相反地，有关挂毯这个主题，他倒是滔滔不绝：

> 有个专门为国王制作挂毯的工房……由于知道有大使要来，他们已经把所有挂毯挂好在墙上。这个工房很大，挂在墙上的，应该超过了一百件。在看到这些挂毯时，我们一直赞不绝口。例如上头的绣花，简直栩栩如生。里头的人物，他们的眉毛、睫毛，尤其是头发和胡子，做工极为生动自然，就连摩尼（Mani）

或贝赫札德（Behzād）*，画在最细致的宣纸上，也达不到这种境界。有人显示着喜悦，有人表现着哀愁。有人吓得发抖，有人哭泣着，有人像生了病。每个人的心境都被刻画得一目了然。这些作品的美，实在难以形容，超乎想象。[8]

穆罕默德埃芬迪对写实的艺术，甚至对18世纪欧洲写实艺术的观感，是震撼人心、富有教益的，就像他对肖像画和挂毯各有不同的观感一般。挂在墙上的油画，新奇而陌生，完全超乎他的经验范围。挂毯（他称之为kilim）则是熟悉的艺术形态，从而较易了解。这种差异，从他对两者的不同反应可以得知。

采纳肖像画的经过

但话说回来，欧洲的绘画，尤其是肖像画，对穆斯林东方而言是全然陌生的。如巴耶塞特二世苏丹留意达·芬奇的作品，就是个佐证。与其说达·芬奇被看成艺术家，不如说被看成工程师，因为苏丹想建造一条跨越金角湾的大桥（Golden Horn）。这个计划后来不了了之，但在奥斯曼时代，到伊斯坦布尔和其他城市的欧洲画家日渐增多。

在照相术的时代之前，欧洲的大使和负担得起的游客，总有画家随行。这似乎是个有益于欧洲壁画的市场，尤其是在记录东方见闻用的书本插图和印刷品方面。

西洋画家的存在，并非完全不受土耳其人的注意。在苏丹拿下君士坦丁堡之后，15世纪意大利画家简提列·贝利尼（Gentile Bellini）来过这里，甚至画过一幅苏丹的肖像。据说他是在苏丹的请托之下，由威尼斯总督派来的。穆罕默德二世苏丹去世后，他那虔诚的儿子兼

---

* 贝赫札德是知名的波斯画家；摩尼为波斯摩尼教的创始人，在穆斯林民间传说中是位大画家。——译者注

继位者巴耶塞特二世，尤其排斥绘画和肖像，中断了先父的这种收藏，将之卖到市场，该肖像为威尼斯商人购得，后来辗转来到了伦敦的国家艺廊（National Gallery）[9]。

在伊斯兰世界中，肖像确实是新奇的事物。伊斯兰的教法，一直被诠释为禁止描绘人的形象。这道戒律尤其适用于雕像，要到19世纪后半期，这种艺术才开始渗透到伊斯兰世界，但一直遭到国粹派的反对。不过平面的绘画仍很盛行，尤其在波斯和土耳其国家。这在两个重要方面上，有别于西洋的绘画。一方面，它主要局限在书本插图和细密画，有时也局限在壁画。这种西法，要到19世纪后半期才为穆斯林采用。另一方面，在西洋绘画中的人物，多半是具历史性和文学性的。在古典伊斯兰艺术中，确实有过肖像画，但却极为稀少，向来遭到强烈的反对。

奥斯曼的苏丹和画家采用肖像画，是欧洲初期影响力的重要表征。穆罕默德大帝的继位者，虽然没有加以延续，但到了16世纪，肖像画形成了风气。1579年，有部作品甚至包括了奥斯曼苏丹的肖像集。画册的编者，是官方史家赛义德·洛克曼（Seyyid Lokman），画家是奥斯曼宫廷画家纳卡须·奥斯曼（Nakkaş Osman）；他画下了截至当时为止的十二位奥斯曼苏丹。洛克曼在他的介绍中指出，要找出初期苏丹的画像，有过一些困难，他和他的同事求助过"法兰克画家"的作品。所参考的画像，可能多半来自想象，并取材自那些有关奥斯曼帝国的当代欧洲书籍。在力求把肖像画得精准，和刻画每位苏丹的服饰上，可以看出类似的影响[10]。这个画册的普及度，可以从大量留存至今的副本，以及后来类似的皇室肖像集的出现，加以佐证。

到了17世纪和18世纪初，苏丹和达官贵人们似乎都乐于留下画像。当时顶尖的欧洲画家让—巴普提斯特·凡莫尔（Jean-Baptiste Vanmour, 1671—1737），在土耳其待了将近三十年。另一位是安东尼·德法福来（Antoine de Favray, 1706—1792?），为马耳他岛骑士，以法国大使陪客的身份，在伊斯坦布尔待了段时间。其中有许多画家，把苏丹或宰相找给外国大使的陪客们也画了下来，他们大概也收到了后者的酬劳。凡莫尔也给欧洲市场提供了印刷品，包括了苏丹、宰相和许多显贵的画像，只是不清楚这是否引起过非议。至于西方画家的这些画像，有些确实拿到了酬劳，这可以从托普卡珀宫的典藏得到证实[11]。

但还有比伊斯兰世界的洋画家更令人好奇的，是伊斯兰画界本身的变化。穆罕默德大帝有两幅肖像画，目前还保存在伊斯坦布尔的宫殿中，似乎是土耳其画家受意大利风影响下的作品。画风还是以伊斯兰为主，但显然有西洋的影响，尤其在阴影的使用上。其中一位就是奥斯曼首屈一指的画家锡南（Sinan），据说他曾经做过一位叫做保利（Paoli）的威尼斯画家的学徒。

西画的流行和影响

到了 18 世纪，尤其是该世纪末，西洋在土耳其艺术的影响上越来越明显。其中一项因素，自然是奥斯曼宫廷延聘的洋画家。其中有位波兰画家，叫做梅克第（Mecti），还改宗了伊斯兰。1781 年到 1785 年间，某位欧洲访客在宫中，看到了好几幅由一位叫做拉菲尔(Raphael)的亚美尼亚画家的作品。到了 18 世纪末，古老的绘画传统式微，连土耳其文学作品的插画，也首重西方的画技。土耳其绘画的西化，比文学，甚至音乐受到的西方影响还要长久[12]。

西洋艺术的影响，不只局限在土耳其，也可见之于伊朗和更东方的国度。伊斯兰绘画界的顶尖人物之一，是画家贝赫札德，他的全盛期在 15 世纪末 16 世纪初。他培养的学生遵行他的画法，形成了知名的阿富汗赫拉特（Herat）画派。该画派有许多画作，包括了一些与贝赫札德本人关系良好的显贵人物的画像。在初期，这种画像非常少，这样的肖像画，显然受到欧洲绘画技法和构图的影响。这股影响力似乎已由土耳其流传至伊朗，早在 16 世纪初，就有波斯画家以贝利尼的画作作为蓝本的仿作。这幅仿作曾被研判为贝赫札德的作品，但这个说法并没有受到公认。重点是，贝利尼的土耳其画作不只广为人知,而且还有波斯画家在临摹。

萨法维王朝于 1502 年在伊朗开朝之后,与奥斯曼和西欧往来密切,从此,许多人开始来到伊朗的港都和其他城市[13]。王朝初期的一位沙王塔赫马斯普(Tahmāsp),尤其爱好绘画,延聘了知名的贝赫札德,来掌管大不里士(Tabriz)的御用画坊,直到画家于 1537 年去世为止。在当时,外销欧洲的丝织品和织锦是波斯国的重要外汇之一,沙王们都尽其所能发展这项贸易。阿拔斯一世迁都至(伊朗)伊斯法罕(Isfahan)后,授权给当地的天主教机构,促进了对欧的外交和通商关系。阿拔斯也很用心美化和改善这座城市。意大利人彼得罗·狄拉·瓦勒(Pietro della Valle)来到伊斯法罕,觐见了沙王。彼得罗带着几分鄙视,谈到了波斯的细密画(miniature)*。但他指出,意大利的画作在伊斯法罕可以买到,这是威尼斯商人开的店,生意很兴隆。沙王本人到过这家店,"摆满了各种绘画、镜子和其他意大利珍品"。沙王盛情款待了威尼斯商人斯居登多利(Scudendoli),并向随行的印度大使展示这些图画——类似这些亲王画像的货色,在罗马的那沃纳广场(Piazza Navona)只卖 1 克朗(crown),"但带到这里,可卖 10 西昆(sequin)"——并任由他挑他想要的[14]。有关欧洲绘画的影响的另一份史料,来自一位西班牙大使唐·加西亚·德西尔法·费桂罗亚(Don Garcia de Silva Figueroa),他是西班牙国王菲利普三世(Philip III)于 1617 年派到沙王那儿的。他在描述他所参访的小型皇家艺廊时,指出:"这里的图画,比在波斯一般所看到的精致得许多……我们得知画家……叫做朱勒斯(Jules),生于希腊,在意大利长大,并在此学艺……显而易见,这是欧洲人的作品,因为从中很容易看出意大利画风……"[15]

阿拔斯沙王于 1629 年去世,但继位者们对西洋绘画仍保持一定的兴趣。尤其是阿拔斯二世,对此有着特别的爱好,他延揽了

---

* 精印插图本或彩色手稿本上的插画,也画在许多材料上,如象牙、金属、羊皮纸等等。——译者注

意大利和荷兰画家来到伊斯法罕。由于为王室所喜爱，他们大大影响了细密画的后续发展。据说，沙王本人还曾向两位荷兰画家学画。

对欧接触的逐渐增加，尤其是对威尼斯和低地国的接触，助长了欧洲绘画的影响。伊朗当地的重要欧洲族群，和该国对欧的经常性交通运输的设施，促成了许多洋画家的到来，并居留伊朗一段时间，因而提供了伊朗画家参考和见习的机会。这个影响见之于伊斯法罕一些宫廷的许多壁画，它们描绘了宫廷的场合和人物，甚至在细密画中也可以见到。

西式的模范，甚至训练的影响，在波斯细密画的发展上，随即变得明显起来。装饰风格退居到背景，配角们逐渐消失。主角一下变得更为凸显、更为悦目，他那理想化的、精密定型化的特色，融入了人的轮廓中。画家在肖像画中发现不少好处，即光线和阴影的搭配，以及写实的笔触。17世纪，波斯绘画界吹起新的写实风，18世纪时更为盛行，到了19世纪初成为主流。

伊朗和印度的采用情形

就像在土耳其一样，几位知名的欧洲画家长久居留在伊朗，有些人是为沙王工作的。更值得注意的举动，是阿拔斯二世派了位波斯画家到意大利进修。他叫做穆罕默德·札曼（Muhammad Zamān），曾待在罗马学习当代的画技。据说他改宗了天主教，有时被史书以穆罕默德·保禄·札曼（Muhammad Paolo Zamān）的名字提及。当时也有好几位波斯画家受过欧洲的影响，甚或训练——即使不是到欧洲，至少也是通过伊朗的欧洲画家[16]。

同样的过程见之于印度。莫卧儿的几位皇帝，是艺术的大赞助者，对于欧洲人带来的新技法很感兴趣，也开始有所影响。早在1588年，印度画家为皇帝阿克巴（Akbar），以有关基督教的绘画，制作了一本画册。根据欧洲访客的传闻，他的继位者贾汗季（Jahāngīr），曾把欧洲画作悬挂在宫中的墙上。欧洲画风给印度带来的影响，还强过对波斯的影响。印度不像伊朗，伊朗具排他性的文化传统维持了千百年，而印度这个国家，具有宗教和文化的多元性。印度的画家熟悉印度教以及伊斯兰的艺术传统，而且还懂得雕塑，这是其他穆斯林国家所没有的。所有这些因素，促成了他们更容易接受和吸收欧洲艺术。但令人玩味的是，伊朗和印度似乎都不习于采纳西洋绘画实质的技法。例如居欧洲领衔地位的油画，就没有得到这两国画家的采用，他们偏好古老传统的工具和材料。

穆斯林绘画中的人像

其中一项有趣的特色，是伊斯兰画家描绘的西方男士和女士，这是后来才有的发展。例如在整个十字军东征期间，描绘十字军的图画，只有一幅保存下来。这是来自埃及的伏斯泰特（Fustāt）一幅画在纸上的图画，制作于12世纪期间。它描绘了一场城墙下的战斗，显示了一位带圆盾的战士（所以应该是穆斯林）正和至少四位敌手搏斗，从方形的盾牌来看，很可能是诺曼人[17]。(参见图9)

十三四世纪期间，蒙古人和欧洲人的接触，留下了一些艺术以及文学的史料。在拉希德·丁法兰克史的一些手抄本中，有很多皇帝和教皇的画像。这些不消说全然是想象的，画中的人物不管是服饰、姿态甚至外貌，都显示了中国—蒙古的影响。但其中显然也有中世纪欧洲服饰，尤其是官服的元素。这就显示，波斯画家看过欧洲人，甚至他们的图画[18]。欧洲画像的影响，也见之于十三四世纪，在伊拉克和伊朗西部制作的一些手抄本插图。

穆斯林画家对在黎凡特和北非欧洲人的活动的留意程度，甚至还少于穆斯林文人。史上第二度描绘欧洲访客，是在16世纪末17世纪初的伊朗。伊斯法罕的两个宫，即16世纪末的离宫四十柱厅（Chihil Sutūn，即四十根柱），和17世纪初的阿利卡普宫（'Alī Qāpū），两者都是伊朗沙王们用来接待外宾的会场。这两栋建筑的墙上有许多画作，包括了许多到此一游的不同外宾的画像。就像印度人的题材一样，其中也包含了不少欧洲人，着装以西班牙和葡萄牙为主。在同一时期，波斯的细密画中也有类似的呈现。

待在莫卧儿印度的洋人，也给印度和穆斯林绘画带来一些冲击。许多遗留下来的细密画，主要描绘了欧洲男士，有时是女士。其中还不乏知名的人士，如英国特使托马斯·罗（Thomas Roe）爵士，出现在贾汗季皇帝继位（1605—1627）之前；以及两位英国东印度公司的主管，知名的沃伦·黑斯廷斯（Warren Hastings）着欧洲官服，和理查·约翰森（Richard Johnson）身穿红外套、手捧三角帽坐在椅子上，后头站着一位撑阳伞的仆役。

若从艺术的观点来看，其中最有趣的，应该是土耳其画家阿布度列利尔·伽勒比（Abdüljelil Çelebi），一般称为莱夫尼（Levni）的画作。他是土生土长的埃迪尔内人，后来成为伊斯坦布尔的"画社"（NakiŞhane）的学徒。他起初担任花饰画家时，就其现存的作品来看，就连在这个传统领域，也显示了西洋洛可可风的影响。后来他开始有画作，并被穆斯塔法二世（Mustafa II，1695—1703年在位）和阿赫默德三世（Ahmed III，1703—1730年在位）任命为宫廷画家[19]。莱夫尼制作画册、手抄本插画和许多个人画作。除了画像之外，他也描绘宫廷的婚丧喜庆。其中有些人是外国大使，容易辨认的事实是，他们着欧洲服饰，且坐在椅子上，身边还带着通译和随扈，不同于在场其他人。另外值得注意的，是两幅以年轻欧洲绅士为题的、英俊潇洒的画像。后来，有一本土耳其画册，作画时间约在1793年之后，其中涵盖了不同国籍的欧洲贵妇和绅士的画像，显示了欧风的强烈影响，代表着欧洲人各自的时尚。不过所描绘的服饰，除了法国贵妇所戴的三色帽之外，都是之前一百年（即17世纪）的流行样式[20]。

西洋艺术的影响层面

欧洲艺术的影响不仅可见于绘画，在更大程度上，或许还可见之于建筑装饰风格。在土耳其和伊朗两国,壁画似乎逐渐取代了传统样式的图案花边。壁画是直接画在灰泥墙上,通常还有巴洛克图案的边框。在伊朗,所描绘的一般是宫廷的场合和人物。在土耳其,所描绘的多半是风景,通常是伊斯坦布尔城的景象,但也包含了其他地方和各座清真寺的景致。不管是肖像画或风景画,对伊斯兰传统来说都是新的,从而凸显了欧式风格和品位重大的入侵。就奥斯曼画家而言,风景画的采行西法,早于肖像画。奥斯曼绘画自有其"风景(topographical)画"的传统,但这种风景和建筑物的描绘,并没有像描绘人的外貌一样,引发宗教和道德上的疑难[21]。基于同样的因素,就算欧洲的绘画和建筑在此曾经盛极一时,但在雕塑和浮雕方面,仍存在着极大的阻力。

出现在土耳其、伊朗和穆斯林印度的绘画新趋势,在阿拉伯国家中找不到平行现象,在此,细密画早在中世纪就式微了;而建筑呢,除了非洲西部的偏僻国家之外,一般只成为奥斯曼风格的拙劣仿作。要等到19世纪后半期,西洋的绘画和建筑才在埃及,以及之后的其他阿拉伯国家产生若干影响。

对西方音乐的几种感受

乍看之下,异族文化的音乐,大概比它的绘画更难以渗透进来。西洋人对亚非洲美术的兴趣,远远大过其对音乐的兴趣。同理,在穆斯林听懂西方音乐之前,他们早就能够欣赏,甚至制作具有西式风格的美术品。但不可讳言,直到相当晚近的时代,这两种艺术的兴趣和影响力都微乎其微。初期到过欧洲的穆斯林,很少提到他们听了什么音乐。易卜拉欣·伊本·叶尔孤白在谈到什列斯威时,曾指出:

> 就我所听过的,没有比什列斯威人唱得更难听的了,那是种由喉咙发出的唱腔,像是狗的吠叫,但更多点野兽味。[22]

几百年后，奥斯曼的艾佛利亚·伽勒比去过维也纳，讲得稍微厚道了点。他谈到他们的管弦乐，指出，这种音乐声不同于土耳其乐器的乐音，但却是"非常迷人、温暖且沁人心脾的乐声"[23]。对于维也纳儿童合唱团的表演，他也有高度的赞赏。除了简短谈到一家图书馆之外，这算是点到了欧洲文化生活的特色。穆罕默德埃芬迪在逗留巴黎期间，认真地去听歌剧，但与其说他把它看成音乐演出，不如说是一场奇观：

> 巴黎有种特殊的消遣，叫做歌剧，展示着种种惊奇。这里总有大批观众，因为显贵们都会来这里。摄政王常去，国王有时候去，所以我也决定去走走……每个人照着阶级入座，我坐在国王旁边，座位铺着红色天鹅绒。那天摄政王也去了。我说不准到底来了多少男士和女士……
>
> 这个场地很豪华：楼梯、柱子、天花板和墙壁都是镀金的。这种金碧辉煌，加上贵妇们金色服装的闪闪动人，及其身上佩戴的金银珠宝，再衬托以数百支烛火的光芒，营造出美不胜收的效果。
>
> 相对于这些美景，乐手那一区隔着一道花纹布幕，等大家都就座时，布幕才拉起，出现一座宫殿，戏子们身穿戏服，约有二十位美若天仙的姑娘，身穿黄金滚边的裙子，在剧院里发散出新的光辉。乐声奏起，接着是一段舞蹈，于是歌剧就开始了……[24]

大使接着讲了歌剧的情节，描述了舞台的布景和演员的服装。他指出，歌剧的导演是个重要人物，以及歌剧是一门昂贵的艺术。

摩洛哥大使加撒尼谈了些西班牙的音乐，提到在该国使用的三种乐器。最普遍的是竖琴（arba），他认为"懂得弹奏的人，能让它发出悦耳的声响"，且可以在教会、节庆和当地一般家庭中看到。西班牙人有种乐器，叫做"吉他"，类似鲁特琴（lute）。几句话之后，在谈到教会及其活动时，他谈到第三种乐器，即管风琴——"一种大型乐器，有着风箱和镀铅的大音管，能发出出色的乐音"。访问时间在

1690年，这些显然就已是大使在谈到西班牙音乐时所能发现到的[25]。大约九十年之后，奥斯曼使节瓦瑟夫来到西班牙，能谈的就更少了。他表示，他从土耳其带过去的乐手和歌者，大获西班牙人的赞赏。他对他们的东西则没有好评："在国王的吩咐下，所有的大人物都请我们去吃饭，他们的音乐之无聊，让我们大受折腾。"[26]

西式乐队之成立

由于古典伊斯兰音乐几乎都是口耳相传，有关十七八世纪的音乐，就少了可资判断的记录，不知其是否受过欧洲音乐的影响。史上首度认同西方音乐的官方活动，出现在1826年禁卫军的改组之后。有心采行西法的苏丹，解散了知名的禁卫军（mehter），成立了西式的鼓号乐队，学习簧管、小号、钹和定音鼓等乐器。

1827年陆军指挥官（Serasker）穆罕默德·霍斯瑞夫（Mehmed Hosrev）帕夏，拜托来到伊斯坦布尔的萨丁尼亚大臣，帮他取得萨丁尼亚军乐队所使用的一批乐器。他也商请借调一位乐队指挥，来培训第一批乐手。双方高层达成协议之后，作曲家盖塔诺·董尼采第（Gaetano Donizetti）的弟弟丘塞培·董尼采第（Giuseppe Donizetti），便被派到伊斯坦布尔来指挥（或指导）帝国乐队，后来还全权负责帝国音乐学校，以提供具有鼓号乐素养的新式军队。当时的欧洲贵宾，描述了这些措施。一位同行的意大利人指出："不到一年的工夫，许多之前不曾听过西乐的年轻人，经过（意大利）贝尔加莫（Bergamo）的董尼采第教授的训练，竟然成立了一支相当完整的军乐队，每位队员都能自由地读谱，流利地演奏。"[27]

在一本1832年出版的书中，一位英国贵宾谈到了对这个乐队的印象：

> 先是有关一批希腊船夫的歌曲打开了大家的胃口，接着就轮到军乐队的旋律，这一下就把我带到博斯普鲁斯的海岸，我们听

到（19世纪意大利作曲家）罗西尼的音乐，这种演奏方式要相当归功于董尼采第教授（意大利皮埃蒙特人）。我们站起来，往下走到乐队演奏的豪华台面。乐手们年纪之轻，让我感到惊讶……更惊讶的是，他们竟然是皇家的侍从，所以是专为苏丹的消遣而训练的。董尼采第告诉我，他们之擅长学习，即使在意大利，这也是令人瞩目的，显示突厥人天生的音乐素养；不过这些年轻贵族没有时间练到纯熟，因为他们还有其他的使命。他们身为帝国未来的栋梁，在结束有关的骑术、《古兰经》和音乐的培训之后，就准备待在重要的职位；所以我在看着他们时，心里想着，或许一个月后，长笛手就成了一艘快船的船长，敲大鼓的成了要塞指挥官，吹军号的成了骑兵团团长……

董尼采第升了官（miralay），并成了帕夏。据说，后来他为了阿布杜·哈米德二世（Abd al-Hamid II）苏丹的娱乐，还训练了由后宫嫔妃组成的管弦乐队[28]。

尽管有这项和之后各项的措施，伊斯兰世界对西方音乐的接受度，进展得还是很缓慢。虽然一些来自穆斯林国家，尤其是土耳其有天分的作曲家和演奏家，在西洋世界大获成功，但他们那种音乐，在家乡获得的回响还是很小。音乐就像科学，属于西方文化的最后庇护所，也是外人必须用心参透的奥妙之一。

有关斗牛和戏剧

另外还有个大场面，是很难当作外国人的消遣娱乐的——西班牙的斗牛。摩洛哥大使加撒尼留下了一段记叙，当时斗牛士显然还是个尊贵的象征，而非平庸的职业：

他们的习俗之一，就是在5月中旬，选出强壮、好斗的公牛，将之带到挂着各色丝布和织锦的广场上。他们坐在广场周围的阳台上观赏,将斗牛逐一放到广场的中央,接着,有心展示自己的勇气的人,骑着马,握着剑过来和公牛挑战。有的人丢了性命,有的人杀死了牛。场上有国王专属的位子,他带着王后和所有随从出席。三教九流的人都来到窗户旁,而这一天或某个庆典期间的租金,却相当于一年的年租……[29]

之后,待过西班牙的摩洛哥大使葛札尔(al-Ghazzāl),则大不以为然:

> 如果一定要对此有所答复的话,我们会基于礼貌,说我们喜欢他们的活动,但其实我们并不这么想,不管是依真主的教法,或是照自然的规律,虐杀动物都是不允许的……[30]

另一种大场面较受欢迎。例如,在1748年访问过维也纳的哈第埃芬迪(Hatti Efendi),他就指出:

> 他们在维也纳有个剧院,高四五层楼,上演他们的戏码,他们称为喜剧和歌剧。男男女女除了到教会聚会之外,几乎每天都聚集在那儿,皇帝和皇后本人也经常来到他们的包厢。最美的德国姑娘和最俊的年轻男子,身穿金黄色的服装,演出各式舞蹈和精彩的戏码;他们的脚蹬踏着舞台,营造出奇特的场面。他们有时演出取材自《亚历山大之书》*的史事,有时是爱情故事。在天雷勾动地火之后,是恒久忍耐但平静祥和的安乐窝。[31]

这种随性的参观所带来的感触,比不上犹太移民所造成的影响来

---

* *Book of Alexander*,十二三世纪波斯文豪内札米(Nizami Ganjavi)取材自希腊时代亚历山大大帝的史诗。——译者注

得直接。早在十六七世纪,他们在土耳其已有叹为观止的戏剧演出。在他们之后,才有希腊、亚美尼亚,甚至吉卜赛的巡回剧团。犹太人、尤其是刚从欧洲过来的犹太人,在介绍戏剧之惊奇给土耳其和安排第一波演出上,似乎扮演了很重要的角色。训练出第一批(以吉卜赛人为主的)穆斯林演员的,就是他们。在穆拉德四世(Murad IV)苏丹在位期间(1623—1640),年轻的吉卜赛人被安排在每星期四于宫中演出,影响所及,大大促进了土耳其民俗艺术 orta oyunu 的发展。这是种多半是即兴的、具戏剧性的流行表演方式,有点像是意大利的即兴喜剧(Commedia dell'Arte)。类似的戏码之一,被描绘在一幅细密画中,保存在阿赫默德一世(Ahmed I,1595—1603 年在位)苏丹的画册里。土耳其的 orta oyunu 有好几种来源:滑稽剧的古老传统、西班牙犹太人引进的新表演方式,以及后来意大利戏剧的典范等等。通过住在伊斯坦布尔的欧洲侨民和对欧的、尤其是对意大利的接触而逐渐出名,后来甚至到了这样的地步:有些欧洲剧作,必须通过这种方式才能走红。例如要像《奥赛罗》的题材,这对穆斯林观众而言是浅显易懂的,因而形成了受欢迎且普及的 orta oyunu 的基础[32]。

像这种具有戏剧张力的大众戏码,从土耳其向东流行到伊朗。在 18 世纪末 19 世纪初,这里首度上演了一出宗教剧,纪念伊玛目侯赛因(Husayn)及其家族的殉教。

关于手抄本和译书

但大致来讲,阻隔西洋文学的障碍,却几乎是无法克服的。就视觉艺术和音乐艺术而言,异国人所应做的,就是去看和听,在各个接近的办法中做出取舍。但这种办法就算再难,也比不上熟悉一种外语,甚至对之产生这种欲求这样的难度。

例如这件事:就连像是奥斯曼和摩洛哥大使这样受过教育并到过欧洲的穆斯林,对欧洲人的著作仍然不感兴趣。他们对自己文化的产物感兴趣,这是理所当然。所以到西班牙的穆斯林特使,才会谈到在埃斯科里亚尔宫图书馆的阿拉伯手抄本的大量典藏。然而在他们看来，并不觉得这是穆斯林文化影响力的延伸，而是将这些书看成落入不信道者手中的俘虏，与其说这些是穆斯林带给西方的信息的载体，不如说亟须设法加以拯救。例如奥斯曼大使瓦瑟夫，人家为他展示过这些典藏，给了他一份这些书的目录，他讲得很坦率："当我们发现，图书馆还有着大约十部高贵的《古兰经》手抄本，以及有关教法、神学和传统的无数著作时，我们深受感动、非常欣慰。"[33]摩洛哥特使在交涉赎回穆斯林战俘时，曾设法换回这些手抄本。但战俘更有价值，必须以高昂的代价才能赎回（后来没换到手抄本）。这种以阿拉伯手抄本作为代价，与其说是重视文献，不如说是有心使它们避免流浪在外和遭到糟蹋。基于同样的精神，18世纪时，摩洛哥大使米克纳西（al-Miknāsī）甚至想"赎回"一些穆斯林钱币，因为上头镌有真主和先知的尊称和《古兰经》一段经文，他不想让它们留在不信道者手上[34]。摩洛哥特使对西方书籍似乎不感兴趣，而在奥斯曼人里头，只有艾佛利亚曾经留下记录，叙述他参观过的维也纳圣司提凡（St. Stephen）大教堂的图书馆。

他讶异于图书馆的藏书量之大，大过伊斯坦布尔和开罗大清真寺的图书馆，并有"以不信道者的各种语文写成的许多书籍"，也讶异于他们在保存上的用心："尽管他们不信道，但对于认定是神的话语的事物，却很崇敬。他们每周要擦拭所有的书，用了七八十位仆役来做这项工作。"在就双方做比较方面，这大概是最早的例证之一，即欧洲人做得比穆斯林好，因此照理来讲，是值得效法的。在西法改革时期之前，这类例子就很少了。另一个例子稍嫌含糊了点，艾佛利亚指出，维也纳图书馆有着大量附插图的藏书："但图画在我们这边是不容许的，所以没有附插图的书。这就是为何在维也纳这些寺院中有这么多藏书。"他在实用书方面，只提到了《小地图集》和《世界地图》，并较为笼统地提到"地理学和天文学方面的著作"，换言之就是实用科学，即对有关欧洲的教学有实际用处者。有关西洋的艺术和文学方面，艾佛利亚没有谈到什么[35]。

就像古代哈里发国人看待拜占庭一样，奥斯曼人在看待法兰克人的欧洲上，也延续了相同的态度。政治和军事情报是必需的，科学和武器大概是合乎实用的，其他不妨不加闻问。相对而言，18世纪时，可观的阿拉伯典籍和一定的波斯、土耳其的诗歌及其他文学以多种欧洲语言译本的面貌问世，但却没有哪一本文学作品从欧洲语言译成伊斯兰语文。前文提到过，取材自西书的第一部土耳其作品，是阿里·阿齐兹改编自法国东方学者克鲁瓦的《一千零一夜》的土耳其文版。但后者本身却是《天方夜谭》的仿作，这本书不久前才首度被译成法文。所以这算不上是对西洋文学的发现。

第二本被翻译的书，是（十七八世纪大主教兼作家）费奈隆(Fenelon)的《泰雷马克历险记》(*Télémaque*)，1812年在伊斯坦布尔有过阿拉伯文译本，译者是来自（叙利亚）阿勒坡的基督徒阿拉伯人。它一直没有出版，但以手抄本的形态保存在巴黎的国家图书馆[36]。对中东的穆斯林读者而言，这本书似乎有着独特的魅力。它在五十年之后，成为以土耳其文和阿拉伯文译出并出版的第一本西方书籍。

初期的另一部译本，是《鲁宾逊漂流记》的阿拉伯文版，19世纪初于马耳他岛印行。要等到几十年之后，才出现第一部法文译本，后来就有英国的其他文学作品，译成阿拉伯文和土耳其文。在这段期间，《鲁宾逊漂流记》和《泰雷马克历险记》二书，在探索欧洲文学的宝藏方面，成了有一定价值的指南。

第十一章
社交生活

几个条件限制

英国卓越的东方学者威廉·琼斯（William Jones，1746—1794）爵士，在感叹欧洲在奥斯曼研究上的落后状态时，曾指出：

> 这种情形很常见，即长期居留在土耳其人当中的侨民，以及熟悉东方的方言、而足以为我们提供有关该民族的精确报道的人，他们若不是局限在生活的底层，便是追求利益而不太雅好文学或哲学。而有着较佳的境况和文学品位的人，既有机会，也有爱好来领略土耳其人政策的奥妙，却完全忽视了君士坦丁堡所使用的语言，因此，在少了这唯一的学习办法的情况下，无法以多大程度的确定性，来检视这个独特的民族的感情和成见。至于通译员的一般见解，我们从拥有这类条件的人身上，并不能期待有着多少深度的思考，或敏锐的观察；要是他们懂得的只有空谈，那么其能够夸示的，一定也只有空谈。[1]

威廉爵士对这种贫乏状态精辟的说明，其实更适用于在土耳其的西洋研究更加贫乏的状态。从伊斯兰扩张，到法国大革命这段期间，游历基督教欧洲的穆斯林，人数极为稀少。除了少数人以外，绝大多数既是一窍不通，又无心学任何一种欧洲语言。他们的对外接触，只局限在此行的政治和商业目的，而之间的沟通，靠的是口笔译员。因此，他们就欧洲的情形加以考察和谈论的机会，就大受限制。这种局限，至少阻碍了他们及其读者，在国外不信道者的领土上，看到任何有趣或有价值的事物。

若说论述欧洲的穆斯林文人，并不是受人类学或历史学好奇心的驱使，那么在这之外的动机应该就是：对陌生、奇妙事物的兴趣。例如文明的产物、大师之作《天方夜谭》，便是对这类事物有着莫大的需求，于是要有一种涉猎广泛的文学，才有办法加以满足。

排斥欧洲人的刮胡子习惯

要使穆斯林游客觉得古怪或者奇特，欧洲不乏这类合适的素材。一个例子就是欧洲人刮胡子的习惯。对穆斯林以及其他许多民族而言，胡子是男子气概的自信与光荣，年老时则是智慧和历练的具体表征。阿拉伯人哈伦·伊本·叶赫亚 (Hārūn ibn Yahyā)，在886年左右于罗马做过俘虏，他给这种令人好奇的习惯找到了解释。

> 住在罗马的男人，不管老少，都把胡子刮得精光，半根不留。我向他们请教过个中原因，我说："男子之美，就在他们的胡须；你们做这件事是为了什么？"他们答道："只要是不刮胡子的人，就不是真正的基督徒。因为当使徒西门他们来到这儿的时候，既没有面包，也没有钱。当我们的国王身穿锦袍，安坐在黄金宝座上时，他们却是又穷又弱。他们召唤我们信奉基督徒的宗教，但我们没有加以理会；我们逮住他们，施加苦刑，剃去他们的头发和胡须。后来，当我们领受他们话中的真理时，我们才开始刮掉胡子，为自己曾剃去他们的胡子而赎罪。"[2]

之后有位文人，可能是易卜拉欣·伊本·叶尔孤白，也评论了法兰克人的刮胡子习惯和其他不卫生的事情。

> 各位大概不会看到比他们更脏的民族了。他们是有着肮脏腌臜特性的民族。他们一年顶多洗一两次澡，而且是洗冷水，衣服穿到破破烂烂也不去洗。他们刮胡子，刮得精光之后的样子令人作呕。其中有人被问到刮胡子的事情时，答道："毛发是赘物。私处的毛都剃了，那脸上的还留着做什么呢？"³

洋人的脏习惯一直令穆斯林作呕。后来到了18世纪末，印度穆斯林访问者阿布·塔利布·汗指出，都柏林只有两间浴室，都空间狭小，设备也差。他为了净身，去了其中一家，却没有愉快的经验。他指出，每逢夏天，都柏林人会到海边洗澡；冬天时，他们是完全不洗的。两家浴室是为病弱的人设置的，是只有这类人在用的。当他进到浴室时，找不到按摩师或理发师等等的服务人员。人家在找不到按摩师的情况下，给他一把马毛制成的刷子，平常是用在清理鞋靴的。"大家都是靠自己的双手，来清除自己的污秽的。"⁴

欧洲人无谓的穿着打扮

到过欧洲的穆斯林，有时也会评论他们的衣服。艾佛利亚谈到了维也纳的贵妇和其他女性：

> 这里的女性像男性一样，穿着以各式黑色布料缝制的无袖外套作为外衣。但除此之外，他们也穿使用丝布、织锦等等各种贵重布料的长袍；这类的长袍，在其他不信道者的国家并不短缺，而是相当盛产，以至于有拖在地上几码的裙尾，就像旋转托钵僧长到拖地的裙一样。她们不穿（长）内裤。她们穿各种颜色的鞋，皮腰带通常镶有宝石。这里的已婚贵妇，可以半露雪白的酥胸，到任何场合，有别于年轻姑娘。她们在穿连衣裙时，不用像

匈牙利、瓦拉几亚（Wallachia）和摩尔达维亚的女性那样，用腰带系住腰部，而是用饰带缠住上腹部，像筛子的边框一样宽松。这是种难看的装束，弄得看起来像驼背。她们头上戴着平纹细布的白帽，上面饰有高级的蕾丝和绣花，最后再系上一条有宝石、珍珠或镶边的头巾。在真主的意欲下，该国女性的胸部，不像土耳其女性大如皮水袋，而是小得像橘子。尽管如此，她们喂给自己的婴儿的，多半还是自己的母乳。[5]

里发教长指出，欧洲服饰还有另一个令人惊讶的特点，即经常性的变换样式这种古怪的花招：

> 法国人的特色之一，是对所有新事物的强烈好奇，以及偏好在所有事情上的变化和多样，尤其在服装方面。他们从来没有固定的服装，没有哪一种时尚或装饰是流传至今的。这并不是说他们会完全改变自己的服装，而是说他们总会做出变化。举例来讲，他们不会不戴帽子而改戴头巾，但他们会在戴某种帽子之后没多久，又换上另一种帽子，变换另一种形状或颜色，诸如此类。[6]

阿布·塔利布认为，欧洲人复杂的穿着是可笑并浪费时间的。他大谈英国人的缺点，讲到第六点时指出："他们在睡觉、打扮、整理头发、刮胡子等等的事情上浪费了很多时间……"[7]他们为了跟上流行，身上穿的，从帽子到鞋子，至少有二十五个配件。还有，他们早晚各有不同的外衣，所以一天会有两次的着装程序。他们在穿衣、整理头发或刮胡子上，要花到两个小时，早餐至少一个小时，晚餐三个小时，陪太太出门、去音乐会或赌博等等三个小时，睡觉九个小时，所以工作不超过六个小时，贵族的话是四个小时。阿布·塔利布说，冷天说明不了之所以穿上这么多衣服的原因。就算衣服件数减半，仍然可以保暖。舍去刮胡子、整理头发这类事情的话，本来可以省下很多时间的。

第十一章　社交生活

相对的观感

一些穆斯林访问者很能设身处地,知道他们在洋人的心目中,也像洋人对他们而言那样古怪。

瓦瑟夫在谈到欧洲人争相观看他时,也像其他到欧洲的奥斯曼人一样,带着几分得意。这甚至从检疫期就开始,检疫站附近的人都跑到围篱边来注视他。

后来,当他到马德里访问时,"围观的人不计其数。从住家阳台看下来的人,挤成了五六排。虽然原本的街道宽度,足够容纳五部马车并行,这时却已经挤到,连骑马的人都很难前进。我们听说,每扇窗户的租金高达一百皮阿斯特(piastres)"[8]

一位波斯贵族,出席了1839年伦敦到克罗伊登(Croydon)的铁道完工典礼,谈到了当时围观的三四千名群众:

> 他们一看到我们,就开始发出惊讶和讪笑的呼喊。不过阿久丹—巴席(Ājūdān-Bāshī)仍然带头行礼如仪,他们脱帽表示回礼,所以一切顺利进行。但稍一不慎,就可能乱了套。他们做了些解释,这一定是因为,我们的服装仪容在他们看来很奇怪——尤其是我的胡子,像这样的东西,在整个法兰克国是非常少见的。[9]

19世纪初,穆斯林的便服和制服开始出现革新,从中可清楚看到,其统治者对伊斯兰世界本身,及其对欧关系的观感出现了变化。这个变化开始于君王和军方将领采用了某些欧洲服装,后来慢慢扩及官方各部门,最后到了一般民间。

蒙古装束和欧洲服饰

以往出现过一次这种情形。13世纪时,哈里发政权被推翻,大半的伊斯兰世界，遭到来自远东、异教的蒙古人征服。遭到推翻且落入野蛮的穆斯林，只有在军事上还有一定的水准，他们放弃了自己传统的服装样式，采用了新主子们的装束。即使连不曾受过蒙古人征服的埃及，到了 13 世纪末时，马穆鲁克苏丹盖拉温（Qalā'ūn）也采用了新的服装，规定了王公贵族的穿着。他们要穿戴上蒙古式样的服饰，不再理成穆斯林的发型，而是任由头发自然生长。基于相同的宗旨，1826 年，奥斯曼锐意革新的苏丹马哈茂德二世（Mahmud II），穿着长裤和紧身短上衣出现在人民面前，并要求这类装束在军中逐步推广。军人穿束腰短上衣，官吏穿束腰外套，两者都依规定穿长裤。这种服装开始从这里，推广到都市的受教育阶层。起初在土耳其，接着在一些阿拉伯国家，最后到伊朗，欧式服装逐渐普及。服饰的西化，有好长一段时间局限于男性，甚至限制在脖子以下。头饰向来是伊斯兰世界中的重要象征，而且也直接牵涉到穆斯林的礼拜仪式，所以这个特色还是得到保留。但到了 20 世纪，这个特点也有所折中，至少在军队里，有帽舌遮阳的欧洲军帽，受到军方、甚至许多重视军事的伊斯兰国家普遍采用。

14 世纪初叶，蒙古人本身变成了穆斯林，并同化于中东社会时，蒙古样式遭到官方的舍弃。另一位埃及的马穆鲁克苏丹，即盖拉温之子穆罕默德，在到麦加朝觐之后，决定恢复穆斯林样式。他和文武百官一道，舍弃蒙古装束，理去一头散发。欧式的帽子、外套和长裤，仍然得以保留，但却逐渐受到挑战。这有着社会和宗教的因素，在贵族和平民阶层皆然。

至于女性服饰的西化，就晚得许多，程度也不那么大。这种不同，牵涉到一些基本的文化差异。

维京王后的自主性

直到 19 世纪，到过欧洲并留下记录的穆斯林访问者，清一色都是男的。但他们对当地的妇女及其在社会中的地位，多半有所论述。

对于奇闻逸事的爱好者而言，这是个有着较多成果的题材。基督教的一夫一妻制，女性摆脱较多的社会束缚，以及连显贵人士对之都加以尊重等等，一直都使这些访问者大感惊讶，尽管羡慕的成分不多。

最早谈到欧洲人性事的史料之一，是阿拉伯大使噶札尔所留下的，他在西元845年左右，访问过维京宫廷。根据他自己的说法，他在逗留期间曾和维京王后有过一段打情骂俏。

> 这时，维京国王的妻子听说噶札尔来了，就派人传他进宫，好一睹其丰采。当他来到她面前，便向她行礼致意，还凝视着她好一阵子，仿佛惊奇得不得了。她就对她的通译说："问他为什么这样看着我，是因为觉得我很美呢，还是怎样？"他答道："实在是因为，我没想到世上还有这么美的人儿。我在敝国宫中，看过许多民族的佳丽，但不曾从中见识过如此这般的美人。"她告诉通译："问他这是真话，还是玩笑话？"他就答道："实在是真话。"她就对他说："所以说，贵国没有什么美女啰？"噶札尔答道："容我看看你们的妇女，这样我就可以做个比较。"
>
> 于是，王后就宣那些素有美名的女子进宫。他仔细打量了她们一番，就说："她们是有姿色，但却不比王后的美，因为此等国色天香，不是每个人所能领略，只有诗人才能加以表达。假使王后愿意让我以一首诗来描述这种绝色和智慧，并容我公之于敝国，在下很乐意一试。"
>
> 王后为此芳心大悦，并赏赐他一份礼物。噶札尔不肯收下，说："不用了。"于是她对通译说："问他为何不收下我的礼物。他是不喜欢礼物，还是我呢？"
>
> 通译就问了，他就答复道："这确实是份大礼，能收到她这份大礼，自是非常荣幸，因为她是王后，国王的妻子。但就在下而言，能见到她，受她的款待，本身就是很好的馈赠。我要的就只是这份礼，我只求她能继续接待我。"
>
> 在通译代为说明之后，她对他的悦慕之情更添了几分，并

说:"把礼物送到客房。只要他有意来拜访,门就要为他而开,只要有我在,他随时可以得到一番款待。"噶札尔向她致谢、道别之后,便离去了。

叙述这段故事的人塔迈姆·伊本·阿凯马 (Tammām ibn 'Alqama),在此插了段话:

我听噶札尔讲完这段故事,就问他:"她真的是美到像你所说的那种境界了吗?"他答复道:"凭着令尊发誓,她是有几分姿色,但借着这种方式的谈话,我得到了她的恩惠,和意想不到的好处。"

叙事者还讲:

有位随行的人告诉我说:"维京国王的妻子恋着噶札尔,不能有哪一天不宣他进宫,来和她在一起,跟她讲有关穆斯林的生活、历史和邻近的国家与民族。每当他离开,总带走一份表示她的善意的礼品——衣服、美食或香水,直到这段关系受到注意,他的随行人员都加以劝阻为止。噶札尔这时心里有个谱,行事就更加谨慎,就每隔两天才去拜访她一次。她问他这么做的缘故,他跟她讲了人家的劝阻。

她笑了起来,并告诉他:"我们的宗教里头没这样的规矩,也没这样的嫉妒心*。敝国的女性和男性在一起,是出于自己的选择的。妻子要和丈夫在一起多久,得看她的意愿,她要是不乐意,随时可以离开他。"在罗马的宗教传到这里之前,这便是维京人的习俗,即除非贵妇接受了位家世较差的丈夫,受到家族的指责而使两人分开,不然没有哪位女性,是拒绝所有男性的。

---

* 指丈夫的嫉妒心,穆斯林似乎很重视且认定为正面的心态。——译者注

噶札尔听她这么说，就安下了心，恢复之前的往还。[10]

记叙者接着讲了噶札尔和王后的交往。噶札尔即兴作了一些阿拉伯诗，在由通译转述时，却失色了不少。最后这件事，给整个故事增添了几分不可尽信的色彩。

女人城和第三者的故事

西洋女性的独立自主，经常引起一些议论。例如易卜拉欣·伊本·叶尔孤白在谈到什列斯威人时指出：

> 在这里，女性有离婚的权利。妻子只要有意愿，随时可以提出离婚的要求。

同一位作者，还讲了个更奇怪的故事。在西方的海上有座岛屿，以"女人城"的称号而知名：

> 岛上全是女人，不受任何男性的支配。她们会骑马，会打仗，作战时极为勇猛。她们拥有男奴，他们每到晚上，就轮流去找他的女主人。他陪她整个晚上，凌晨时起床，天亮前偷偷离去。若是有人生了男婴，就随即杀掉；但要是女婴，就可以让她活下来。

作者晓得，这个有关亚马逊人的古老故事，无法取信于读者，所以又加了一句：

> 女人城是个经过确认的事实……是罗马人的国王奥图告诉我的。[11]

不管是中世纪，或是后来的时代，从来令穆斯林观察家讶异的，是女人不受拘束的自由，以及男人超乎常理的不在意。十字军占领时期，叙利亚人乌沙迈（Usāma），在这一点上，讲了好几个故事：

> 看不出法兰克人有什么嫉妒心或名誉感。例如丈夫带妻子散步，他俩碰到另一位男子，那男子把他妻子拉到旁边讲悄悄话，丈夫却安静站着等候，让他们讲完话。要是等得太久，他就留他们两个在那儿，自行离开。这是我亲眼见到的例子。我到（巴勒斯坦）纳布卢斯时，通常会待在一个叫穆易兹（Mu'izz）的人的房舍里。这是给穆斯林寄宿的地方，对着街道的窗子是开着的。隔着这条街道的对面，是一位法兰克人的屋子，平常卖酒给生意人。他通常提着一瓶酒四处叫卖："某某生意人，刚刚才开了一桶这样的酒。有需要的人，请到某某地方。"他在叫卖之后，就喝了那瓶酒，犒赏自己。
>
> 有一天他回家时，发现一个男人跟他妻子在床上，就问他："你来找我老婆，有何贵干呢？"男人答道："我累了，所以进来休息。"
>
> "那你怎么会睡到我床上呢？"
>
> "我看到床铺好了，所以就躺了上去。"
>
> "可是这女人正跟你睡在一起呢。"
>
> "那是她的床，我能否请她离开她的床呢？"
>
> 这位丈夫就说："凭我的信仰发誓，如果你再犯一次，我就翻脸了。"
>
> 他的指责和嫉妒就到这样。[12]

乌沙迈的故事有着浓厚的民族色彩，却能生动地显示出，当时穆斯林观察家，是如何看待基督教的婚姻关系的。

西洋女性的地位和作为

话说回来,这些基督教妇女的外表并不令人反感。一位西班牙穆斯林伊本·祖拜尔(Jubayr),到过十字军统治下的叙利亚和巴勒斯坦,幸运地参加了一场基督教婚礼。

> 世上最美的场面之一,就是我们有一次在泰尔港附近见识到的婚礼列队。男男女女的基督徒都来到这个场合,在准备出嫁的新娘家门前排成两列。他们吹奏长笛、小号和各种乐器,直到她开门,两边各有位男子牵着手为她带路,看来像是很亲的亲戚。她打扮得很美、很亮丽,穿着滚金边的丝质洋装,后头跟着一队按照礼俗排列的亲人,她头上扎着一条有金丝网眼花边的缎带,胸前也有着类似的高贵饰物……走在她后面的基督徒男子,是她家族里最重要的几位,身穿最华丽的礼服,拖曳着斗篷的尾巴,他们后头的基督教妇女,是她的同辈和朋友,穿着上等的服饰,佩戴上等的宝石,全程有着音乐伴奏……[13]*

几百年之后,艾佛利亚·伽勒比觉得,维也纳妇女很赏心悦目。

> 这个国家的水质和空气之好,使妇女都长得很美丽,身高够,身材好,容貌像天仙。到处都有许多姑娘,亲切、优雅、漂亮得跟发金光的太阳一样,举手投足、一言一行莫不引男子注目……

基督教社会有一项特点,总使穆斯林访问者讶异不已——大家对妇女的尊重。埃夫利亚表示:

---

* 穆斯林的婚礼则简短之至,且基于男女有别,连新娘都不在婚宴上出现。——译者注

我在这个国家看到了一件最为奇特的事情。皇帝在路上遇到一位妇女，假使他正骑着马，就勒住马停下，让妇女先行。假使他徒步时遇到位妇女，就站定下来，做个礼让的姿势。于是妇女向皇帝致敬，他也脱下帽子表示对她的尊重，等她经过之后，他才继续前行。这种场面太不寻常了。在这个国家以及其他不信道者的国家里，女性都拥有主要的决定权，由于圣母马利亚的缘故，她们都受到礼遇和尊重。[14]

有点令人意外的是，当艾佛利亚在国内讲述这类奇事时，竟被看成是胡说八道。

摩洛哥大使葛札尔（al-Ghazzāl）在 1766 年游历西班牙时，也为妇女的自由感到震惊，他像别的穆斯林访问者一样，被西班牙（及欧洲）妇女的性自主感到难以置信。他的震惊开始于过境到休达港，即西班牙在摩洛哥北部海岸占领的港口。

她们的房子有着可以观看街上的窗户，妇女整天耗在这里，和行人打招呼。丈夫们非常礼遇她们，她们相当耽溺于和丈夫以外的男子谈话和交际，不管是有旁人在场，或是私下的。只要她们觉得可以，不管去哪里都不会受到干涉。常有这样的事，一位基督徒回到家里，发现他的妻子、女儿或姊妹跟另一位基督徒、陌生人一起喝饮料，两人还靠在一起。他蛮乐见这件事，而且根据我所听到的，任何一位基督徒和人家的妻子，或家中任何一位女子在一起，男主人都看成是教友的认同……

葛札尔有关休达的见闻和自行加入的解释，似乎都稍嫌偏颇。这就难怪，在为他而举办的舞会和欢迎会中，他跟之前的其他穆斯林访问者一样，为会中舞伴们的举止大感震惊。同样令他震惊的，是上流家庭的姑娘大胆的服装和展示的行为，以及男子们的默许甚至称赞，他们本来是应该守护她们的名誉的。在结束其中一场欢迎会之后，葛札尔表示：

> 宴会结束，我们回到住宿处，祈祷真主让我们解脱出这些不信道者的可悲状态，他们没有半点男子汉的嫉妒之情，沉沦在伪信之中，我们祈求大能者的佑助，在需要和他们交往的时候，不至于有所冒犯……[15]

法国女性的独立性和强势，也同样使穆罕默德埃芬迪印象深刻：

> 在法国，女性的地位高于男性，因此可以随心所欲，四处游走；最高位的君主面对最卑微的妇女，也表示出无限的尊重和礼遇。在这样的国家里，女性居于主导地位。据说法国是女性的乐园，她们在此没有烦恼或忧愁，想要什么就可以轻易拥有。[16]

看待英、法妇女的观感

不过，18世纪末阿布·塔利布·汗访问英国时，却看到了前人所未见的一面，认为英国的女性境况不比穆斯林妇女。她们在商店等等的职场，忙于各式各样的工作——阿布·塔利布将这个情形归功于英国立法者和哲学家的智慧，他们找出最好的办法，防止女性惹祸——并进而接受许多限制。例如除非有丈夫陪同，否则她们不得在晚上出门和在别人家里过夜。她们一旦结了婚，就没有财产权，全让丈夫拿主意，他们可以任意剥夺她们。相较之下，穆斯林女性的情形就好得多。她们的法律地位和财产权，即使抵触了自己的丈夫，仍然受到法律的认定和保护。她们还有其他的优势。阿布·塔利布有点不快地指出，她们隐藏在盖头后面，尽可以胡闹和使坏，范围极为广泛。只要自己决定，就可以出门找父亲、亲戚甚或女性友人，一次离家可以长达好几天。对于这些自由所带来的机缘，阿布·塔利布显然有所疑虑[17]。

他从英国来到了法国,这里明显抵触了普遍接受的观念,他发现这里不管是烹调或女性,都比不上他在英国的爱好。他偏好朴实的英国菜色,超过精致的法国美食,至于对这两国的妇女,他也有类似的观感。他说:"法国女人比英国女人来得高大、丰满,但很不漂亮,这或许是由于,她们少了英国姑娘的纯真朴素和优雅的举止。"他对法国女性的发型很反感,这让他联想到印度妓女的一般打扮。有鉴于她们的彩妆、珠宝和几近全裸的乳房,他觉得法国女人有着淫邪的外观。讲得更露骨一点,她们"没分寸、爱讲话、大嗓门且好顶嘴",她们高腰的裙服,与其说是好看,不如说是好笑。他下了结论指出,人虽然天生容易受到美色的影响,这是他在伦敦常有的观感,但在巴黎却没有类似的感觉。他在法国的王宫广场,白天、晚上接连看过上千位女性,却没有人曾经稍稍引起他几分美的感觉[18]。

法国的农妇,甚至乡下的所有事物,情况还更糟。村镇相当令人反感,与市镇大有不同。女人粗俗到连只看一眼都觉得恶心,她们穿着便服的样子,相较于印度的乡下姑娘,真有天壤之别[19]。

欧洲人的性

同时期的一位土耳其诗人,较明显地诉诸情色。法佐·贝伊(Fazil Bey),一般叫做法佐—易·恩德鲁尼(Fazil-i Enderuni,1757—1810),他的爷爷是有名的巴勒斯坦阿拉伯领袖,曾在18世纪70年代起义,同奥斯曼人抗争。他自小在伊斯坦布尔长大,后来以情色诗,尤其是以两首长诗知名,一首写少女们,另一首写少男们,从个人身上的民族性着眼,细数其优劣点,呈现了诗人心目中各种不同的族群。除了奥斯曼帝国境内,和边境上的不同种族外,还涵盖了伊斯坦布尔的法兰克人、多瑙河流域的居民、法国人、波兰人、德国人、西班牙人、英国人、俄罗斯人、荷兰人,甚至美洲人(诗人在此指的,显然是印第安人)。并没有证据显示,诗人曾出过国,但身为在伊斯坦布尔皇宫中长大的人,他一定见识过各个种族的年轻男女。他为少男做的描绘，倾向于隐约、含蓄，有关少女的描绘则明确得多，有着大量实地的细节。但他有时也会兼顾文化的背景。诗人觉得，法国女性有项令人反感的风俗，就是宠爱小狗，并紧抱在胸部上。他也注意到西班牙女性唱歌、弹吉他，并回国时总经过摩洛哥找乐子。英国女性很纯洁，有着红脸颊，且本身是握有部分印度的一分子。荷兰女性操的是一种难懂的语言，难以激起性欲，这是诗人较令人惊讶的结论[20]。

哈莱特埃芬迪于1803年到1816年间在巴黎待过，所描绘的大致是负面的景象，呈现了有关欧洲人性事的另一个层面。他愤慨地提到，有人对穆斯林提出不实的指责：

> 他们说：众所周知，世上的亚美尼亚人和希腊人再多，穆斯林仍是同性恋者*。这是见不得人的事情。天主保佑，在法兰克国不会发生这类事情，但要是真的发生的话，人们就会有重罚和大加谴责之类的作为，以至于（听好了），一般人认为我们都是那类人，仿佛没别的事好关心似的。
>
> 巴黎有一个市集地，叫王宫广场，有着贩卖南北杂货的许多商店，上头的房间里，有着一千五百位女人和一千五百位娈童**，提供鸡奸的服务。晚上去这种地方是有失体面的，但既然白天去无妨，我就过去见识一番。一走近这里，马上就有男男女女各递上一张卡片，上头印着："我有这么多女人，我的场所在某某处，价钱是多少"，或"我有这么多男生，年纪是多小，公定价是多少"，都是特别印制的卡片。里头要是有哪位男童或女人得了梅毒，会有官派的大夫加以诊疗。男子会被女人和男童团团围住，她们会问："先生喜欢哪一位呢？"甚至当地的显贵还会自豪地问："阁下去过我们的王宫广场了没？喜不喜欢这些女人和

---

* 意谓即使是与穆斯林关系密切的基督教民族，也影响不了他们的性癖好。——译者注

** Catamites，娈童为性成熟的成年男子。——译者注

男童呢？"

感谢真主，在伊斯兰的国度里，没有那么多男童和娈童。[21]

另一个观感

后来，一位访问巴黎的埃及教长里发，在同性恋的议题上有着稍微不同的观点。他语带兴趣和认同地表示，在法国，同性恋被视为令人恶心和反感，甚至连法国学者在翻译同性恋的阿拉伯文情诗时，也将阳性的字词改成了阴性。

他对于法国的妇女，就较不那么认同。他觉得巴黎女人缺乏朴素，男人没有男子气概：

> 这里的男人是女人的奴隶，不管她们漂亮与否，都听命于她们。其中有人说……东方的妇女像是家当，而法兰克女人则像是被宠坏的小孩。法兰克人并不掩饰他们对女人的邪念，而女人犯的过错也相当多。

里发接着说明，即使妻子的外遇被丈夫知道，有着证人的证实，并被赶出夫家，分开了一段时间，丈夫仍必须上法庭指证，才能顺利离婚。

> 他们的缺点之一，是像前面所说的，许多妻子不守妇道，以及丈夫在特定情况下缺乏嫉妒心，如妻子对外的交际、亲密和调情，这些情况却是会引起穆斯林丈夫的嫉妒的……私通对他们来说，是次要的而非主要的罪，尤其是在未婚的情况下。

不过，教长却承认，法国女性的外表、风度，甚至谈吐都令他印象深刻：

法国女性有过人的姿色、体面、谈吐和礼貌。她们擅于打扮和表现，在娱乐场所很能和男士们打成一片。

欧洲女性的自主

教长也像别的穆斯林访问者一样参加了舞会，见识到西洋世界的古怪行径。他跟前人一样觉得陌生、奇特，但不像他们那样大惊小怪。他说明道："舞会总是有男也有女，还有强烈的灯光和供人落座的椅子。但这些座位主要是给女性的，除非她们都就座了，男士才能入座。如果女士来到会场却没有空位时，就会有位男士站起来并帮她入座，女士们不必让座给她。"他惊讶地指出："在这些聚会中，女士总是被招待得比男士更为周到。"

这些西洋舞会还有个奇怪的特色："舞蹈对她们而言是种艺术……相当普及……属于风雅男子和绅士的技艺，没有不合道德，不会逾越礼仪的范围。"教长常拿西洋的事情和埃及做比较，对前者也常有所认同。他比较了法国剧场的女演员和埃及的舞娘，拿戏剧对照穆斯林的皮影戏，他还指出，在这两件事情上，西方的较为优良。他的有关舞蹈的看法，颇具启发性。

> 在埃及，舞蹈只有女性才能从事，以引人遐思；相较之下，在巴黎，舞蹈仅仅是种手舞足蹈，没有丝毫的不道德。

更值得注意的是，里发教长也像之前到过这类舞会的穆斯林一样，惊讶于交换舞伴这种奇怪的习俗。

> 男子可以向女子邀舞，这样就可以和她一起跳舞。这一段结束之后，另一位男子向她邀下一段舞，以此类推。这里有种特别的舞蹈，男子一手搭着舞伴的腰，通常还搂得很紧。基督徒一般

认为，触碰女子上半身的任一处，都不算是侵犯。男士越懂得和女士交谈，并讨她们欢心，就越容易被看成具备好的教养。[22]

最后一个评论，来自 1838 年由土耳其伊兹米尔（Izmir）搭船的波斯人，谈的是一些同船的游客。

> 四位英国姑娘登上了船，相当聪明，擅于交际，但相貌不好，又有病容。既然她们在本国显然找不到合适的对象，就只好出国，四处寻访了一段时间，以觅得如意郎君。但她们没有找着，现在要回家了。
>
> 星期日中午时分，我们在希拉（Sira）岛靠岸，这是我们踏上的第一块希腊领土。我们在他们的检疫站待了十天，受到有如火狱般的煎熬。这四位处女（根据她们的说法），是检疫站宿舍的楼友，阿久丹—巴席（Ājūdān-Bāshī）一行人曾经在此丧命。其中一位姑娘运气不错，找到了位精壮的希腊青年，他是同一条船上的旅客。当时早已眉来眼去，现在已变得很要好，同住一间房了。[23]

有好几位外交人员，会记叙他们到过的城市，有时也会拿来和自己的家乡做比较，穆罕默德埃芬迪的观察是：

> 巴黎不比伊斯坦布尔大，但建筑物通常有三四层，甚至七层楼高，每层住着一整户人家。街道上可以看到众多的人，因为女人们从不待在家里，而是走在路上，准备到下一家串门子。由于这样的男女混杂，城中区的人口，显得比实际数字还来得多。女士们坐在店里面做生意了。[24]

来自北非、印度以及中东的穆斯林访问者，常会谈到西方城市中女士担任店家老板的角色，及其普遍的存在。但言而总之，即使到了

18 世纪末 19 世纪初,这些穆斯林对于欧洲的国内事务,还是没有太大的兴趣。就连 1790 年访问普鲁士的阿兹米,对于任务之外的事情,只有少许的好奇。他还气愤地谈到"欧洲人的奇风异俗之一",是向外国游客展示值得一游的景点,借此分散他们的注意力,耽搁其时间,并让他们花下多留几天的冤枉钱云云。直到 19 世纪初,在走过西方的穆斯林访问者里头,只有一位,即米尔札·阿布·塔利布·汗对各国情势有所详谈[25]。显而易见,他所出身的国家,已经摆脱了西方的直接影响。在 19 世纪期间,来自中东国家的穆斯林访问者,也开始找到理由多留几天,扩大其兴趣范围。

第十二章
结　论

欧洲人的东方学

18世纪末，法军占领埃及期间，埃及史家贾巴尔蒂参观了在开罗的图书馆和研究中心，这是法国人在马穆鲁克宫设立的。他指出图书馆的藏书量大、保存完善。就连一般的法国军人也可以来阅览，更值得注意的是，还更欢迎穆斯林：

> 假使穆斯林读者兴趣科学的话，法国人是特别乐见的。他们会随即与他交谈，展示各种印刷书，上头有着地球仪各部分的分图和动植物的图片。他们还有关于古代史的藏书……[1]

贾巴尔蒂参观了很多次图书馆。人家向他展示有关伊斯兰史及一般学问的书籍，他很讶异地发现，法国人有阿拉伯文的藏书，以及许多由阿拉伯文译成法文的穆斯林著作。他观察到法国人"花很大工夫学习阿拉伯文字和口语。他们在这方面夜以继日地用功。他们还有专攻各类语文的书、一般词型变化、动词词型变化，及字词来源研究等等"。他认为："这些著作有助于他们，把任一种外文迅速译成自己的文字。"[2]

贾巴尔蒂还发现欧洲人东方学的存在。他的讶异是可以理解的。

18世纪末,近代欧洲人首度涉猎阿拉伯东方,想研究中东的欧洲学生,已经有广泛的资料可以参考。在欧洲发行的阿拉伯文法书约有七十本,波斯文的约有十本,土耳其文的也约有十本。在辞典方面,阿拉伯文的有十本,波斯文的有四本,土耳其文的有七本。其中有许多不单以在地的著作为基础的手册和补充教材,对学界也有原创的、显著的贡献。

两方不同的关切程度

另一方则缺乏可资比较的东西。不管是阿拉伯人、波斯人或是土耳其人,不管是手抄本或印行本,不管是任一种西洋语文,都是连一本文法书或辞典都没有。要等到19世纪,才有人为中东人制作欧洲语言的文法书或辞典。这类最早的工具书,主要是出于帝国主义和传教的需求。由阿拉伯当地人编的第一部阿拉伯文以及另一欧洲语言的双语辞典,在1828年发行。这是某位基督徒,即埃及科普特人的作品,由一位法国东方学者"加以增订",而且,根据编者的序言,这部书与其说是提供给阿拉伯人,不如说是给西洋人使用[3]。似乎要到很晚之后,需要辞典的这个想法,才出现在阿拉伯人的脑海里。

研习中东的欧洲学生,除了语言工具书之外,其他方面的状况,也比中东学生的来得好。到了18世纪末,他在有关穆斯林民族的历史、宗教和文化方面,已经拥有相当丰富的资料,这包括各种经典的版本和译本,以及严谨的学术论文。就许多方面而言,研究中东的西洋学界,确实比中东学界本身更为先进。欧洲的游历者和考古学家着手的工作,促成了古代中东碑文的发掘和解读,对当地人而言且恢复了失落已久的、伟大光荣的过去。英国第一个阿拉伯文教席,是1633年剑桥大学的托玛斯·亚当斯(Thomas Adams)爵士设立的。于是乎,其他西欧国家也开始出现类似的研究重镇,学界用心研究起该地区古代的、中世纪的语言、文学和文化;至于有关新近的、当时的事务投入得较少。相较于中东人在欧洲语言、文化和宗教上的兴趣缺乏，显然有天壤之别。之间只有奥斯曼国基于国防和外交，即与欧洲国家的交涉，才觉得有必要不时搜集、编纂一些有关的情报。一直到18世纪后半期，从他们的资料记录来看，所得的资讯通常是肤浅、不精确且过时的。

感觉不出时事的变化，是穆斯林有关欧洲的文章的特色，尽管这些文章也谈了其他的时间和地点。医师和科学家翻译的书，常常是五十或一百年前的著作。阿提布·伽勒比于1655年论述基督教时，用的是中世纪时的辩教资料，忽略了最近五百年来在这方面可能出现的变化，也不考虑宗教改革、宗教战争，甚至罗马和君士坦丁堡之间的宗派之争。基于同样的精神，18世纪初的奥斯曼史家奈马（Naima），将当时的欧洲国家等同于中世纪的十字军，且不觉有必要加以详谈。还有18世纪后半期的一位土耳其画家，在描绘欧洲妇女的时装时，用的却是17世纪的版本。

导致两方不同态度的因素

在这两个社会面对对方的态度上，为何会有这种差异呢？这当然不能归因于欧洲人这边较大的宗教宽容。恰恰相反，基督徒对伊斯兰的宗教态度，较之于穆斯林对基督教要来得更为偏执、不宽容。穆斯林这种较大的宽容，个中因素部分是在神学和历史上的，部分是出于实际考量。先知穆罕默德的生存年代，比耶稣基督晚了六百多年。基督徒、穆斯林都一样地认为，他们自己的宗教和启示，代表了神对人类最后的话语。但种种的历史事件，造成了他们对彼此观感的不同。对穆斯林而言，基督是先驱；在基督徒看来，穆罕默德是江湖术士。在穆斯林心目中，基督教是个真实宗教初期的、不完整且老旧的形态，只能说包含着以真实启示为基础的真理的成分。于是基督徒也就像犹太人一样，理所当然成为穆斯林国的包容对象。在基督徒看来，面对这么个后进的宗教，在神学上是不可能给予这样的地位的。基督徒觉得很难容忍犹太教，这种看待方式，或许就类似于穆斯林看待基督教。包容伊斯兰对他们来讲，就意味着要承认基督之后的启示，和晚于《福音书》的经文，他们是无心做出这样的承认的。

还有就是一些实际的考量。伊斯兰进到了以基督教为主的世界，长期以来，穆斯林在他们所统治的国家里属于少数族群，于是对多数人民的宗教采取一些宽待的措施，成为行政上与经济上的必需，穆斯林统治者多半都明智地承认这个事实。欧洲的话，一般来讲是不做这样的妥协的。有个欧洲国家曾经面对过类似的问题，即西班牙人在收复失地后，将摩尔人和犹太人驱逐出境，使得国力大为减弱，可说是付出了惨痛的代价。

两大文明之间还有重大的差异，即对对方的兴趣和好奇。中世纪时，相较于伊斯兰世界的多种民族和多种文化，法兰克人的欧洲大概被看成单调无聊的地方。大致来讲，这是个单一宗教、单一种族，且在大半的区域是单一文化的地方。对于主要的社会阶级而言，服装只有一种。相较于伊斯兰世界万花筒般的民族、信条和服装而言，这是个明显的对照。法兰克人的基督教界，甚至还珍视这种一致性；或者退一步来说，他们很难容忍或适应任何一种偏离，并大费周章在追究异端、巫师、犹太人等等的离经叛道。

欧洲在某一方面有着巨大的多样性，即语言。在操阿拉伯语的世界，阿拉伯文是宗教、商业和文化的单一语言，它是让人通晓过去的宝库，熟悉现今事务的工具；相较于此，欧洲不管是在宗教、学术以及日常用途方面，使用的却是彼此差异极大的语言。欧洲的古典和基督教的《圣经》用了三种语文，即拉丁文、希腊文和希伯来文，如果留意到《旧约》文字的话，还可以加上第四种，即阿拉米文。所以欧洲人自古就习惯于熟练和研究不同的外语，甚至还承认，外头有着以外文写成的、蕴涵智慧的资料，想有所掌握就要先加以学习。阿拉伯人的情形则很不一样，他们自己的语言既是日常的，也是天经和古典的语言，所以没有人觉得有必要再另外学一种。

在欧洲，人们讲的是许多不同的语言，不管是哪一种，其适用性都有一定的限度。所以欧洲人从小就知道，要学习不同的语言，才能和邻人们相通,或是用在出国深造和出差。最重要的是,他必须学习外语,才能在宗教或其他方面得到透彻的知识。即使到了今天,地中海南岸的人只懂得一种书写语言,北岸的人却懂得不下十种。

双方的不同:极度好奇和漠不关心

在伊斯兰国家,尤其是阿拉伯国家,城市里有着形形色色的人,还多了旅行者、参访者、奴隶,和远道来自亚洲、非洲甚至欧洲的商人。那些着外国服装、有着陌生面孔的人,在中东的大都会中乃是稀松平常、不引起好奇。而来自摩洛哥、奥斯曼、波斯和其他外地的人,在欧洲各个单调首都的人民身上激起的好奇,却是无与伦比的。

许多访问过欧洲的穆斯林,留意过这种急切的,甚至病态的好奇心。穆罕默德埃芬迪曾对欧洲人的这种特殊行为感到讶异,有些人不辞远路、等待数个小时、忍耐种种不便,只为了满足看一眼土耳其人的好奇心。形容这种好奇心的阿拉伯字是 hirs,其本意较为接近需求、企求或渴望[4]。阿兹米埃芬迪在 1790 年逗留科佩尼克(Cöpenick)、准备前往柏林时,观察到:"由于三十年来天朝不曾派遣使节到柏林,柏林人耐不住性子静候我们抵达他们的城市。男男女女不顾寒冬和风雪,或搭马车、骑马或步行,为的是看看、端详我们,之后随即回到柏林。"[5] 阿兹米说,从科佩尼克到柏林,沿路两旁都是围观的群众。首都的围观人数就更多了。瓦瑟夫描述过在他进入马德里时的类似场面[6]。对于人们不嫌麻烦,甚至不惜花大钱,只为了好好观看他们,这件事令大半的访问者印象深刻,且多少有些得意。这样的好奇,显然非比寻常、难以形容。

若在初期阶段,大家或许可以归因于,两大文化在面对这样的事实时的不同态度,即一个是还有很多要学的,另一个是还有很多要提供的。不过,到了十字军东征结束时,这种解释就不再管用。到了中世纪末,我们所研究到的,显然是两种社会之间更为基本的差异。

世界地位的消长与观点、态度的改变

在一开始，欧洲在关于陌生民族方面，一般而言是缺乏好奇心的。其中当然有例外。学界公认的史学之父希罗多德（Herodotus），他既写希腊人也写蛮族，既写当代也写古代。他虽然读不懂东方文字，却靠着到当地游历和考察来搜集资料。几百年之后，另一位欧洲人，即在耶路撒冷拉丁王国的泰尔的大主教威廉（William，1190年去世），写了一部有关邻近君主国的穆斯林的历史。他也是到东方找资料，也懂得阿拉伯文，甚至能够阅读原文的经典。

不过，像这种有志于异国历史的学者很是稀少。不管是古代或是中世纪的欧洲史家，其研究多半局限在自己国家，甚至自己时代中的人、事。这似乎正是他们的读者想要的。古典史学有过几位希罗多德的仿效者，但所得的评价大半是贬多过于褒。泰尔的威廉所写、有关东方十字军的历史，得到广泛的阅读，甚至被译成法文；但就目前所知，他的有关穆斯林的历史，却连个手抄本都没有被保存下来。

似乎有点奇怪的是，尽管古典伊斯兰文明起初大受希腊和亚洲的影响，却断然排斥了西洋文明。在此不妨提出个可能的解释。当伊斯兰处于扩张和包容的时期，西欧文化显然较为逊色，其值得采纳的很少，这助长了穆斯林的自豪。甚至，不可讳言的，基督徒本身还败坏了文化。穆斯林有关启示的教义，认定了穆罕默德的最后使命，使得这位穆斯林，把基督教看成某种事物先前的、有瑕疵的形态，而他自己则握有其最终的、完美的形态，于是便贬损了基督教思想和文明的价值。在初期，东方基督教开始冲击伊斯兰之后，基督教的影响，即使是源于拜占庭高度文明的影响，也被降至最低。后来到了基督教扩张而伊斯兰败退的时代，出现了新的关系。伊斯兰在思想和行为的方式上僵化了，在面对外来的刺激时变得无动于衷，尤其是针对来自西方的千年死敌的刺激。在奥斯曼帝国军事力量的屏障下，即使到了衰弱时期，仍存在着一道难以跨越的障碍。直到现代初期，伊斯兰民族仍然维持着睥睨群伦、不可动摇的文化优越感，就像今日西方的某些人一样。在中世纪穆斯林看来，从安达卢西亚到波斯的基督教欧洲，不过是无知异教徒的落后地方。这个观点在某一时期或许是有道理的；但到了中世纪末期，该观点开始变得过时而有危险性。

在此期间，欧洲本身大大改变了自己对外部世界的态度。欧洲人智识上的好奇和合乎科学的探讨，在相当程度上要归因于三种主要发展的因缘际会。其一是发现了全新的世界，当中陌生的民族有野蛮的，也有开化的，他们的文化，相对于欧洲的《圣经》、古典和历史而言都是陌生的。如许新奇的现象，难免激起相当的好奇。其二则是文艺复兴，即古典事物的重新发现，这既为这种好奇提供了范示，也提供了加以满足的方法。其三是宗教改革的启动，及教会权威在思想和表述上的衰微，以及把人类心智，从古雅典以降的先例和成见解脱出来。

伊斯兰世界有它自己的发现，即在阿拉伯的穆斯林军队向外扩张期间，将之传到久远且迥异的各大文明，如欧洲、印度和中国。它也有它的文艺复兴，即恢复希腊的学问和初期伊斯兰世纪期间部分的波斯学问。但这些事件并没有互相衔接，也未曾同时出现神学束缚之松绑。伊斯兰复兴运动的时间，是在伊斯兰的扩张告一段落、基督教的反攻开始时。崇古派与现代派、神学家与哲学家两方的知识之争，最后以前者压倒性与持续性的胜利告终。这就巩固了伊斯兰世界在信仰上的故步自封与唯我独尊，自视为真实的信仰与开化的生活方式（这两者在穆斯林而言是同一回事）之唯一宝库。经过了数百年的失败与撤退，穆斯林才开始修正他们对自身与世界的观点，以不同于鄙视的眼光，来看待基督教的西洋。

由漠不关心到密切注意

伊斯兰与西方之间关系重大的差别，在于通商的范围和规模，及其有关事务带来的冲击。中东的欧洲贸易商人数众多，通常很富有，后来逐渐能够施加影响，有时甚至还掌控了政策和教育。欧洲的穆斯林贸易商人数少、重要性小，其商人阶层无法形成并维持一个中产阶级社会，也无法毅然挑战军方、官方和宗教精英在国家和学校方面的把持。这种差异的结果，见之于穆斯林社会和知识史的各个层面。

面对西方挑战时的不同回应，有时可以拿伊斯兰世界和日本两者来做对照。两者的处境很不一样。日本人有项显著的优势，他们生活在遥远的岛国，不受西方强国的攻击和干涉。此外还有另一个不同，即穆斯林对欧洲的观感，受到宗教的影响甚至主导。这个因素在日本人身上几乎不起作用。穆斯林主要是从宗教观点来看待欧洲的，这跟世界其他各地一样，换句话说，不是看成西洋人、欧洲人或白种人，而是看成基督徒。而且，基督教在中东是为人所知，且受到贬抑的，不像在远东。基督教既然是个分裂的、被替代的宗教，那么从它的信徒那儿，能学到什么有价值的教训呢？

另一方面，讲得露骨一点，伊斯兰被看成不只较为低劣，而且还来者不善。自从它在7世纪首度出现在阿拉伯之后，和基督教之间几乎是冲突不断，经历了穆斯林的征服和基督徒的收复失地，吉哈德和十字军东征，土耳其人的攻克和欧洲人的扩张。尽管伊斯兰在许多边疆打了许多仗，这全是为对抗基督教的战争，极为漫长且深具破坏性，并在穆斯林心目中蔚为真正伟大的吉哈德。当然，从战场敌人的身上可以学到某些教训，但这些教训的价值和影响相当有限，而其冲击，也被伊斯兰在社会和知识上的守势给缓冲下来。

有些访问欧洲的穆斯林，有心搜集有用的资讯。起初，这几乎清一色是军事情报，适用于防范或准备新的武装冲突。于是乎，土耳其和摩洛哥有关欧洲的使节报告，通常涵盖了全程的详尽报道，描述道路状况、经过的驿站，以及行经地点的防御工事等等。后来由于研判可能派得上用场，还增加了若干政治情报，但这显然出现得很晚。在中世纪期间，这点几乎是付之阙如，后来到了18世纪末，就连奥斯曼有关欧洲的政治报道，也是相当不完整、不成熟到令人哑然失笑。

接近18世纪末时，穆斯林开始密切注意欧洲，显示出他们感到有必要，对这个如今已有危险性的社会进行了解。这是史上头一遭，穆斯林用心游历欧洲，甚至还待上一段时间。他们设置了常驻使节，奥斯曼的大小官吏居留欧洲，有时长达数年。接着是留学生，起初只有一些，后来是成批，这是由中东统治者派到欧洲获取必要的技艺，以维持其政权、保卫其版图的。尽管他们的用意仍然首重军事，但这次的影响深远得多，留学生在欧洲的大学，甚至军事学院所学得的，远超乎其领袖的企盼或意图。到了19世纪三四十年代，读得懂欧洲某一语文的土耳其人、穆斯林阿拉伯人或波斯人的人数仍然极少，当中许多人是改宗伊斯兰的人，或是改宗者的子辈或孙辈。不过，他们已开始形成重要的团体，阅览教科书之外的资料，而以通译员，后来逐渐以笔译者的身份，发挥重要的影响力。

在19世纪的进程中，穆斯林在发现欧洲的步调、规模和范围上，显示剧烈的变化——起初在一些国家，后来在其他国家，视欧洲的冲击和频率之发生而有所不同——使得这种发现获得了全新的性质。

伊斯兰的初期报刊

促成变化的主要动力，是欧洲截至当时为止在世界上显著的优势。但这个发现过程还受到几个事件的强力加速，即新渠道的开放，以及尤其是印刷机的引进和报纸、杂志与书籍发行的设施。通过这些措施，欧洲的实况和观念，得以传递给穆斯林读者。

最有效的新渠道之一是报纸。欧洲这个新事物，在伊斯兰东方并非完全没人知道。早在1690年，摩洛哥大使加撒尼就报道过这种他称作"文字机器"的东西，即印刷机，他还提到当时流行在西班牙的新闻信札（newsletter）[7]。他观察到："这些东西都充斥着诉诸情绪的谎言。"18世纪时，奥斯曼的观察家首先留意到欧洲的报刊，史料显示，欧洲报纸的一些选文被译成土耳其文，用做帝国顾问委员会（Imperial Council）的资料。这一开始是间歇性的例行公务，后来自

19世纪开始,成为奥斯曼政府的新闻机构。开罗的哈蒂夫宫(Khedivial Palace)档案室显示,穆罕默德·阿里帕夏之后的接任者,也同样密切注意西洋的报刊。

在这里发行的第一份报纸,并不是由当地人,而是洋人开办的。这是以法文发行、法国人赞助,作为法国革命政府的宣传机关。18世纪90年代,法国人在伊斯坦布尔的大使馆设置了印刷机,以发行公报和其他布告。到了1795年,大使馆印行了双周刊,有六到八页不等的新闻版面,显然是提供给法国侨民的。刊物派送到奥斯曼国各地,次年成为报纸,即《君士坦丁堡法文报》(La Gazette Française de Constantinople),为首度出现在中东的报纸[8]。

拿破仑在攻占埃及时,暂停了伊斯坦布尔报纸的发行,却在开罗办了一份新的,他配置了两部印刷机,备有法文、阿拉伯文和希腊文字版。共和国六年果月十二日,相当于西元1798年8月29日,法国人印制并发行了《埃及信使报》(Courier de l'Egypte)创刊号,之后每五天发行一期,提供当地,甚至欧洲新闻的报道。总计下来,发行了116期。

这种新闻期刊,以及更有抱负的评论杂志《埃及旬刊》(La Décade d'Égypte),清一色都是法文。但是在1800年6月18日、(法国)克莱贝尔将军的暗杀事件之后,继位者阿布杜拉·孟诺(Abdullah Menou)发行了第一份阿拉伯文报纸。报纸名字叫 Al-Tanbīh,为期甚短。

报社和期刊的创办

下个时期是中东报社的创办,始于1824年的(土耳其)伊兹米尔,以及月刊的创办。这份刊物虽然是法文,主要诉诸洋人团体,但在舆论界却有一定的地位,报刊主笔有时还涉入国际事务,例如,他为了维护奥斯曼的利益,指责希腊的造反。这件事凸显了两个新的要点——报刊的力量和言论检查制的威胁。俄罗斯人对该报主笔的路线很反感，便设法要求土耳其当局加以查禁。当时的奥斯曼史家路特菲(Lûtfi) 引述了俄罗斯大使的话：

> 不容讳言，英国和法国的报纸撰稿人可以自由表达意见，甚至反对他们的国王；之前在好几次情况下，甚至到了为这些撰稿人发生英、法之间的战争。赞美真主，受到祂佑助的（奥斯曼）国度免却了这些事情，直到不久前，有人出现在伊兹米尔，开始发行他的报纸。最好制止他一下……[9]

尽管有这个严重警告，报纸仍继续发行，后来还有其他报纸的支援。

埃及的里发教长于1826年去过巴黎，随即承认了新闻报刊的价值。

> 若想得知他人心中的想法，可以借助所谓的期刊 (Journal) 或时事报 (Gazette)，即一定的日常刊物。大家可以从这些东西上头，得知发生在国内和国外的新事情。虽然他可能看出，里头的谎话多过可靠的话，但大家还是可以拿里面的新闻来获取知识；里头会讨论最近考察过的科学问题，或有趣的讯息、实用的建议，不管是得自当朝或在野的人——因为在野者有时也会有当朝者意想不到的构思……这些刊物的最大优点是：如果有人行善或作恶，且该事具有重要性，期刊的人就会加以撰述，使得不管在朝或在野者都知道这件事，好让行善的人得到赞扬，作恶的人受到谴责。同样地，如果有人受到冤屈，他可以在报上写他的冤屈，于是在朝或在野的人都知道了这件事，了解受害者及其加害者的事情，一如事情的实际经过，没有隐瞒或歪曲，使案情来到足够以公道裁决的地步，根据常规的法律做下评断，使得这件事堪为众人的警惕和范例。[10]

以中东语文发行的第一份定期刊物,是埃及的穆罕默德·阿里帕夏创办的。这是埃及的官方刊物,创刊号出现在1828年11月20日的开罗。奥斯曼同等的官方报刊出现在几年之后,即1832年。当中有篇社论表示,官方的监督机制,是古代奥斯曼帝国史学制度的自然发展,其特具的功能,是把"事件的真正性质跟政府法令的宗旨"公诸大众,以避免误解,防止不明内情的指责。社论还指出另一项目的,即提供商业、科学和艺术方面的实用知识。1834年,奥斯曼邮政机构的开办,大大促成了这份期刊的流通,成为唯一使用土耳其文的报纸。后来才有第一份非官方的期刊,这是1840年由英国人威廉·丘吉尔(William Churchill)创办的周刊。在伊朗,某种官方性质的报刊,是在1835年由米尔札·穆罕默德·撒利赫(Mīrzā Muhammad Sālih)开办的,他曾是第一批派往英国的伊朗留学生之一。

从现代读者的观点来看,这些官办的报刊,包括开罗、伊斯坦布尔和德黑兰的报刊,稍嫌贫乏、枯燥,其兴趣和诉求都有所局限。但不管怎样,它们一定扮演过某种重要的角色,使土耳其、埃及或波斯各自的读者,至少形成了有关外部世界的大致轮廓,同时也有助于新闻用语的造字,以指称尚未为人所知的制度和观念,并加以讨论。因此在词汇方面出现的革新,使发现的过程有了重大的进展。至于之后的报纸和期刊,也为译本数量的持续增长,提供了载体和媒介,这些译本带来了有关欧洲的资讯,其中有许多是由欧洲人写给穆斯林读者的。

翻译西书的活动

在19世纪初叶,西法革新方面有两个重镇,即土耳其和埃及。两大重镇都首重西书译本的制作和出版。尤其在埃及,这里有有组织的、国家赞助的翻译计划。在过去,阿拔斯(Abbasid)哈里发曾推行过,把希腊的哲学、科学著作译成阿拉伯文,如今埃及的计划更胜一筹。在1822年到1842年间,开罗出版了243本书,其中绝大部分是译书。尽管是在埃及,也就是在操阿拉伯语的国家发行,但译本多半是土耳其文。在穆罕默德·阿里帕夏的埃及，土耳其文仍是领导精英的语文，所以有关陆军和海军方面的著作，包括理论数学和应用数学，几乎全是土耳其文。帕夏派到欧洲的留学生，多半是埃及境外的、操土耳其语的奥斯曼人。另一方面，有关医学、兽医学和农业方面的著作，主要是阿拉伯文，这些著作并没有针对操土耳其语的领导精英。史学在当时被认定为实用的科学，似乎也是专属精英的东西，因为早期在穆罕默德·阿里名下发行的少许历史书，全都是土耳其文。在1829年到1834年间，有四本西洋的史书被译出，一本谈俄罗斯的凯萨琳大帝（Catherine the Great）*，其他三本谈的则是拿破仑及其时代。后来隔了好几年，才出现下一本史学译本，即伏尔泰的《查理十二世传》（*Histoire de Charles XII*）**，1841年出版。这次不再是土耳其文，而是阿拉伯文了，但还是属于后续在埃及出版的史学著作译本[11]。

在埃及出版的土耳其文译本，不消说也发行到土耳其，有些还在那儿再版。但伊斯坦布尔的翻译运动，长期以来局限在科学著作，要等到19世纪中期，史学方面的西书译本才开始出现在伊斯坦布尔。这个转捩点出现在1866年，一本英文的世界通史被译成土耳其文译本，并在此出版。

在伊朗，对西洋史的兴趣，在拉希德·丁卓越的编年史之后，似乎就消失了。他的著作有不少仿效者，但对偏远地带的处理方式变得制式化，没有增添什么引起兴趣的新事物。一直要到19世纪初叶，我们才看到几本有关西洋史的著作，其中多半仍是手抄本。值得注意的是，这些书主要引自土耳其文的资料来源，而较少直接从西文。有一部没有记载时间的手抄本，研判大概是在19世纪初，一位匿名的作者，以二十八章的篇幅，谈了从恺撒到查理一世的英国史[12]。除此之外，用波斯文写的西欧史，要到19世纪后半期才出现。到了当时，不管是土耳其文或阿拉伯文，都已经有很丰富的资料，这一点，连同

---

* 这是英文译法，即18世纪俄罗斯女皇叶卡捷琳娜二世。——译者注
** 查理十二世为17世纪末18世纪初的瑞典国王。——译者注

成长迅速的报纸和期刊，想必改变了穆斯林读者的世界观。

在19世纪前半叶期间，发现的过程到达辽阔的境界。欧洲不再是等着穆斯林读者来加以发现，而是自己就侵入了伊斯兰国度，造成了崭新的关系，使得伊斯兰世界要好一段时间才能加以适应，而其中也有再怎样都接纳不了的部分。

各方面的转变

在19世纪前半期，从许多方面都可看出这个变化。其中一个方面是对外语，即对欧洲语言的态度。欧洲语言知识头一次被看成可容许的东西，接着被看作是值得学习的，最后则成为非学不可的东西。穆斯林青年必须向洋夫子求教，起初在他们自己的国家，后来甚至去到欧洲留学。这样的举动，在不久之前还被看成是荒诞不经、不可告人的。如今外语知识成为重要的条件，外语学校和翻译机构，成为直通军方和朝中地位的康庄大道。境遇上的同样变化，使得基督徒少数族群得以扮演新的重要角色，尤其是在阿拉伯国家，其情况大大好过在土耳其或波斯，这里的少数族群，必须和穆斯林多数族群共用其语言和文化。

去到欧洲的穆斯林人数开始成长，起初是使节，接着是留学生，再来是其他各色人等，后来有一阵子甚至涵盖了政治难民。欧洲的知识和观念向着中东的流动，过去曾通过种种类似的渠道，如今是前所未有的宽广。除了规模大上许多的人潮之外，还有很多新的接触层面。像是学校和部队、书籍和报刊、政府机关和财政机构，这些全都有助于加深、加广穆斯林对欧洲的注意。一股逐渐被看成无比强大且迅速增长的力量，威胁着伊斯兰的生存，要求着人们加以了解，以及一定程度的仿效。

而旧有的鄙视和缺乏兴趣的态度，一时已有所改变，至少是在领导阶层中的一些精英分子。到后来，穆斯林开始转向欧洲，就算不是带着钦佩，多少也是有着尊敬，甚是惧怕的成分，并以仿效作为最大的恭维。在发现方面，新的阶段开始了，且几乎持续到我们这个时代。

注 释

2001年平装版序

1. James, Boswell, *The Life of Samuel Johnson L.L.D.* (New York, The Modern Library) pp. 45, 1039.
2. See below, p. 57.

第一章

1. Edward Gibbon, *The Decline and Fall of the Roman Empire*, ed. J.B. Bury (London, 1909/1914), vol. 6, chap. 52:16.
2. Zuhrī, *Kitāb al-Djuʿrāfiya*. Mappemonde du Calife al-Ma'mun réproduite par Fazàri (III/IX s.) rééditée et commentée par Zuhrī (VIe/XIIe s.), ed. M. Hadj-Sadok in *Bulletin d'études orientales* 21 (1968): 77/230; cf. French transl., p. 39.
3. Ibn ʿAbd al-Ḥakam, *Futūḥ Miṣr wa-akhbāruhā*, ed. C. C. Torrey (New Haven, 1922), pp. 216–217.
4. Ibn al-Qalānisī, *Dhayl taʾrikh Dimashq (History of Damascus 365–555 A.H.)*, ed. H. F. Amedroz (Beirut, 1908), p. 134; cf. English transl., H. A. R. Gibb, *The Damascus Chronicles of the Crusades*, (London, 1932), p. 41.
5. Ibn al-Athīr, *al-Kāmil fi'l-taʾrikh*, ed. C. J. Thornberg (Leiden, 1851–1876), 10:185, year 491.
6. *Ibid.*, 10: 192–193, year 492.

7. E. Ashtor, "The Social Isolation of the *Ahl adh-Dhimma," Pal Hirschler Memorial Book* (Budapest, 1949), pp. 73–94.
8. Abū Shāma, *Kitāb al-Rawḍatayn fī akhbār al-dawlatayn,* 2nd edition, ed. M. Ḥilmī Aḥmad (Cairo, 1962), 1 pt. 2: 621–622.
9. Ahmedi in *Osmanli Tarihleri,* ed. N. Atsiz (Istanbul, 1949), p. 7; cf. Paul Wittek, *The Rise of the Ottoman Empire* (London, 1938), p. 14.
10. Oruç, *Die frühosmanischen Jahrbücher des Urudsch,* ed. F. C. H. Babinger (Hanover, 1925), p. 124; *Oruç Beğ Tarihi,* ed. N. Atsiz (Istanbul, 1972), pp. 108–9.
11. English transl., E. J. W. Gibb, *The Capture of Constantinople* (London, 1879) pp. 33–34 (slightly revised); cf. Sa'd al-Din, *Taj al-tavarih* (Istanbul, 1279 A.H.), 1:419ff.
12. Tursun, *The History of Mehmed the Conqueror,* ed. and trans. H. Inalcik and R. Murphy (Minneapolis and Chicago, 1978), fols. 156a–156b.
13. Neşri, *Gihānnümā, die Altosmanische Chronik des Mevlānā Mehemmed Neschri,* ed. F. Taeschner (Leipzig, 1951), 2:307–8; *Kitab-i Cihan Nüma, Neşri Tarihi,* ed. F.R. Unat and M.A. Köymen (Ankara, 1949), 2: 838–39.
14. R. Knolles, *The generall historie of the Turkes, from the first beginning of that nation to the rising of the Othoman families* (London, 1603), p.1.
15. Eskandar Monshi, *History of Shah Abbas the Great,* trans. R. M. Savory, (Boulder, 1978), 2:1202–3.
16. *Tarih al-Hind al-Garbi* (Istanbul, 1729), fol. 6bff.
17. On this project, see the article of H. Inalcik, "Osmanli-Rus rekabetinin menşei ve Don Volga Kanali teşebbüsü (1569)," *Belleten* 46 (1948): 349–402; English version, "The Origins of the Ottoman-Russian Rivalry and the Don Volga Canal, 1569," *Annals of the University of Ankara* 1 (1946–47): 47–107.
18. Ogier Ghiselin de Busbecq, *The Turkish Letters* . . . , trans. C. T. Forster and F. H. B. Daniell (London, 1881), 1: 129–30; cf. *The Turkish Letters* . . . , trans. W. S. Forster (Oxford, 1927), pp. 40–41.
19. *Silihdar tarihi* (Istanbul, 1928), 2:80.
20. *Ibid.,* 2:87; cf. German transl., R. F. Kreutel, *Kara Mustafa vor Wien* (Graz, 1955), pp. 160 and 166.
21. Cited in Ahmet Refik, *Ahmet Refik hayati seçme şiir ve yazilari,* ed. R. E. Koçu (Istanbul, 1938), p. 101.
22. F. von Kraelitz-Greifenhorst, "Bericht über den Zug des Gross-Botschafters Ibrahim Pascha nach Wien im Jahre 1719," *Akademie der Wiss. Wien: Phil. Hist. Kl. Sitzungsberichte* 158 (1909): 26–77.
23. *Das Asafname des Lutfi Pascha,* ed. and trans. R. Tschudi (Berlin, 1910), p. 34.
24. *Mühimme defteri,* vol. 16, no. 139: "Donanma-i hümayun küffar-i ḥak-

sar donanmasi ile mülaki olup iradet Allah nev'-i ahire müte-
'allik oldu . . ." Cf. M. Lesure, *Lepante: la crise de l'empire Ottoman* (Paris,
1972), p. 180.
25. *Tarih-i Peçevi* (Istanbul, 1283 A.H.), 1: 498–99; cf. A. C. Hess, "The
Battle of Lepanto and its Place in Mediterranean History," *Past and
Present* 57 (1972): 54.
26. Kemalpaşazade, *Histoire de la campagne de Mohacz* . . . , ed. and trans.
M. Pavet de Courteille (Paris, 1859), pp. 24–27.
27. Qur'ān, 60.1; cf. Qur'ān 5.51.
28. *Tarih-i Cevdet* (Istanbul, 1301–1309 A.H.) 5:14.
29. Vasif in Cevdet, 4:357–58; cf. French transl., Barbier de Meynard,
"Ambassade de l'historien Turc Vaçif-Efendi en Espagne (1787–
1788)," *Journal Asiatique* 5 (1862): 521–23.
30. V. L. Ménage, "The English Capitulations of 1580: A Review
Article," *International Journal of Middle Eastern Studies* 12 (1980): 375.
31. Ibrahim Müteferrika, *Uṣūl al-ḥikem fī niẓām al-umem* (Istanbul, 1144
A.H.); idem, French version, *Traité de la Tactique* (Vienna, 1769).
32. T. Öz, ed., "Selim III ün Sirkatibi tarafindan tutulan Ruzname,"
Tarih Vesikalari 3 (May, 1949): 184; cf. Cevdet, 6:130; cf. B. Lewis,
"The Impact of the French Revolution on Turkey," in *The New Asia:
Readings in the History of Mankind*, ed. G.S. Metraux and F. Crouzet
(1965), p. 119, n. 37.
33. Cevdet, 6: 118–19; see further B. Lewis, "The Impact of the French
Revolution . . . ," p. 57, n. 12.
34. E. Z. Karal, "Yunan Adalarinin Fransizlar tarafindan işgali," *Tarih
Semineri Dergisi,* (1937), p. 113 ff; Cevdet, 6: 280–81.
35. Cevdet, 6: 311; cf. Bernard Lewis, *The Emergence of Modern Turkey*
(London, 1968), pp. 66–67.
36. Jabartī, *'Ajā'ib al-athār fī al-tarājim wa'l-akhbār* (Būlāq, 1297 A.H.),
3:2–3.
37. Nicola Turk, *Chronique d'Egypte 1798–1804*, ed. and trans. Gaston
Wiet (Cairo, 1950), text pp. 2–3; cf. French transl., pp. 3–4. See also
George M. Haddad, "The historical work of Niqula el-Turk, 1763–
1828," *Journal of the American Oriental Society,* 81 (1961), pp. 247–51.
38. *Ibid.,* p. 173; cf. French translation, p. 223.
39. E. Ziya Karal, *Halet Efendinin Paris Büyük Elçiligi 1802–1806* (Istanbul,
1940), pp. 32–34, 35, and 62; cf. B. Lewis, "The Impact of the French
Revolution . . . ," p. 54.
40. *Asim Tarihi* (Istanbul, n.d.), 1:374–76; cf. Cevdet, 8:147–48 and
Bernard Lewis, *The Emergence of Modern Turkey,* p. 72.

第二章

1. H. R. Idris, "Commerce maritime et ḳirāḍ en Berberie orientale," *JESHO*, 14 (1961), pp. 228–29.
2. W. Cantwell Smith, *The Meaning and End of Religion* (New York, 1964), pp. 58ff, 75ff; cf Marcel Simon, *Verus Israel* (Paris, 1948), p. 136 ff.
3. Qur'ān, 112.
4. *Ibid.*, 16.115.
5. *Ibid.*, 109.
6. See D. Santillana, *Instituzioni di Diritto Musulmano*, 1 (Rome, 1926): 69–71; L. P. Harvey, "Crypto-Islam in Sixteenth Century Spain," *Actas del Primer Congreso de Estudios Árabes e Islámicos* (Madrid, 1964), pp. 163–178; al-Wansharīshī, *Asnā al-matājir fī bayān aḥkām man ghalaba ʿala waṭanihi al-naṣārā wa-lam yuhājir*, ed. Ḥusayn Muʾnis, in *Revista del Instituto Egipcio de Estudios Islámicos en Madrid* 5 (1957): 129–191.
7. Ṣāʿid b. Aḥmad al-Andalūsī, *Kitāb Ṭabaqāt al-Umam*, (Cairo, n.d.), p. 11; cf. French transl., R. Blachère, *Livre des catégories des nations*, *Publications de l'Institut des Hautes Études Marocaines* 28 (Paris, 1935): 36–37.

第三章

1. Rashīd al-Dīn, *Histoire universelle* . . . , I, *Histoire des Franks*, ed. and trans. K. Jahn (Leiden, 1951), text p. 11; cf. French transl., p. 24; cf. German transl., K. Jahn, *Die Frankengeschichte des Rašīd ad-Dīn* (Vienna, 1977), p. 54.
2. G.S. Colin, "Un petit glossaire hispanique arabo-allemand de début du XVIe siècle," *al-Andalus* 11 (1946): 275–81.
3. On the translation movement and its accomplishments, see F. Rosenthal, *The Classical Heritage in Islam* (London, 1975).
4. On the Orosius version, see G. Levi Della Vida, "La traduzione araba delle storie di Orosio," *al-Andalus* 19 (1954): 257–93.
5. Awḥadī, ed. M. Hamidullah, "Embassy of Queen Bertha to Caliph al-Muktafi billah in Baghdad 293/906," *Journal of the Pakistan Historical Society* 1 (1953): 272–300. See further, G. Levi Della Vida, "La corrispondenza di Berta di Toscano col Califfo Muktafi," *Rivista Storica Italiana* 66 (1954): 21–38; C. Inostrancev, "Notes sur les rapports de Rome et du califat abbaside au commencement du Xe siècle," *Rivista degli Studi Orientali* 6 (1911–1912): 81–86.
6. Ibn al-Nadīm, *Kitāb al-Fihrist*, ed. G. Flügel (Leipzig, 1871), 1: 15–16;

cf. English transl., B. Dodge (New York, 1970), 1: 28–31.
7. Both volumes of Osman Ağa's memoirs were first published in German translation: see R. F. Kreutel and O. Spies, *Leben und Abenteuer des Dolmetschers 'Osman Ağa* (Bonn, 1954), and R. F. Kreutel, *Zwischen Paschas und Generalen* (Graz, 1966). The Turkish text of one volume has been edited by R. F. Kreutel, *Die Autobiographie des Dolmetschers 'Osman Ağa aus Temeschwar* (Cambridge, 1980).
8. Ö. L. Barkan, *XV ve XVIinci asirlarda Osmanli Imparatorluğunda zirai ekonominin hukuki ve mali esaslari*, vol. 1, *Kanunlar* (Istanbul, 1943), p. 213.
9. See J. Wansbrough, "A Mamluk Ambassador to Venice in 913/1507," *Bulletin of the School of Oriental and African Studies* 26, pt. 3 (1963): 503–30.
10. F. Babinger, "Der Pfortendolmetscher Murad und seine Schriften," in *Literaturdenkmäler aus Ungarns Türkenzeit*, ed. F. Babinger et al. (Berlin and Leipzig, 1927) pp. 33–54.
11. Evliya, *Seyahatname* (Istanbul, 1314 A.H.), 7: 322; cf. German translation, R. F. Kreutel, *Im Reiche des Goldenen Apfels* (Graz, 1957), p. 199.
12. Evliya, 7: 323; cf. Kreutel, p. 200.
13. Evliya, 3: 120–21.
14. Muḥammad b. 'Abd al-Wahhāb, al-Wazīr al-Ghassānī, *Riḥlat al-wazīr fī iftikāk al-asīr*, ed. Alfredo Bustānī (Tangier, 1940), p. 96; cf. French transl. by H. Sauvaire, *Voyage en Espagne d'un Ambassadeur Marocain* (Paris, 1884), pp. 225–26.
15. Kâtib Çelebi, *Irşad al-hayara ila tarih al-Yunan wa'l-Rum wa'l-Nasara*, manuscript in Türk Tarih Kurumu Library, no. 19 (no pagination). Kâtib Çelebi is also known as Hajji Khalifa, in Turkish orthography Haci Halife. The ms. is briefly described by V.L. Ménage in "Three Ottoman Treatises on Europe," *Iran and Islam*, ed. C.E. Bosworth (Edinburgh, 1971), pp. 421–23.
16. Arnold of Lübeck, *Chronicon Slavorum*, ed. W. Wattenbach, *Deutschlands Geschichtsquellen* (Stuttgart-Berlin, 1907) bk. vii, chap. 8.
17. A. Bombaci, "Nuovi firmani greci di Maometto II," *Byzantinische Zeitschrift* 47 (1954): 238–319; idem, "Il 'Liber Graecus,' un cartolario veneziano comprendente inediti documenti Ottomani in Greco (1481–1504)," *Westöstliche Abhandlungen*, ed. F. Meier, (Wiesbaden, 1954), pp. 288–303. See further Christos G. Patrinelis, "Mehmed II the Conqueror and his presumed knowledge of Greek and Latin," *Viator*, 2 (1971): 349–54.
18. See H. and R. Kahane and A. Tietze, *The Lingua Franca in the Levant*

(Urbana, 1958).
19. L. Bonelli, "Elementi italiani nel turco ed elementi turchi nell italiano," *L'Oriente* 1 (1894): 178-96.
20. Şem'danizade, *Şem'dani-zade Findiklili Süleyman Efendi tarihi mür'ittevarih*, ed. M. M. Aktepe (Istanbul, 1978), p. 107. See preface to *Relation de l'ambassade de Méhmet Effendi à la cour de France en 1721 écrite par lui même et traduite du turc par Julién Galland* (Constantinople and Paris, 1757).
21. Cited in C. Issawi, "The Struggle for Linguistic Hegemony," *The American Scholar* (summer, 1981), pp. 382-87.
22. Seid Mustafa, *Diatribe de l'ingénieur sur l'état actuel de l'art militaire, du génie et des sciences à Constantinople* (Scutari, 1803; reprinted by L. Langlès, Paris, 1810), pp. 16-17. According to Langlès, Seid Mustafa was a graduate and later a teacher of engineering. Hammer-Purgstall, however, says that "Seid Mustafa" was a fiction and that the tract was written at the request of the Reis Efendi by the Greek dragoman Yakovaki Argyropoulo. On Y. Argyropoulo, a key figure in the early translation movement, see "Jacques Argyropoulos," *Magasin Pittoresque* (1865), pp. 127-28.
23. Şanizade, *Tarih* (Istanbul, 1290-1291 A.H.), 4: 33-35; cf. Cevdet, 11: 43 and [J. E. de Kay] *Sketches of Turkey in 1831 and 1832* (New York, 1833).
24. B. Lewis, *The Emergence of Modern Turkey*, pp. 88-89.
25. S. Ünver, *Tanzimat*, 1, Turkish Ministry of Education (Istanbul, 1940), pp. 940-41.

第四章

1. For contrasting views on the significance of the Hellenistic element in Islamic civilization and of the resulting affinities with Christendom, see C.H. Becker, *Islamstudien*, vol. 1 (Leipzig, 1924), especially chapters 1, 2, 3, and 14; and also Jörg Kraemer, *Das Problem der Islamischen Kulturgeschichte* (Tübingen, 1959).
2. Ibn al-Faqīh, cited in Yāqūt, *Mu'jam al-buldān*, s.v. "Rūmiya."
3. Part of his account is preserved and quoted in Ibn Rusteh, *Kitāb al-A'lāq al-nafīsa*, ed. M. J. De Goeje (Leiden, 1892), pp. 119-130. See further, *Encyclopedia of Islam*, 2nd ed., s.v. 'Hārūn b. Yahyā' (M. Izzedin). The *Encyclopedia of Islam* will hereafter be cited as EI1. or EI2. .
4. The Kadi's memoirs were published by I. Parmaksizoğlu, "Bir Türk kadisinin esaret hatiralari," *Tarih Dergisi* 5 (1953): 77-84.

5. On Osman Ağa, see above Chap. 3, n. 7. On other prisoners, see O. Spies, "Schicksale Türkischer Kriegsgefangener in Deutschland nach den Türkenkrieg," *Festschrift Werner Caskel*, ed. E. Graf (Leiden, 1968), pp. 316–35.
6. Usāma, *Kitāb al-I'tibār*, ed. P.K. Hitti (Princeton, 1930), p. 132; cf. English transl., P.K. Hitti, *An Arab-Syrian Gentleman and Warrior in the Period of the Crusades* (New York, 1929), p. 161.
7. On this story, see V. Barthold, "Karl Veliki i Harun ar-Rashid," *Sočineniya* 6 (Moscow, 1966): 342–64; Arabic transl. in V. V. Barthold, *Dirāsāt fī ta'rīkh Filasṭīn fi'l-'uṣūr al-wusṭā*, trans. A. Haddād (Baghdad, 1973): 53–103. Also see S. Runciman, "Charlemagne and Palestine," *English Historical Review* 50 (1935): 606–19.
8. See above, chap. 3, n. 5.
9. Arabic text, R. Dozy, ed., *Recherches sur l'histoire et la litterature de l'Espagne pendant le moyen âge*, 3rd ed. (Paris-Leiden, 1881), 2: 81–88; reprinted by A. Seippel, *Rerum Normannicarum Fontes Arabici* (Oslo, 1946), pp. 13–20. Cf. German translation, G. Jacob, *Arabische Berichte von Gesandten an germanische Fürstenhöfe aus dem 9. und 10. Jahrhundert* (Berlin-Leipzig, 1927), pp. 38–39; French transl. in R. Dozy, *Recherches*, 3rd ed., 2: 269–78. For discussions, see W. E. D. Allen, *The Poet and the Spae-Wife* (Dublin, 1960), and E. Lévi-Provençal, "Un échange d'ambassades entre Cordoue et Byzance au IXe siècle," *Byzantion* 12 (1937): 1–24, who dismisses the story as a literary fabrication based on a genuine embassy to Constantinople. See further, EI2. , s.v. "Ghazāl" (A. Huici Miranda). Also see A. A. el-Hajji, "The Andalusian Diplomatic Relations with the Vikings during the Umayyad Period," *Hesperis Tamuda*, 8 (1967): 67–110.
10. The surviving fragments of Ibrāhīm ibn Ya'qūb's travels have formed the subject of an extensive literature. Both texts, the 'Udhrī version as preserved by Qazvīnī and the Bakrī passages are available in print: Qazvīnī, in the *editio princeps* by F. Wüstenfeld, *Zakarija ben Muhammed ben Mahmud al-Cazwini's Kosmographie*, II, *Kitāb Athār al-bilād. Die Denkmäler der Länder* (Göttingen, 1848); the Bakrī excerpt was first edited by A. Kunik and V. Rosen, *Izvestiya al-Bekri i drugikh' autorov'o Rusi i Slavyanakh* (St. Petersburg, 1878–1903), reprinted with a critical commentary by T. Kowalski, *Relatio Ibrāhīm Ibn Ja'kūb de itinere slavico*, in *Monumenta Poloniae Historica* 1 (Cracow, 1946): 139ff., and now conveniently accessible in an edition of Bakrī's book by A.A. el-Hajjī, ed., *Jughrāfīya al-Andalus wa-Urūba* (Beirut, 1968). Translations include G. Jacob in *Arabische Berichte* . . . , pp. 11–33; and most recently, A. Miquel, "L'Europe occidentale dans la relation arabe de Ibrāhīm b. Ya'qūb," *Annales ESC* 21 (1966): 1048–1064.

Other studies include, B. Spuler, "Ibrāhīm ibn Ja'qūb Orientalistische Bemerkungen," *Jahrbücher für Geschichte Osteuropas,* 3 (1938): 1–10; E. Ashtor, *The Jews of Moslem Spain,* vol. 1 (Philadelphia, 1973), pp. 344–49; A.A. el-Hajji, "Ibrāhīm ibn Ya'qūb at-Tartūshī and his diplomatic activity," *The Islamic Quarterly* 14 (1970): 22–40. See further EI2. , s.v. "Ibrāhīm b. Ya'qūb," (A. Miquel).

11. G. Jacob, *Arabische Berichte,* p. 31, n. 1: "Es ist charakteristisch, dass der arabische Diplomat den Kaiser als Gewährsmann nicht nennt, wahrend der jüdische Handelsmann sich mit dieser Beziehung brüstet."
12. Mentioned in the biography of John of Gorze, see R. W. Southern, *The Making of the Middle Ages* (London, 1953), p. 36ff.
13. Ibn Wāṣil, *Mufarrij al-kurūb fi akhbār banī Ayyūb,* ed. H. M. Rabie (Cairo, 1979), 4: 248.
14. Ibn Khaldūn, *Al-Ta'rīf bi-ibn Khaldūn wa-riḥlatuh gharban wa-sharqan,* ed. Muḥammad ibn Ta'wīt al-Tanjī (Cairo 1951), pp. 84–85; cf. French transl. by A. Cheddadi, *Le Voyage d'Occident en Orient* (Paris, 1980), pp. 91–92.
15. Usāma, pp. 140–141; cf. Hitti, pp. 169–76.
16. *Abū Ḥāmid al Granadino y su relación de viaje por tierras eurasiáticas,* ed. and trans. C.E. Dubler (Madrid, 1953). See further, I. Hrbek, "Ein arabischer Bericht über Ungarn," *Acta Orientalia* 5 (1955): 205–30.
17. Ibn Jubayr, *Riḥla (The Travels of Ibn Jubayr)* ed. W. Wright (Leiden, 1907), p. 303; cf. English transl. R. C. J. Broadhurst, *The Travels of Ibn Jubayr* (London, 1953), p. 318.
18. Ibn Jubayr, pp. 305–6; cf. Broadhurst, p. 321.
19. *Ibid.,* p. 301; cf. Broadhurst, pp. 316–17. The concluding quotation is from Qur'ān, 7.154.
20. Ibn Shāhīn al-Ẓāhirī, *Zubdat kashf al-mamālik,* ed. P. Ravaisse (Paris, 1894) p. 41; cf. French translation, J. Gaulmier, *La zubda kachf al-mamālik* (Beirut, 1950), p. 60. Cf. M. A. Alarcón and R. Garcia, *Los documentos árabes diplomáticos del Archivo de la corona de Aragón* (Madrid and Granada, 1940).
21. See P. Pelliot, "Les Mongols et la Papauté," *Revue de l'Orient Chrétien* 3rd ser., 23 (1922–23): 3–30, 24 (1924): 225–335, and 28 (1931); V. Minorsky, "The Middle East in Western Politics in the thirteenth, fifteenth, and seventeenth Centuries," *Royal Central Asian Society Journal* 4 (1940): 427–61; J. A. Boyle, "The Il-Khans of Persia and the Princes of Europe," *Central Asian Journal* 20 (1976): 28–40; D. Sinor, "Les Relations entre les Mongols et l'Europe jusqu'à la Mort d'Arghoun et de Bela IV," *Cahiers d'Histoire Mondiale* 3 (1956): 37–92.

22. ʿUmarī, al-Taʿrīf bil-muṣṭalaḥ al-sharīf (Cairo, 1312 A.H.).
23. Qalqashandī, Ṣubḥ al-aʿshā fī ṣināʿat al-inshāʾ (Cairo, 1913ff), 8: 25ff; cf. M. Amari, "Dei titoli che usava la cancelleria di Egitto," *Mem. del. R. Acc. Linc.* (1883–84): 507–34; H. Lammens, "Correspondence diplomatiques entre les sultans mamlouks d'Égypte et les puissances chrétiennes," *Revue de l'Orient Chrétien* 9 (1904): 151–87 and 10 (1905): 359–92.
24. Qalqashandī, 7: 42ff.
25. Juvaynī, Taʾrīkh-i jihān gushā, ed. M. M. Qazvīnī, vol. 1 (London, 1912), pp. 38–39. Cf. English transl., J. A. Boyle, *The History of the World Conqueror* (Manchester, 1958), 1: 53.
26. Nicholas de Nicolay, *Les navigations* . . . (Antwerp, 1576), p. 246.
27. B. Lewis, *Notes and Documents from the Turkish Archives* (Jerusalem, 1952), pp. 32 and 34.
28. A. Arce, "Espionaje y última aventura de Jose Nasi (1569–1574)" *Sefarad* 13 (1953): 257–86.
29. C.D. Rouillard, *The Turk in French History, Thought, and Literature 1520–1660* (Paris, 1938), pt. 1, chap. 2.
30. M. Herbette, *Une Ambassade Persane sous Louis XIV* (Paris, 1907).
31. A. A. De Groot, *The Ottoman Empire and the Dutch Republic: A History of the Earliest Diplomatic Relations 1610–1670* (Leiden, 1978), pp. 125–29.
32. On the reports of Ottoman embassies to Europe and elsewhere, see F. Babinger, *Die Geschichtsschreiber der Osmanen und ihre Werke* (Leipzig, 1927), pp. 322–37, hereafter cited as *GOW*; and for a much fuller account, F. R. Unat, *Osmanli Sefirleri ve Sefaretnameleri* (Ankara, 1968). A few of these texts have been translated (see Babinger, *loc. cit.*); the best and most recent are the annotated German versions published by R. F. Kreutel in his series, *Osmanische Geschichtsschreiber* (Graz, 1955ff). On European diplomacy in Istanbul, see B. Spuler, "Die europäische Diplomatie in Konstantinopel bis zum Frieden von Belgrad (1739)," *Jahrbücher für Kultur und Geschichte der Slaven*, 11 (1935): 53–115, 171–222, 313–366; idem, "Europäische Diplomaten in Konstantinopel bis zum Frieden von Belgrad (1739)," *Jahrbücher für Geschichte Osteuropas* 1 (1936): 229–62, 383–440.
33. See Babinger, *GOW*, p. 325.
34. See K. Teply, "Evliyā Çelebī in Wien," *Der Islam* 52 (1975): 125–31.
35. Evliya, 7: 398–99; cf. Kreutel, p. 160–61.
36. There are several editions of the embassy report of Mehmed Efendi with some variations in the text. The book was first published in Paris and Istanbul with a French translation as *Relation de l'embassade de Méhmet Effendi à la cour de France en 1721 écrite par lui même et traduit par Julién Galland* (Constantinople and Paris, 1757). I have

used the Turkish edition of Ebuzziya, ed., *Paris Sefaretnamesi* (Istanbul, 1306). When this book was already in proof a new edition of Galland's version appeared—Mehmed Efendi, *Le paradis des infidèles*, ed. Gilles Veinstein, (Paris, 1981).
37. Mehmed Efendi, p. 345; cf. French transl., pp. 34ff.
38. *Ibid.*, p. 43; cf. French transl., p. 49.
39. *Ibid.*, p. 64; cf. French transl., pp. 62–63.
40. Duc de St. Simon, cited in N. Berkes, *The Development of Secularism in Turkey* (Montreal, 1964), p. 35. For a brief but illuminating appreciation of Mehmed Efendi and his role see A. H. Tanpinar, *XIX Asir Türk edebiyati tarihi*, vol. 1 (Istanbul, 1956), pp. 9ff.
41. Resmi, *Viyana Sefaretnamesi* (Istanbul, 1304), p. 33.
42. Azmi, *Sefaretname 1205 senesinde Prusya Kirali Ikinci Fredrik Guillaum'in nezdine memur olan Ahmed Azmi Efendinin'dir* (Istanbul, 1303 A.H.), p. 52; Resmi, *Berlin Sefaretnamesi* (Istanbul, 1303), p. 47.
43. Vasif's report is printed in Cevdet, 4: 348–58.
44. Vasif in Cevdet, 4: 349–50.
45. On Ratib, see Cevdet, 5: 232ff; F. R. Unat, *Osmanlı Sefirleri*, pp. 154–62; C. V. Findley, *Bureaucratic Reform in the Ottoman Empire: The Sublime Porte, 1789–1922* (Princeton, 1980), pp. 118 and 372; S. J. Shaw, *Between Old and New, The Ottoman Empire Under Sultan Selim III* (Cambridge, Mass., 1971), pp. 95–98.
46. On Moroccan ambassadors and other Muslim travelers to Spain, see H. Pérès, *L'Espagne vue par les Voyaguers Musulmans de 1610 a 1930* (Paris, 1937).
47. See above chapter 3, note 14.
48. S.C. Chew, *The Crescent and the Rose* (Oxford, 1937), pp. 327–33.
49. M. Herbette, *Une Ambassade Persane*, passim.
50. On Shirāzī, see C. A. Storey, *Persian Literature*, vol. 1, pt. 2 (London, 1953) pp. 1067–8.
51. Parts of this narrative were translated from a manuscript by A. Bausani, "Un manoscritto Persiano inedito sulla Ambasceria di Ḥusein Ḫān Moqaddam Āǧūdānbāšī in Europa negli anni 1254–1255 H. (1838–39 A.D.)," *Oriente Moderno* 33 (1953). The original was published in Iran but from a different manuscript, *Sharḥ-i ma'mūriyat-i Ājūdān bāshī (Ḥusayn Khān Niẓām ad-Dawla) dar Safārat-i Otrish, Farānsa, Inglistān* (Tehran (?), 1347 S.).
52. A. Bausani, "Un manoscritto Persiano...," p. 488. This paragraph is missing from the Tehran edition.
53. Ilyās b. Ḥannā, *Le plus ancien voyage d'un Oriental en Amerique (1668–1683)*, ed. A. Rabbath, S. J. (Beirut, 1906). This edition first appeared in the Beirut review *al-Mashriq*, nos. 18 (Sept. 1905) through

23 (Dec. 1905) as "Premier voyage d'un oriental en Amerique."
54. Azulay, *Ma'gal ṭōb ha-shalem*, ed. A. Freimann (Jerusalem, 1934); English transl. in E. Adler, *Jewish Travellers*, pp. 345–68.
55. P. Preto, *Venezia e i Turchi* (Padua, 1975), p. 128 citing P. Paruta, *Historia della güerra di Cipro* (Venice, 1615), p. 35. On the Turkish colony in Venice, see also A. Sagrado and F. Berchet, *Il Fondacho dei Turchi in Venezia* (Milan, 1860), pp. 23–28 and G. Verecellin, "Mercanti Turchi a Venezia alla fine del cinquecento," *Il Veltro: Rivista della Civiltà Italiana*, 23, nos. 2–4 (Mar.–Aug., 1979): 243–75. On the role of Venice as intermediary between Turkey and Europe, see W. H. McNeill, *Venice, the Hinge of Europ 1081–1797* (Chicago, 1974).
56. Preto, p. 129.
57. *Ibid.*, p. 132.
58. *Ibid.*, p. 139.
59. Sir Joshua Hassan, *The Treaty of Utrecht and the Jews of Gibraltar* (London, 1970).
60. For an early example, see F. Babinger, " 'Bajezid Osman' (Calixtus Ottomanus), ein Vorläufer und Gegenspieler Dschem-Sultans," *La Nouvelle Clio* 3 (1951): 349–88.
61. There is a considerable literature on Jem and his adventures in Europe, notably L. Thuasne, *Djem-Sultan: Etude sur la question d'Orient a la fin du XVe siècle* (Paris, 1892); and I.H. Ertaylan, *Sultan Cem* (Istanbul, 1951). The Turkish memoirs were published under the title, *Vakiat-i Sultan Cem* (Istanbul, 1330 A.H.). See further, *EI2.*, s.v. "Djem," (H. Inalcik). For a collection of letters addressed to the sultan on this subject, see J. Lefort, *Documents grecs dans les Archives de Topkapi Sarayi, Contribution à l'histoire de Cem Sultan* (Ankara, 1981).
62. *Vakiat*, pp. 10–11.
63. Ahmad ibn Muhammad al-Khālidī, *Lubnān fī 'ahd al-Amīr Fakhr al-Dīn al-Ma 'nī al-Thānī*, eds. Asad Rustum and Fu'ād Bustānī (Beirut, 1936, reprinted 1969), pp. 208–41, Mr. Arnon Gross, to whose unpublished study of this text I am indebted, has shown that the text is not, as the editors suggest, a "fake" but is an interpolation based on an authentic narrative.
64. Şerafettin Turan, "Barak Reis'in, Şehzade Cem mes'elesiyle ilgili olarak Savoie 'ya gönderilmesi," *Belleten* 26, no. 103 (1962): 539–55; V.L. Ménage, "The Mission of an Ottoman Secret Agent in France in 1486," *Journal of the Royal Asiatic Society* (1965): 112–32.
65. S. Skilliter, "The Sultan's Messenger, Gabriel Defrens: An Ottoman Master-Spy of the Sixteenth Century," *Wiener Zeitschrift für die Kunde des Morgenlandes*, ed. A. Tietze, vol. 68 (Vienna, 1976), pp.

47–59.
66. ʿUmarī, ed. M. Amari, "Al-ʿUmarī, Condizioni degli stati Cristiani dell' Occidente secondo una relazione di Domenichino Doria da Genova", *Atti R. Acad. Linc. Mem.*, 11 (1883): text p. 15, trans. p. 87. Hereafter cited as ʿUmarī (Amari).
67. Mehmed Efendi, p. 25; French transl., pp. 34–35.
68. Vasif, in Cevdet, 4: 349.
69. Azmi, p. 12.
70. A.W. Kinglake, *Eothen* (London, n.d.), pp. 9–11.
71. Iʿtiṣām al-Dīn, see C. A. Storey, *Persian Literature,* vol. 1, pt. 2, p. 1142. Cf. English transl., J. E. Alexander, *Mirza Itesa Modeen* (London, 1827).
72. *Masīr-i Ṭālibī ya Sefarnāma-i Mīrzā Abū Ṭalib Khān,* ed. H. Khadiv-Jam (Tehran, 1974); cf. English trans., C. Stewart, *Travels of Mirza Abu Talib Khan* . . . (London, 1814). Also see Storey, *Persian Literature,* 1, pt. 2, pp. 878–79.
73. Seyyid Ali's report was published by Ahmed Refik in *Tarih-i Osmani Encümeni Mecmuasi,* 4 (1329/1911): 1246ff, 1332ff, 1378ff, 1458ff, 1548ff. See further M. Herbette, *Une ambassade Turque sous le Directoire,* Paris, 1902.
74. On Ali Aziz, see A. Tietze, "'Azīz Efendis Muhayyelat," *Oriens* 1 (1948): 248–329; E. Kuran, "Osmanli daimi elçisi Ali Aziz Efendi'-nin Alman şarkiyatçisi Friedrich von Diez ile Berlin'de ilmi ve felsefi muhaberati (1797)" *Belleten* 27 (1963): 45–58; and *EI2.,* s.v. "'Ali ʿAzīz" (A. Tietze).
75. On these embassies, see T. Naff "Reform and the conduct of Ottoman Diplomacy in the Reign of Selim III, 1789–1807," *Journal of the American Oriental Society* 83 (1963): 295–315; E. Kuran, *Avrupa'da Osmanlı Ikamet Elçiliklerinin Kuruluş ve Ilk Elçilerin Siyasi Faaliyetleri 1793–1821* (Ankara, 1968); S. J. Shaw, *Between Old and New* pp. 180ff.
76. On Mehmed Raif see S. J. Shaw, *Between Old and New,* index.
77. On the Egyptian student missions, see J. Heyworth-Dunne, *An Introduction to the History of Education in Modern Egypt* (London, 1938), pp. 104ff, 221ff, and *passim.*

There is an extensive literature on Sheikh Rifāʿa in Arabic and in Western languages. See *EI1.* , s.v. 'Rifāʿa Bey' (Chemoul); further, J. Heyworth-Dunne, "Rifāʿah Badawī Rāfiʿ aṭ-Ṭahtāwī: The Egyptian Revivalist", *BSOAS* 9 (1937–39): 961–67, 10 (1940–42): 399–415. The fullest treatment is that of Gilbert Delanoue, *Moralistes et politiques musulmans dans l'Egypte du XIXème siècle (1798–1882)* (Service de reproduction des theses, Lille, 1980), 1, chap. 5. Sheikh Rifāʿa's travels in France, entitled *Takhlīṣ al-ibrīz fī talkhīṣ Barīz* (usually

known as *al-Rihla*) has been printed a number of times. References are to the (Cairo, 1958) edition.
78. Published in I. Raʿin, *Safarname-i Mīrzā Ṣāliḥ Shīrāzī*, (Tehran, 1347s). See further Storey, *Persian Literature*, I, pt 2, pp. 1148–50, and Hafez Farman Farmayan, "The Forces of modernization in nineteenth century Iran: a historical survey," in W. R. Polk and R. L. Chambers (editors), *Beginnings of Modernization in the Middle East* (Chicago 1968), pp. 122ff.

第五章

1. *Irşad*. See above chapter 3, n. 15.
2. See C.A. Nallino, "al-Khuwarizmi e il suo rifacimento della Geografia di Tolomeo" in *Raccolta di Scritti*, vol. 5 (Rome, 1944), pp. 458–532; D. M. Dunlop, "Muḥammad b. Mūsā al-Khwārizmī," *Journal of the Royal Asiatic Society* (1943): 248–50; and R. Wieber, *Nordwesteuropa nach der arabischen Bearbeitung der Ptolemäischen Geographie von Muḥammad b. Mūsā al-Hwārizmī* (Walldorf-Hessen, 1974).
3. The Muslim geographical literature of the Middle Ages is examined in two major works, one by A. Miquel, *La géographie humaine du monde musulman jusqu'au milieu du IIe siècle*, 3 vols. (Paris, 1967–80), especially vol. 2, *Géographie arabe et représentation du monde: la terre et l'étranger*, chapters 6 and 7 on eastern and western Europe; the other by I.J. Kračkovsky, *Istoriya Arabskoy Geografičeskoy Literatury, Izbranniye Sočineniya*, vol. 5 (Moscow-Leningrad, 1957), Arabic transl. by S.U. Hāshim, *Taʾrikh al-adab al-djughrāfī al-ʿarabī* (Cairo, 1963). For a briefer survey, see *EI2*. , s.v. "Djughrāfiya," (S. Maqbul Aḥmad). On medieval Muslim geographers' knowledge of Europe, see I. Guidi, "L'Europa occidentale negli antichi geografi arabi," *Florilegium M. de Vogüe* (1909): 263–69; E. Ashtor, "Che cosa sapevano i geografi Arabi dell'Europa occidentale?," *Rivista Storica Italiana* 81 (1969): 453–79; K. Jahn, "Das Christliche Abendland in der islamischen *Geschichtsschreibung* des Mittelalters," *Anzeiger der phil.-hist. Klasse der Österreichischen Akademie der Wissenschaften* 113 (1976): 1–19; Y.Q. al-Khūrī, "al-Jughrāfiyūn al-ʿArab wa-Urūba," *al-Abḥāth* 20 (1967): 357–92.
4. Ibn Khurradādhbeh, *Kitāb al-masālik waʾl-mamālik*, ed. M. J. de Goeje (Leiden, 1889), p. 155.
5. *Ibid.*, pp. 92–93.
6. *Ibid.*, p. 153. For an important recent study see M. Gil., "The Rādhānite Merchants and the Land of Rādhān," *JESHO* 18 (1974): 299–328.

7. Ibn al-Faqīh, *Mukhtaṣar Kitāb al-Buldān,* ed. M. J. de Goeje (Leiden, 1885); cf. French transl., H. Massé, *Abrégé des Livre des Pays* (Damascus, 1973) p. 8.
8. Ibn Rusteh, *Kitāb al-aʿlāq al-nafīsa,* ed. M. J. de Goeje (Leiden, 1892), p. 85; cf. French transl., G. Wiet, *Les Atours Precieux* (Cairo, 1958), p. 94.
9. Masʿūdī, *Kitāb al-tanbīh waʾl-ishrāf* (Beirut, 1965), pp. 23–24; cf. French transl., Carra de Vaux, *Macoudi, le livre de l'avertissement et de la révision* (Paris, 1897), pp. 38–39.
10. Masʿūdī, *Murūj al-dhahab,* ed. and transl. F. Barbier de Meynard and Pavet du Courteille (Paris, 1861–77) 3: 66–67; *ibid.,* 2nd ed., C. Pellat (Beirut, 1966–70) 2: 145–46; cf. revised French transl., C. Pellat (Paris, 1962–71) 2: 342.
11. On Arabic accounts of the Vikings, see A. Melvinger, *Les premières incursions des Vikings en Occident d'après les sources arabes* (Uppsala, 1955); A. A. el-Hajji, "The Andalusian diplomatic relations with the Vikings . . ." The sources were collected by A. Seippel, *Rerum Normannicarum,* and translated into Norwegian by H. Birkeland, *Nordens Historie i Middelalderen etter Arabiske Kilder* (Oslo, 1954).
12. See *EI*2. , s.v. "Asfar," (I. Goldziher) and *idem, Muslim Studies* vol. 1, transl. C.R. Barber and S.M. Stern (London, 1967), pp. 268–69.
13. Masʿūdī, *Murūj,* ed. Barbier de Meynard, 3: 69–72; C. Pellat ed., 2: 147–48; cf. Pellat transl. 2: 344–45. For an English translation and discussion, see B. Lewis, "Masʿūdī on the Kings of the 'Franks,' " *Al-Masʿūdī Millenary Commemoration Volume* (Aligarh, 1960), pp. 7–10.
14. Ibn Rusteh, p. 130; cf. Wiet transl., p. 146.
15. Yāqūt, s.v. "Rūmiya." On the Arabic accounts of Rome, see I. Guidi, "La descrizione di Roma nei geografi arabi," *Archivio della Società Romana di Storia Patria* 1 (1877): 173–218.
16. *Ibid.*
17. Qazvīnī, pp. 388–89; cf. Jacob, pp. 26–27; cf. Miquel, pp. 1057–58. For a later account of catching a "large fish," probably a whale, see *Vakiat-i Sultan Cem,* pp. 9–10.
18. A. Kunik and V. Rosen, *Izvestiya al-Bekri,* pp. 34–35; T. Kowalski, *Relatio Ibrāhīm ibn Jaʿkūb,* pp. 2–3; Bakri, *Jughrāfiya,* ed. A. A. el-Hajji, pp. 160–63; G. Jacob, *Arabische Berichte,* pp. 12–13.
19. Qazvīnī, pp. 334–35; cf. Jacob, pp. 31–32; cf. Miquel, pp. 1052–53.
20. Zuhrī, pp. 229–30/77–78; cf. French transl., p. 93.
21. Idrīsī, *Opus Geographicum,* ed. A. Bombaci *et.al.,* fasc. 8 (Naples, 1978), p. 944; cf. A. F. L. Beeston, "Idrisi's Account of the British Isles," *BSOAS* 13 (1950): 267.
22. Idrīsī, *Opus,* fasc. 8, p. 946.

23. *Ibid.*, pp. 947–48.
24. Ibn Saʿīd, *Kitāb Basṭ al-arḍ fi'l-ṭūl wa'l-ʿarḍ*, ed. J.V. Gines (Tetuan, 1958), p. 134. Cf. Abū'l-Fida, *Taqwīm al-buldān*, ed. J.S. Reinaud and M. de Slane (Paris, 1840), p. 187; and Seippel, *Rerum Normannicarum*, p. 23.
25. Ibn Khaldūn, *al-Muqaddima*, ed. Quatremère (Paris, 1858) 3: 93; cf. French transl., M. de Slane, *Les Prolégomènes* (Paris, 1863–68) 3: 129; cf. English transl., F. Rosenthal, *The Muqaddima* (New York-London, 1958) 3: 117–18.
26. Ibn Khaldūn, *Kitāb al-ʿIbar* 6 (Cairo, 1867): 290–91.
27. See K. Jahn's partial edition with French translation of Rashīd al-Dīn's section on Europe, *Histoire universelle de Rašīd ad-Dīn*, and his later German translation, *Die Frankengeschichte* . . . See further, K. Jahn, "Die Erweiterung unseres Geschichtbildes durch Rašīd al-Dīn," *Anzeiger der phil.-hist. Klasse der Österreichischen Akad. der Wiss.* (1970): 139–49 and J. A. Boyle, "Rashīd al-Dīn and the Franks," *Central Asian Journal* 14 (1970): 62–67.
28. Rashīd al-Dīn, *Histoire*, pp. 5–18; *Frankengeschichte*, p. 49.
29. On Piri Reis and his map, see P. Kahle, *Die verschollene Columbus-Karte von Amerika vom Jahre 1498 in einer türkischen Weltkarte von 1513* (Berlin-Leipzig, 1932); R. Almagia, "Il mappamondo di Piri Reis la carte di Colombo del 1498," *Societa Geografica Italiana, Bolletino* 17 (1934): 442–49; E. Braunlich, "Zwei türkische Weltkarten aus dem Zeitalter der grossen Entdeckungen," *Berichte . . . Verhandl. Sächs. Ak. Wiss. Leipzig, Phil. Hist. Kl.* 89, pt. 1 (1939); Afetinan, *Piri Reis in Amerika haritasi 1513–1528* (Ankara, 1954). On Ottoman geographical literature in general, see *EI*2. , s.v. "*Djughrāfiyā*," vi, the article by F. Taeschner; idem, "Die geographische Literatur der Osmanen," *Zeitschrift der Deutschen Morgenländischen Gesellschaft* 77 (1923): 31–80; A. Adnan-Adivar, *La science chez les Turcs Ottomans* (Paris, 1939); idem, *Osmanli Turklerinde Ilim* (Istanbul, 1943)—a fuller Turkish version of *La science*.
30. *Tarih al-Hind al-Garbi*.
31. Adnan-Adivar, *Ilim*, p. 73, citing d'Avezac, "Mappemonde Turque de 1559," *Acad. Inscr. et Belles Lettres* (Paris, 1865).
32. Kâtib Çelebi, *Mīzān al-ḥaqq fi ikhtiyār al-aḥaqq* (Istanbul, 1268 A.H.), p. 136; cf. English translation, G. L. Lewis, *The Balance of Truth* (London, 1957), p. 136.
33. Adnan-Adivar, *Science*, p. 121; *Ilim*, p. 134.
34. *Ibid.*, p. 122; *Ilim*, p. 135.
35. *Ibid.*, p. 135; *Ilim*, p. 153.
36. Vasif, *Tarih*, 2: 70; cited in J. von Hammer, *Geschichte des Osmanischen Reiches*, 2nd. ed. (Pest, 1834–36) 4: 602 and idem, French transl. by

J. J. Hellert, *Histoire de l'Empire Ottoman* (Paris, 1835ff) 16: 248–49.
37. Hammer, *Histoire,* 16: 249 note.
38. Âli, *Künh al-ahbar* (Istanbul, 1869) 5: 9–14; *idem, Mevaʾiddüʾn-Nefaʾis fi kavaʿidiʾl-mecalis* (Istanbul, 1956) facs. 152–53.
39. Evliya, 7: 224–25; cf. Kreutel, p. 39.
40. Oruç, ed. Babinger, p. 67. On Mehmed's alleged interest in Western scholarship, see F. Babinger, *Mehmed the Conqueror and His Time,* transl. R. Mannheim (Princeton, 1978), pp. 494ff.
41. On these works, see B. Lewis, "The Use by Muslim Historians of Non-Muslim Sources" in *Islam in History* (London, 1973), pp. 101–14.
42. V. L. Ménage, "Three Ottoman Treatises . . ." p. 423.
43. On Huseyn Hezārfenn, see H. Wurm, *Der osmanische Historiker Ḥūseyn b. Ǧaʿfer, genannt Hezārfenn* . . . (Freiburg im Breisgau, 1971), esp. pp. 122–49. The mss. of the *Tenkih* are listed in Babinger *GOW,* pp. 229–30. The ms. used here is in the Hunterian Museum in Glasgow (cf. JRAS, 1906, pp. 602ff).
44. Müneccimbaşi, *Sahaʾif al-ahbar* (Istanbul, 1285/1868–69) 2: 652.
45. Oruç, Kreutel transl., p. 95, (from ms.; the Turkish original of this section of Oruç's book is still unpublished).
46. Firdevsi-i Rumi, *Kutb-Name,* eds. I. Olgun and I. Parmaksizoğlu (Ankara, 1980), p. 74.
47. *Ibid.,* p. 93.
48. Selaniki, ms. Nuruosmaniye 184, cited by A. Refik, *Türkler ve Kraliçe Elizabet* (Istanbul, 1932), p. 9.
49. Kâtib Çelebi, *Fezleke* (Istanbul, 1276 A.H.), 2: 234, cf. Naima, *Tarih* (Istanbul, n.d.), 4: 94.
50. *Fezleke,* 2: 134–35; cf. Naima, 3: 69–70.
51. *Ibid.,* 1: 331–33; cf. Naima 2: 80–82.
52. *Ibid.,* 2: 382; cf. Naima 5: 267. For a detailed and documented life of Cappello, see G. Benzoni in *Dizionario Biografico degli Italiani,* XVIII (Rome, 1975), pp. 786-89.
53. Peçevi, 1: 106.
54. B. Lewis, "The Use by Muslim Historians. . . ." pp. 107–8, p. 314, n. 20, citing F. V. Kraelitz, "Der osmanische Historiker Ibrāhim Pečewi" *Der Islam* 7 (1918): 252–60.
55. Peçevi, 1: 184 (on expedition in 1552); *idem,* 1: 255 (Morisco rising in 1568–70); *idem,* 1: 343–48 (expedition against Spain); *idem,* 1: 485 (the Moriscos); *idem,* 1: 106–8 (on gunpowder and printing).
56. Naima, 1: 40ff.
57. *Ibid.,* 1: 12.
58. Silihdar, *Nusretname,* fols. 257–58. I owe this reference to Dr. C. J. Heywood.

59. Şem'danizade, 3: 21–22.
60. *Ibid.*, 1: 42–43.
61. *Icmal-i ahval-i Avrupa*. Süleymaniye Library, Esat Efendi Kismi, no. 2062. See V. L. Ménage, "Three Ottoman Treatises. . . ." pp. 425ff.
62. V. L. Ménage, "Three Ottoman Treatises. . . ." p. 428.
63. For details, see B. Lewis, *Islam in History,* p. 314 n. 26.

第六章

1. F. Kraelitz, "Bericht über den Zug . . . ," p. 17.
2. Thus, the Tatar may be rhymed as *ṣabā-raftâr aduw-shikâr,* "moving like the east wind, hunting the enemy," or simply as *bad-raftâr,* "of bad demeanour."
3. E. Prokosch, *Molla und Diplomat* (Graz, 1972), p. 19, translated from an unpublished Turkish manuscript.
4. *Irşad.* See above chapt. 3, n. 15.
5. R. Kreutel, *Kara Mustafa vor Wien* (Graz, 1955), pp. 140–41, translated from an unpublished Turkish manuscript.
6. Evliya, 6:224–25; cf. Kreutel, p. 39.
7. A. Hess, "The Moriscos: An Ottoman Fifth Column in Sixteenth Century Spain," *American Historical Review* 74 (1968): 19, citing Feridun, *Münşa'at al-salatin,* 2nd ed., (Istanbul, 1275 A.H.), 2: 542; Feridun, *Münşa'āt,* 1st ed. (Istanbul, 1265), 2: 458. On Moriscos, see also above p. 180.
8. S. Skilliter, *William Harborne and the Trade with Turkey 1578–1582: A Documentary Study of the First Anglo-Ottoman Relations* (Oxford, 1977), p. 37, citing Feridun, *Münşa'at,* 2nd ed., 2: 543; Feridun, *Münşa'āt,* 1st ed., 2: 450.
9. Yāqūt, s.v. "Rūmiya."
10. N. V. Khanikov reads this as a reference to the anti-Pope, Cardinal Peter, who had adopted the style of Anacletus II; see Khanikov in *Journal Asiatique* 4 (1864): 152 and text p. 161 of commentary.
11. Ibn Wāṣil, 4: 249.
12. Qalqashandī, 8: 42ff. The odd title "protector of bridges" may be an echo of *Pontifex Maximus.*
13. *Irşād,* see above, chap. 3, n. 15.
14. Ghassānī, pp. 52ff, 67ff; cf. Sauvaire, pp. 152ff, 162ff. The editor of the Arabic text omits some of the anti-Christian comments.
15. Ibn Wāṣil, 4: 248–49.
16. Ghazzāl, p. 24; cf. H. Pérès, *L'Espagne revue par les voyageurs Musulmans de 1610 à 1930* (Paris, 1937), pp. 29–30.

17. Azmi, p. 16.
18. F. Kraelitz, "Bericht ... ," pp. 26ff.
19. Resmi, *Sefaretname-i Ahmet Resmi Prusya Kiralı Büyük Fredrik nezdine sefaretle giden Giridi Ahmet Resmi Efindi'nin takriridir* (Istanbul, 1303 A.H.), p. 18.
20. Miknāsī, *al-Iksīr fi fikāk al-asīr,* ed. M. al-Fāsī (Rabat, 1965), *passim.*
21. Cevdet, 6: 394ff.
22. Turkish text in E. Z. Karal, *Fransa-Misir ve Osmanli Imparatorlugu (1797–1802)* (Istanbul, 1938), p. 108; Arabic in Shihāb, *Ta'rīkh Aḥmad Bāshā al-Jazzār,* ed. A. Chibli and J. A. Khalife (Beirut, 1955), p. 125.

第七章

1. B. Lewis, *Islam: from the Prophet Muḥammad to the Capture of Constantinople* (New York, 1974), 2:154, citing Jāḥiẓ (attrib.), *Al-Tabaṣṣur bi'l-tijāra,* ed. H. H. 'Abd al-Wahhāb (Cairo, 1354/1935).
2. Qazvīnī, p. 388; cf. Jacob, pp. 25–26; cf. Miquel, pp. 1058–59.
3. Ibn Saʿid, p. 134.
4. Rashīd al-Dīn, *Histoire,* pp. 4–5/17–18; *Frankengeschichte,* pp. 48–49.
5. Ibn Ḥawqal, *Kitāb Ṣūrat al-arḍ,* ed. J. H. Kraemer (Leiden, 1938), p. 110; cf. French translation, J. H. Kramers and G. Wiet, *Configuration de la terre* (Beirut and Paris, 1964), p. 109; cf. C. Verlinden, *L'Esclavage dans l'Europe médiévale,* I, *Péninsule Ibérique—France* (Bruges, 1955), p. 217; on the Ṣaqāliba, see R. Dozy, *Histoire des Musulmans d'Espagne,* 2nd ed., revised by E. Lévi-Provençal (Leiden, 1932), 2: 154, citing Liudprand, *Antapodosis,* bk. 6, chap. 6.
6. On the Slavs under the Fatimids, see I. Hrbek, "Die Slaven im Dienste der Fatimiden," *Archiv Orientalni* 21 (1953): 543–81.
7. W. Heyd, *Histoire du Commerce du Levant au Moyen-Age,* trans. F. Raynaud (Amsterdam, 1967) 1: 95; I. Hrbek, "Die Slaven ... ," p. 548.
8. On the Tatars and their activities, see A. Fisher, *The Crimean Tatars* (Stanford, 1978); *idem,* "Muscovy and the Black Sea Slave Trade," *Canadian American Slavic Studies* 6 (1972):575–94; and *idem, The Russian Annexation of the Crimea 1772–1783* (Cambridge, 1970).
9. E. J. W. Gibb, *A History of Ottoman Poetry,* Vol. 3 (London, 1904), p. 217.
10. On these works, see H. Müller, *Die Kunst des Sklavenkaufs* (Freiburg, 1980).
11. On these and other stories, see A. D. Alderson, *The Structure of the Ottoman Dynasty* (Oxford, 1956), pp. 85ff; Çağatay Uluçay, *Harem* II

(Ankara, 1971); *idem, Padişahlarin Kadinlari ve Kizlari* (Ankara, 1980); E. Rossi, "La Sultana Nūr Bānū (Cecilia Venier-Baffo) moglie di Selim II (1566–1574) e madre di Murad III (1574–1595)," *Oriente Moderno* 33 (1953): 433–41; S. A. Skilliter, "Three Letters from the Ottoman 'Sultana' Ṣāfiye to Queen Elizabeth I" in *Documents from Islamic Chanceries*, ed. S. M. Stern (Oxford, 1965), pp. 119–57.

12. Ibn al-Ṭuwayr, cited by al-Maqrīzī, *al-Mawāʿiz wa 'l-iʿtibār bi-dhikr al-khiṭaṭ wa 'l-āthār* (Būlāq, 1270/1853) 1: 444.
13. J. Richard, "An account of the Battle of Hattin," *Speculum*, 27 (1952): 168–77.
14. *Bulla in Cena Domini*, Clement VII anno 1527, Urban VIII anno 1627. Cited in K. Pfaff, "Beiträge zur Geschichte der Abendmahlsbulle vom 16. bis 18. Jahrhundert," *Römische Quartalschrift für christliche Altertumskunde* 38 (1930): 38–39.
15. *CSP* Spanish (1568–79) London 1894 (n. 609), p. 706, Spanish ambassador in London to Phillip II (28 Nov. 1579); *CSP* Venetian (1603–07), p. 326; letter dated 28 Feb. 1605 o.s. from Venetian consul in Melos to Bailo in Istanbul. I owe the references in this and the preceding note to the late V. J. Parry.
16. Qazvīnī, p. 362; cf. Jacob, p. 32.
17. Ibn Saʿīd, p. 134.
18. Rashīd al-Dīn, *Histoire*, pp. 4–5/18; *Frankengeschichte*, p. 49.
19. N. Beldiceanu, *Les actes des premiers Sultans* vol. 1 (Paris, 1960), p. 127.
20. Peçevi, 1:365; translated in B. Lewis, *Istanbul and the Civilization of the Ottoman Empire* (Norman, 1963), pp. 133–35.
21. Ghassānī, pp. 44–45; cf. Sauvaire, pp. 97–99.
22. Vasif, in Cevdet, 4:357; cf. Barbier de Meynard, pp. 520–21.
23. Mehmed Efendi, p. 109; cf. French transl., p. 163.
24. Resmi, *Sefaretname-i . . . Prusya . . .* , pp. 27–28, 33, and 36.
25. Azmi, *passim*.
26. Hashmet, *Intisāb al-mulūk*, appended to *Dīvān* (Būlāq, 1842), pp. 8–9.
27. *Masīr-i Ṭālibī yā Safarnāma-i Mīrzā Abū Ṭālib Khān*, ed. H. Khadīv-Jam (Tehran, 1974), p. 201ff; cf. English transl., C. Stewart, *Travels of Mirza Abu Taleb Khan . . .* , (London, 1814), vol. 2, chap. 13:1ff.
28. Karal, *Halet*, pp. 32–33.

第八章

1. Cited in *EI*2. , s.v. "Ḳayṣar" (R. Paret and I. Shahid).

2. Ṭabarī, *Ta'rīkh al-rusul wa 'l-mulūk,* ed. M. J. De Goeje (Leiden, 1879–1901), 3: 695. Hārūn may have been insulted because Nikephoras had previously addressed him as "King of the Arabs"—a demeaning title in Muslim terms.
3. Ghassānī, p. 41; cf. Sauvaire, pp. 90–91. *Vakiat-i Sultan Cem,* p. 21.
4. S. M. Stern, "An Embassy of the Byzantine Emperor to the Fatimid Caliph al-Muʿizz", *Byzantion* 20 (1950): 239–58.
5. Many examples are preserved in the Public Records Office in London. For further references, see *EI*2. , s.v. "Diplomatic."
6. F. Kraelitz, "Bericht . . . ," pp. 24–25. Kraelitz's German translation of this expression is based on a misunderstanding of the Turkish text.
7. Public Record Office SP 102/61/14.
8. Ghassānī, pp. 80ff.; cf. Sauvaire, pp. 181ff.
9. Mehmed Efendi, p. 65; cf. French transl. p. 97.
10. Azmī, pp. 46ff and *passim.*
11. Abū 'l-Faraj al-Iṣfahānī, *Kitāb al-Aghānī* (Būlāq, 1285) 17: 14; English translation in B. Lewis, *Islam,* 1: 27.
12. Qalqashandī, 8: 53.
13. Rashīd al-Dīn, *Histoire,* pp. 2–3/15–16; *Frankengeschichte,* pp. 46–47.
14. ʿUmarī, (Amari) text pp. 96–97; translation, p. 80.
15. Qalqashandī, 8: 46–48.
16. Rashīd al-Dīn, *Histoire,* pp. 7–8/21; *Frankengeschichte,* pp. 51–52.
17. *Irşād.* See above, chap. 3, n. 15.
18. *Icmāl-i ahval-i Avrupa.* See above, chap. 5, n. 59.
19. Mehmed Efendi, pp. 33–36.
20. Şem'danizade, 2: 22.
21. Karal, *Halet,* pp. 32–44, and 62. On Halet's audience with Napoleon, see B. Flemming "Ḥālet Efendis zweite Audienz bei Napoleon," *Rocznik Orientalistyczny* 37 (1976): 129–36.
22. Asim, 1: 62, 76, 78, 175, 265, and 374–376.
23. Abu Ṭālib, *Masir,* p. 242; cf. Stewart, 2:55.
24. *Ibid.,* pp. 250–51; cf. Stewart, 2:81.
25. Qazvīnī, ed. Wüstenfeld, p. 410; cf. Jacob, pp. 21–22.
26. Usāma, pp. 138–39; cf. Hitti, pp. 167–68.
27. Jabartī, 3:117ff.
28. Abū Ṭālib, *Masīr,* pp. 278–79; cf. Stewart, pp. 101–4.
29. Rifāʿa, pp. 120 and 148.

第九章

1. B. Goldstein, "The Survival of Arabic Astronomy in Hebrew," *Journal for the History of Arab Science* 3 (Spring, 1979): 31–45.
2. Usāma, pp. 132–33; cf. Hitti, p. 162.
3. U. Heyd, "The Ottoman 'Ulema' and Westernization in the Time of Selim III and Mahmud II," *Scripta Hierosolymitana*, Vol. IX: *Studies in Islamic History and Civilization*, ed. U. Heyd (Jerusalem, 1961), pp. 74–77.
4. Qur'ān, 9.36.
5. On mining in the Ottoman Empire, see R. Anhegger, *Beitraege zur Geschichte des Bergbaus im Osmanischen Reich* (Istanbul, 1943).
6. On these matters I have profited from a paper by Dr. Rhoads Murphey, "The Ottomans and Technology," presented to the Second International Congress on the Social and Economic History of Turkey, Strasbourg, 1980. The Ottoman use of firearms was extensively discussed by V. J. Parry in *EI*2., s.v. "Bārūd" and in "Materials of War in the Ottoman Empire," *Studies in the Economic History of the Middle East*, ed. M. A. Cook (London, 1970), pp. 219–29.
7. U. Heyd, "Moses Hamon, Chief Jewish Physician to Sultan Suleyman the Magnificent," *Oriens* 16 (1963): 153, citing Nicholas de Nicolay, bk. 3, chap. 12.
8. *Ibid.*, Nicholas de Nicolay, *loc. cit.*, "bien sçavants en la Theórique et experimentez en pratique."
9. U. Heyd, "An Unknown Turkish Treatise by a Jewish Physician under Suleyman the Magnificent," *Eretz-Israel* 7 (1963): 48–53.
10. U. Heyd, "Moses Hamon . . . ," pp. 168–69.
11. Adnan-Adivar, *Science*, pp. 97–98; *Ilim*, pp. 112–13. A Persian physican called Bahā al-Dawla (d. ca. 1510), in a work entitled *Khulāsat al-Tajārib*, the quintessence of experience, wrote a few pages on syphilis, which he calls "the Armenian sore" or "the Frankish pox." According to this author, the disease originated in Europe, from which it was brought to Istanbul and the Near East. It appeared in Azerbayjan in 1498, and spread from thence to Iraq and Iran (Haskell Isaacs, "European influences in Islamic medicine," *Mashriq: Proceedings of the Eastern Mediterranean Seminar, University of Manchester 1977–1978* [Manchester, 1981, pp. 25–26]). The same article also discusses a work produced in the Ottoman lands in the second half of the seventeenth century, by the Syrian physician of Sultan Mehmed IV
12. *Idem, Science*, pp. 128–29; *Ilim*, pp. 141–43.
13. Mehmed Efendi, pp. 26ff and 122; cf. French transl. pp. 36–40, 186–90
14. *Tarih-i 'Izzi* (Istanbul, 1199 A.H.), pp. 190a–190b.

15. Busbecq, pp. 213–14; cf. E. G. Forster, p. 135; cf. Forster and Daniell, 1: 125.
16. O. Kurz, *European Clocks and Watches in the Near East* (London, 1975), pp. 70–71, citing Rousseau, *Confessions*, English transl. (1891), p. 3; Voltaire, *Correspondence*, ed. T. Bestermann, vol. 78 (Geneva 1962), p. 127; and S. Tekeli, *16'inci Asirda Osmanlilarda saat ve Takiyuddin'in "Mekanik saat konstruksuyonouna dair en parlak yildizlar" adli eseri* (Ankara, 1966).
17. Jāmī, *Salāmān va-Absāl* (Tehran, 1306s), p. 36; English translation by A. J. Arberry, *Fitzgerald's Salaman and Absal* (Cambridge, 1956), p. 146; cit. Lynn White Jr., *Medicine, Religion and Technology* (Berkeley and Los Angeles, 1978), p. 88.
18. Janikli Ali Pasha's memorandum survives in a ms. in the Upsala University Library.
19. Adnan-Adivar, *Science*, pp. 142ff; *Ilim*, pp. 161–63.
20. Baron F. de Tott, *Memoires* (Maestricht, 1785) 3: 149.
21. G. Toderini, *Letteratura turchesca* (Venice, 1787) 1: 177ff.
22. Aubert du Bayet (later Dubayet) was born in New Orleans and had fought in the American Revolution under Lafayette. He had been active in the French Revolution from the start and sat in the French legislative assembly as deputy for Grenoble.
23. B. Lewis, *Emergence*, pp. 85ff.

第十章

1. S.K. Yetkin, *L'Architecture Turque en Turquie* (Paris, 1962), pp. 133ff.
2. Mehmed Efendi, p. 199; cf. Kreutel and Spies (Bonn, 1954), p. 71, where the same saying is quoted.
3. A. Refik, *Hicri on ikinci asirda Istanbul hayati (1100–1200)* (Istanbul, 1930), p. 58; Adnan-Adivar, *Science*, pp. 125–26; idem, *Ilim*, p. 133; Berkes, *Secularism*, p. 27.
4. Karal, *Tanzimat*, p. 19; Berkes, *Secularism*, p. 33.
5. Mehmed Efendi, p. 91; cf. French transl., p. 137.
6. *Ibid.*, pp. 139–40; cf. French transl., p. 214.
7. *Ibid.*, p. 78; cf. French transl., p. 118.
8. *Ibid.*, p. 109; cf. French transl., p. 163. Behzad was a famous Persian painter; Mani, the founder of the Manichean religion, is famed in Muslim legend as a great artist.
9. F. Babinger, "Vier Bauvorschläge Leonardo da Vinci's an Sultan Bajezid II. (102/3)," *Nachrichten der Akad. der Wiss. in Göttingen, I. Phil.-Hist. Klasse*, no. 1 (1952): 1–20; idem, "Zwei Bildnisse Mehmed

II von Gentile Bellini," *Zeitschrift für Kulturaustausch* 12 (1962): 178–82; J. von Karabacek, *Abendländische Künstler zu Konstantinopel im XV. und XVI. Jahrhundert: I, Italienische Künstler am Hofe Muhammads II. des Eroberers 1451–1481* (Vienna, 1918).

10. N. Atasoy, "Nakkaş Osman'in padişah portreleri albümü," *Türkiyemiz* 6 (1972): 2–14 where color prints of the twelve sultans, from Osman to Murad III, are given.
11. See A. Boppe, *Les peintres du Bosphore* (Paris, 1911); and R. van Luttervelt, *De "Turkse" Schilderijen van J.B. Vanmour en zijn School* (Istanbul, 1958).
12. On Turkish painting and decoration, see G. M. Meredith-Owens, *Turkish Miniatures* (London, 1963), p. 16; N. Atasoy and F. Çağman, *Turkish Miniature Painting* (Istanbul, 1974); G. Renda, *Batililaşma döneminde Türk resim sanati* (Ankara, 1977).
13. A. Destrée, "L'ouverture de la Perse à l'influence européenne sous les Rois Safavides et les incidences de cette influence sur l'évolution de l'art de la miniature," *Correspondence d'Orient* 13–14 (1968): 91–104.
14. Cited in W. Blunt, *Isfahan Pearl of Persia* (London and Toronto, 1966), p. 100.
15. Cited in A. Destrée, "L'ouverture . . . ," p. 97.
16. I. Stchoukine, *Les peintures des manuscrits de Shah 'Abbas I^r* (Paris, 1964).
17. B. Gray, "A Fatimid Drawing," *British Museum Quarterly* 12 (1938): 91–96.
18. See facsimiles in Jahn (ed.), Rashīd al-Dīn, *Frankengeschichte;* D. S. Rice, "The seasons and the labors of the months in Islamic art," *Ars Orientalis,* I (1954), pp. 1–39.
19. On Levni, see S. Ünver, *Levni* (Istanbul, 1957).
20. The date in the colophon (1190/1776) is certainly wrong, as the Frenchwoman is depicted wearing a Phrygian cap with tricolor. A similar but rather better ms. in the Istanbul University Library is dated 1206/1793. See Norah M. Titley, *Miniatures from Turkish Manuscripts* (London, 1981), n. 23. See further, G. Renda, *Batililaşma . . . ,* pp. 220ff; E. Binney, *Turkish Miniature Paintings and Manuscripts* (New York, 1973) p. 102.
21. G. Renda, *Batililaşma, passim.*
22. Qazvīnī, p. 404; cf. Jacob, p. 29; cf. Miquel, p. 1062.
23. Evliya, 7:312; cf. Kreutel, p. 185.
24. Mehmed Efendi, pp. 83ff; cf. French transl. pp. 127–31.
25. Ghassānī, p. 97ff.; cf. Sauvaire, p. 277ff; cf. Miknāsī, pp. 624–25.
26. Vasif, in Cevdet, 4:355; cf. Barbier de Meynard, p. 518.
27. E. de Leone, *L'Impero Ottomano nel primo periodo delle riforme (Tanzimat) secondo fonti italiani* (Milan, 1967), pp. 58–59, citing Cesare Vimercati,

Constantinople e l'Egitto (Prato, 1849), p. 65.
28. A. Slade, *Records of Travel in Turkey, Greece* . . . (London, 1832) 1: 135–36. On the harem orchestra, see Princess Musbah Haidar, *Arabesque*, revised ed., (London, 1968), p. 61.
29. Ghassānī, p. 62; cf. Sauvaire p. 141.
30. Ghazāl, p. 20; cf. Miknāsī, pp. 107–9 and 139.
31. Hatti in *Tarih-i Izzi*, pp. 190ff.
32. On the theatre, see A. Bombaci, "Rappresentazioni drammatiche di Anatolia," *Oriens* 16 (1963): 171–93; *idem*, "Ortaoyunu," *Wiener Zeitschrift für die Kunde des Morgenlandes* 56 (1960): 285–97; M. And, *A History of Theatre and Popular Entertainment in Turkey* (Ankara, 1963–64); *idem, Karagöz, Turkish Shadow Theatre* (Ankara, 1975).
33. Vasif, in Cevdet, 4: 355; cf. Barbier de Meynard, p. 518.
34. Miknāsī, pp. 52 and 70.
35. Evliya, 7: 267; cf. Kreutel, p. 108.
36. Bibliotheque National, Arabe no. 6243. See Blochet, Catalogue, p. 219.

第十一章

1. Sir William Jones, "A Prefatory Discussion to an Essay on the History of the Turks," in *The Works of Sir William Jones*, vol. 2 (London, 1807), pp. 456–57.
2. Ibn Rusteh, pp. 129–30.
3. Qazvīnī, pp. 334–35; cf. Jacob, p. 32; cf. Miquel, p. 1053.
4. Abū Ṭālib, *Masīr*, p. 74; cf. Stewart, pp. 135–37.
5. Evliya, 7: 318–19; cf. Kreutel, pp. 194–95.
6. Rifāʿa, pp. 119–20.
7. Abū Ṭālib, *Masīr*, p. 268; cf. Stewart, pp. 135–37.
8. Vasif, pp. 349, 351; cf. Barbier de Meynard, pp. 508, 512.
9. *Sharḥ-i ma'mūriyat-i Ājūdān bāshī* . . . , p. 385; Bausani, "Un manoscritto persiano . . . ," pp. 502–3.
10. On al-Ghazāl, see above, chap. 4, note 9.
11. Qazvīnī, pp. 404 and 408; cf. Jacob, pp. 29, 30–31; cf. Miquel, p. 1062. Also cf. Jacob p. 14 and Kunik-Rosen, p. 37.
12. Usāma, pp. 135–36; cf. Hitti, pp. 164–65.
13. Ibn Jubayr, pp. 305–6; cf. Broadhurst, pp. 320–21.
14. Evliya, 7: 318–19; cf. Kreutel, pp. 194–95.
15. Ghazāl, pp. 12 and 23.
16. Mehmed Efendi, p. 25; cf. French transl., pp. 34–35.

17. Abū Ṭālib, *Masir,* pp. 225–26; cf. Stewart, 2:27–31.
18. *Ibid.,* pp. 315–16; cf. Stewart, 2:254–55.
19. *Ibid.,* p. 305; cf. Stewart, 2:255.
20. On Fazil see E. J. W. Gibb, *Ottoman Poetry,* 4:220 ff. On illustrated mss. of his poem, see above Chapter X, n. 20.
21. Karal, *Halet,* pp. 33–34.
22. Rifāʿa, pp. 123ff.
23. Ājūdānbāshī, p. 281; Bausani, "Un manoscritto persiano . . . ," pp. 496–97.
24. Mehmed Efendi, p. 112; cf. French transl. p. 169.
25. The original Persian text was edited and published by his son and another person in Calcutta in 1812. An Urdu version appeared in Muradabad in India in 1904. A scholarly edition of the text—the first in Iran—was published in Tehran a few years ago. In contrast, an English version published in London in 1810 enjoyed considerable success. It was republished in a second edition, with some additional matter, in 1812. A French translation from the English appeared in Paris in 1811 and another in 1819. A German translation from the French was published in Vienna in 1813. The English version is, to put it charitably, remarkably free and is probably the result of some form of oral translation through an intermediary.

第十二章

1. S. Moreh, ed. and trans., *Al-Jabartī's Chronicle of the First Seven Months of the French Occupation of Egypt* (Leiden, 1975), p. 117.
2. Jabartī, *ʿAjāʾib,* 3: 34–35.
3. *Dictionnaire français-arabe d'Ellious Bochtor Egyptien . . . revu et augmenté par Caussin de Perceval* (Paris, 1828–29).
4. Mehmed Efendi, p. 43.
5. Azmi, pp. 30–31.
6. See above ch. XI note 8.
7. Ghassānī, p. 67; cf. Sauvaire, p. 150.
8. On this and other publications, see L. Lagarde, "Note sur les journaux français de Constantinople à l'époque révolutionnaire," *Journal Asiatique* 236 (1948): 271–76; R. Clogg, "A Further Note on the French Newspapers of Istanbul during the Revolutionary Period," *Belleten* 39 (1975): 483–90; and *EI*2., s.v. "Djarīda."
9. Lûtfi, *Tarih* 3: 100; cf. A. Emin, *The Development of Modern Turkey as Measured by its Press* (New York, 1914), p. 28.

10. Rifāʿa, p. 50.
11. On the first translation movement in Egypt, see Jamal al-Dīn al-Shayyāl, *Tarīkh al-tarjama wa'l-ḥaraka al-thaqāfiyya fī ʿaṣr Muḥammad ʿAlī* (Cairo, 1951), and J. Heyworth-Dunne, "Printing and Translation under Muḥammad ʿAlī," *JRAS* (1940), pp. 325–49.
12. Details in the amplified Russian translation of Storey, *Persian Literature* by Y.E. Bregel, *Persidskaya Literatura* (Moscow, 1972), pt. 2, p. 1298, where other Persian works on American and European history are listed.

新知
文库

01 《证据：历史上最具争议的法医学案例》［美］科林·埃文斯 著　毕小青 译
02 《香料传奇：一部由诱惑衍生的历史》［澳］杰克·特纳 著　周子平 译
03 《查理曼大帝的桌布：一部开胃的宴会史》［英］尼科拉·弗莱彻 著　李响 译
04 《改变西方世界的 26 个字母》［英］约翰·曼 著　江正文 译
05 《破解古埃及：一场激烈的智力竞争》［英］莱斯利·罗伊·亚京斯 著　黄中宪 译
06 《狗智慧：它们在想什么》［加］斯坦利·科伦 著　江天帆、马云霏 译
07 《狗故事：人类历史上狗的爪印》［加］斯坦利·科伦 著　江天帆 译
08 《血液的故事》［美］比尔·海斯 著　郎可华 译　张铁梅 校
09 《君主制的历史》［美］布伦达·拉尔夫·刘易斯 著　荣予、方力维 译
10 《人类基因的历史地图》［美］史蒂夫·奥尔森 著　霍达文 译
11 《隐疾：名人与人格障碍》［德］博尔温·班德洛 著　麦湛雄 译
12 《逼近的瘟疫》［美］劳里·加勒特 著　杨岐鸣、杨宁 译
13 《颜色的故事》［英］维多利亚·芬利 著　姚芸竹 译
14 《我不是杀人犯》［法］弗雷德里克·肖索依 著　孟晖 译
15 《说谎：揭穿商业、政治与婚姻中的骗局》［美］保罗·埃克曼 著　邓伯宸 译　徐国强 校
16 《蛛丝马迹：犯罪现场专家讲述的故事》［美］康妮·弗莱彻 著　毕小青 译
17 《战争的果实：军事冲突如何加速科技创新》［美］迈克尔·怀特 著　卢欣渝 译
18 《最早发现北美洲的中国移民》［加］保罗·夏亚松 著　暴永宁 译
19 《私密的神话：梦之解析》［英］安东尼·史蒂文斯 著　薛绚 译
20 《生物武器：从国家赞助的研制计划到当代生物恐怖活动》［美］珍妮·吉耶曼 著　周子平 译
21 《疯狂实验史》［瑞士］雷托·U. 施奈德 著　许阳 译
22 《智商测试：一段闪光的历史，一个失色的点子》［美］斯蒂芬·默多克 著　卢欣渝 译
23 《第三帝国的艺术博物馆：希特勒与"林茨特别任务"》［德］哈恩斯－克里斯蒂安·罗尔 著　孙书柱、刘英兰 译
24 《茶：嗜好、开拓与帝国》［英］罗伊·莫克塞姆 著　毕小青 译
25 《路西法效应：好人是如何变成恶魔的》［美］菲利普·津巴多 著　孙佩妏、陈雅馨 译
26 《阿司匹林传奇》［英］迪尔米德·杰弗里斯 著　暴永宁、王惠 译

27	《美味欺诈：食品造假与打假的历史》[英]比·威尔逊 著　周继岚 译	
28	《英国人的言行潜规则》[英]凯特·福克斯 著　姚芸竹 译	
29	《战争的文化》[以]马丁·范克勒韦尔德 著　李阳 译	
30	《大背叛：科学中的欺诈》[美]霍勒斯·弗里兰·贾德森 著　张铁梅、徐国强 译	
31	《多重宇宙：一个世界太少了？》[德]托比阿斯·胡阿特、马克斯·劳讷 著　车云 译	
32	《现代医学的偶然发现》[美]默顿·迈耶斯 著　周子平 译	
33	《咖啡机中的间谍：个人隐私的终结》[英]吉隆·奥哈拉、奈杰尔·沙德博尔特 著　毕小青 译	
34	《洞穴奇案》[美]彼得·萨伯 著　陈福勇、张世泰 译	
35	《权力的餐桌：从古希腊宴会到爱丽舍宫》[法]让－马克·阿尔贝 著　刘可有、刘惠杰 译	
36	《致命元素：毒药的历史》[英]约翰·埃姆斯利 著　毕小青 译	
37	《神祇、陵墓与学者：考古学传奇》[德]C. W. 策拉姆 著　张芸、孟薇 译	
38	《谋杀手段：用刑侦科学破解致命罪案》[德]马克·贝内克 著　李响 译	
39	《为什么不杀光？种族大屠杀的反思》[美]丹尼尔·希罗、克拉克·麦考利 著　薛绚 译	
40	《伊索尔德的魔汤：春药的文化史》[德]克劳迪娅·米勒－埃贝林、克里斯蒂安·拉奇 著　王泰智、沈惠珠 译	
41	《错引耶稣：〈圣经〉传抄、更改的内幕》[美]巴特·埃尔曼 著　黄恩邻 译	
42	《百变小红帽：一则童话中的性、道德及演变》[美]凯瑟琳·奥兰丝汀 著　杨淑智 译	
43	《穆斯林发现欧洲：天下大国的视野转换》[英]伯纳德·刘易斯 著　李中文 译	
44	《烟火撩人：香烟的历史》[法]迪迪埃·努里松 著　陈睿、李欣 译	
45	《菜单中的秘密：爱丽舍宫的飨宴》[日]西川惠 著　尤可欣 译	
46	《气候创造历史》[瑞士]许靖华 著　甘锡安 译	
47	《特权：哈佛与统治阶层的教育》[美]罗斯·格雷戈里·多塞特 著　珍栎 译	
48	《死亡晚餐派对：真实医学探案故事集》[美]乔纳森·埃德罗 著　江孟蓉 译	
49	《重返人类演化现场》[美]奇普·沃尔特 著　蔡承志 译	
50	《破窗效应：失序世界的关键影响力》[美]乔治·凯林、凯瑟琳·科尔斯 著　陈智文 译	
51	《违童之愿：冷战时期美国儿童医学实验秘史》[美]艾伦·M. 霍恩布鲁姆、朱迪斯·L. 纽曼、格雷戈里·J. 多贝尔 著　丁立松 译	
52	《活着有多久：关于死亡的科学和哲学》[加]理查德·贝利沃、丹尼斯·金格拉斯 著　白紫阳 译	
53	《疯狂实验史Ⅱ》[瑞士]雷托·U. 施奈德 著　郭鑫、姚敏多 译	
54	《猿形毕露：从猩猩看人类的权力、暴力、爱与性》[美]弗朗斯·德瓦尔 著　陈信宏 译	
55	《正常的另一面：美貌、信任与养育的生物学》[美]乔丹·斯莫勒 著　郑嬿 译	

56	《奇妙的尘埃》[美]汉娜·霍姆斯 著　陈芝仪 译
57	《卡路里与束身衣：跨越两千年的节食史》[英]路易丝·福克斯克罗夫特 著　王以勤 译
58	《哈希的故事：世界上最具暴利的毒品业内幕》[英]温斯利·克拉克森 著　珍栎 译
59	《黑色盛宴：嗜血动物的奇异生活》[美]比尔·舒特 著　帕特里曼·J.温 绘图　赵越 译
60	《城市的故事》[美]约翰·里德 著　郝笑丛 译
61	《树荫的温柔：亘古人类激情之源》[法]阿兰·科尔班 著　苜蓿 译
62	《水果猎人：关于自然、冒险、商业与痴迷的故事》[加]亚当·李斯·格尔纳 著　于是 译
63	《囚徒、情人与间谍：古今隐形墨水的故事》[美]克里斯蒂·马克拉奇斯 著　张哲、师小涵 译
64	《欧洲王室另类史》[美]迈克尔·法夸尔 著　康怡 译
65	《致命药瘾：让人沉迷的食品和药物》[美]辛西娅·库恩等 著　林慧珍、关莹 译
66	《拉丁文帝国》[法]弗朗索瓦·瓦克 著　陈绮文 译
67	《欲望之石：权力、谎言与爱情交织的钻石梦》[美]汤姆·佐尔纳 著　麦慧芬 译
68	《女人的起源》[英]伊莲·摩根 著　刘筠 译
69	《蒙娜丽莎传奇：新发现破解终极谜团》[美]让–皮埃尔·伊斯鲍茨、克里斯托弗·希斯·布朗 著　陈薇薇 译
70	《无人读过的书：哥白尼〈天体运行论〉追寻记》[美]欧文·金格里奇 著　王今、徐国强 译
71	《人类时代：被我们改变的世界》[美]黛安娜·阿克曼 著　伍秋玉、澄影、王丹 译
72	《大气：万物的起源》[英]加布里埃尔·沃克 著　蔡承志 译
73	《碳时代：文明与毁灭》[美]埃里克·罗斯顿 著　吴妍仪 译
74	《一念之差：关于风险的故事与数字》[英]迈克尔·布拉斯兰德、戴维·施皮格哈尔特 著　威治 译
75	《脂肪：文化与物质性》[美]克里斯托弗·E.福思、艾莉森·利奇 编著　李黎、丁立松 译
76	《笑的科学：解开笑与幽默背后的大脑谜团》[美]斯科特·威姆斯 著　刘书维 译
77	《黑丝路：从里海到伦敦的石油溯源之旅》[英]詹姆斯·马里奥特、米卡·米尼奥–帕卢埃洛 著　黄煜文 译
78	《通向世界尽头：跨西伯利亚大铁路的故事》[英]克里斯蒂安·沃尔玛 著　李阳 译
79	《生命的关键决定：从医生做主到患者赋权》[美]彼得·于贝尔 著　张琼懿 译
80	《艺术侦探：找寻失踪艺术瑰宝的故事》[英]菲利普·莫尔德 著　李欣 译
81	《共病时代：动物疾病与人类健康的惊人联系》[美]芭芭拉·纳特森–霍洛威茨、凯瑟琳·鲍尔斯 著　陈筱婉 译
82	《巴黎浪漫吗？——关于法国人的传闻与真相》[英]皮乌·玛丽·伊特韦尔 著　李阳 译

83 《时尚与恋物主义：紧身褡、束腰术及其他体形塑造法》[美]戴维·孔兹 著　珍栎 译
84 《上穷碧落：热气球的故事》[英]理查德·霍姆斯 著　暴永宁 译
85 《贵族：历史与传承》[法]埃里克·芒雄–里高 著　彭禄娴 译
86 《纸影寻踪：旷世发明的传奇之旅》[英]亚历山大·门罗 著　史先涛 译
87 《吃的大冒险：烹饪猎人笔记》[美]罗布·沃乐什 著　薛绚 译
88 《南极洲：一片神秘的大陆》[英]加布里埃尔·沃克 著　蒋功艳、岳玉庆 译
89 《民间传说与日本人的心灵》[日]河合隼雄 著　范作申 译
90 《象牙维京人：刘易斯棋中的北欧历史与神话》[美]南希·玛丽·布朗 著　赵越 译
91 《食物的心机：过敏的历史》[英]马修·史密斯 著　伊玉岩 译
92 《当世界又老又穷：全球老龄化大冲击》[美]泰德·菲什曼 著　黄煜文 译
93 《神话与日本人的心灵》[日]河合隼雄 著　王华 译
94 《度量世界：探索绝对度量衡体系的历史》[美]罗伯特·P.克里斯 著　卢欣渝 译
95 《绿色宝藏：英国皇家植物园史话》[英]凯茜·威利斯、卡罗琳·弗里 著　珍栎 译
96 《牛顿与伪币制造者：科学巨匠鲜为人知的侦探生涯》[美]托马斯·利文森 著　周子平 译
97 《音乐如何可能？》[法]弗朗西斯·沃尔夫 著　白紫阳 译
98 《改变世界的七种花》[英]詹妮弗·波特 著　赵丽洁、刘佳 译
99 《伦敦的崛起：五个人重塑一座城》[英]利奥·霍利斯 著　宋美莹 译
100 《来自中国的礼物：大熊猫与人类相遇的一百年》[英]亨利·尼科尔斯 著　黄建强 译